国家出版基金项目
NATIONAL PUBLICATION FOUNDATION

“十三五”国家重点图书出版物出版规划项目

U0819447

面向未来的交通出版工程·政策与规划系列

上海交通发展政策演变

薛美根　朱　洪　邵　丹　著

同济大学出版社
TONGJI UNIVERSITY PRESS

图书在版编目(CIP)数据

上海交通发展政策演变/薛美根,朱洪,邵丹著. --上海:
同济大学出版社,2017.4
(面向未来的交通出版工程·政策与规划系列/汪光焘
主编)
"十三五"国家重点图书出版物出版规划项目
ISBN 978-7-5608-6777-9

Ⅰ.①上… Ⅱ.①薛…②朱…③邵… Ⅲ.①交通政
策—研究—上海 Ⅳ.①F512.0

中国版本图书馆 CIP 数据核字(2017)第 037789 号

面向未来的交通出版工程·政策与规划系列

上海交通发展政策演变

薛美根　朱　洪　邵　丹　著

出 品 人: 华春荣
策　　划: 高晓辉　陆克丽霞
责任编辑: 胡晗欣
责任校对: 徐春莲
装帧设计: 陈益平

出版发行　同济大学出版社　www.tongjipress.com.cn
　　　　　(上海市四平路 1239 号　邮编:200092　电话:021-65985622)
经　　销　全国各地新华书店、建筑书店、网络书店
排版制作　南京新翰博图文制作有限公司
印　　刷　上海安兴汇东纸业有限公司
开　　本　787mm×1092mm　1/16
印　　张　14.25
字　　数　356 000
版　　次　2017 年 4 月第 1 版　　2017 年 4 月第 1 次印刷
书　　号　ISBN 978-7-5608-6777-9
定　　价　108.00 元

版权所有　侵权必究　印装问题　负责调换

《面向未来的交通出版工程·政策与规划系列》编委会

学术顾问

邹德慈　中国工程院院士
郭重庆　中国工程院院士
郑时龄　中国科学院院士

主任

汪光焘

副主任

杨东援

编委（以姓氏笔画为序）

马　林　方守恩　叶建红　朱　洪　关志超　杨　飞
杨　轸　杨　涛　杨　超　李　健　李　锋　吴　兵
宋小冬　张晓春　陈小鸿　邵　丹　林　群　赵鸿铎
段征宇　倪桂明　徐瑞华　海德俊　惠　英　潘晓东
潘海啸　薛美根

本书编委会

顾问

陆锡明　江绵康

作者

薛美根　朱　洪　邵　丹

参与编写人员

陈必壮　程　杰　谢　辉　杨　晨　陈　欢　秦明霞
刘　涛　王忠强　王　祥　苏　瑛　顾　煜　朱　昊
蒋晗芬　朱　浩　施文俊　屠敏之　刘明姝　江文平
程　微　王　磊　沈云樟　王　媛　黄　莉　张　宇
王秋刚　王铭艳　陈俊彦　李　薇　葛王琦

总 序

PREFACE

伴随城镇化和机动化进程，交通的发展目标、关注问题和对策方法等也在发生着巨大的变化。未来的交通运输工程将是工程科学、人文科学等交叉学科融合发展又具有独立特色的领域，在这一领域中相关理论与技术正处于挑战、探索和机遇并存的重要发展阶段。

中国快速城镇化、机动化所带来的前所未有的压力，由于受到资源和环境的制约，已经不可能单纯依靠交通基础设施建设来加以化解，需要构建适合中国国情的战略—政策—规划—建设有机融合的城市交通一体化对策理论体系；城市交通进入建设与管理并重的转型发展阶段，将社会管理与交通技术系统建设有机融合，通过理性供给和动态调控，引导城市交通模式进入可持续发展的轨道，是理论研究者、管理者和工程技术人员苦苦思考与探索的问题。

近年来相关技术领域的快速发展，促使交通领域中的许多技术概念正在发生巨大的变化。信息技术与控制技术的融合，促成了车联网的孕育与发展；对交通安全的社会关注，促进了车辆与交通技术设施两方面的主被动安全技术的应用；“互联网+服务”、“互联网+交通”催生了共享单车、分时租赁、网约车等新型交通服务模式；新型有轨电车、个人城市交通(PRT)等交通方式正在逐渐走进我们的生活；交通信息系统建设以及大数据理论的发展，为针对具有复杂适应特征的城市交通系统监测和战略调控创造了条件。

在此背景下，无论是交通工程研究者、工程技术人员还是行业管理者，都深感原有知识和经验面临挑战，需要重新认识我们所面对的问题，适应需求和技术环境变化进行理论创新与技术变革。

《面向未来的交通出版工程》这套丛书正是为了适应这种需求而编纂。面对一个快速变化和发展的领域，采用滚动组织编写的方式，力求更快地反映出相关理论研究成果和实践经验。

在本丛书的出版选题中，强调如下三个基本原则。

(1) 适应发展阶段需求的理论针对性。

我国交通进入转型发展的新阶段：对生态环境和城市人居环境的关注，要求在可持续发展理念指导下，研究绿色交通和新能源车辆推广的对策问题；在城市规划进入用地总量控制内涵式发展的背景下，需要正确处理土地再开发引发建成区交通需求增长与交通基础设施难以大规模扩展的矛盾；城镇化进入城市群发展阶段，要求从城市群视野整合综合交通体系，调整中心城交通模式以适应功能布局的演化。

(2) 符合国际交通理论发展趋势的科学技术原创性。

在交通网络流分析和交通行为分析等传统领域的研究日益深化；大数据和复杂性理论的交融对交通理论变革产生了重要的推动作用；城市规划理论关注点从“位空间”转向“流空间”、地理学的关系转型和对空间中行为研究等方面所提供的成果借鉴。整个学科体系正在出现变革的趋势。

(3) 适合中国国情特点的实践探索性。

城市交通战略、政策和规划并非单纯的技术问题，而是一种科学发展观和公共政策的体现。正因为如此，在特定管理制度架构下的实践探索，具有理论和技术研究所不可替代的作用。

中国交通的快速发展急切需要与之适应的理论与技术支持，中国交通的实践又为相关理论与技术的变革提供了成长的“土壤”。面对发展与变革，不必苛求体系的完美，研究和实践中的百花齐放，必然带来中国交通科学与技术领域的万紫千红。

2016 年 4 月

前言

FOREWORD

城市交通规划和建设是百年大计，需要有前瞻的战略眼光和审慎的科学态度。

交通政策是指导交通体系科学发展的重要方针，涉及规划、建设、运营、管理各个环节。纵观上海30年的交通政策发展演变，许多政策起源于20世纪80—90年代，在21世纪前10年进行了规范和丰富，目前面对新的发展形势和要求又在进行调整优化。总体来说，上海目前相对完善的政策体系框架，是一个长期累积的结果。部分政策制度经历了实践检验，也被证明是行之有效的，应该在后续发展中予以坚持。

交通白皮书是交通政策的重要表现形式，是交通政策从个体、零散走向系统集成的重要转型，也是对30年相关交通政策的总结提升。

2002年上海市政府正式颁布了《上海市城市交通白皮书》，提出了构筑国际大都市一体化交通的总体目标，力求以优质、高效、整合的巨型交通体系，适应不断增长的交通需求，全面提升城市综合竞争力。这是一部具有首创意义、指导城市交通发展的综合性文件，是从过去的单项交通工程设计、专项交通规划提升到综合交通规划和政策的有机结合。它既是上海市政府推进城市交通发展的纲领，也是政府对广大市民的承诺。

经过10年的发展，上海交通发展的阶段和背景也已发生深刻变化，上海交通发展也面临着更高的发展要求和挑战，上海市政府于2012年启动了本市新一轮交通白皮书的编制工作，并于2013年正式颁布了《上海市交通发展白皮书(2013版)》。新一轮交通白皮书坚持一体化交通的发展理念，在2002版交通白皮书"公交优先、区域差别、路车协调"三大核心政策的基础上，进一步提出了"强化交通与城乡空间统筹发展，强化公共交通优先发展，更加注重小客车需求管理，更加注重绿色发展，更加注重精细管理"五大核心政策，兼顾政策的延续和创新。

作为国内较早出台两轮交通白皮书的城市，上海在两轮交通白皮书的修编过程中已形成了一整套相对成熟的技术路线和研究方法，非常有必要也有基础通过系统的经验总结和提炼来进一步提升交通政策研究和白皮书编制的科学性，以便为后续相关工作的开展提供理论依据。

《上海交通发展政策演变》即以梳理30年上海交通政策的发展历程为主线，依托上海两轮白皮书的编制这一重要载体，通过分析回顾上海自20世纪90年代以来交通政策的发展变化、发展历程和后续演进方向，并力图剖析上海交通政策制定背后的逻辑。同时也就交通政策的理论架构、国际交通政策发展变化动态以及交通白皮书的具体编制方法进行总结提炼，力图系统地总结出一套城市交通政策的编制技术路线和方法，为交通政策理论研究添砖加瓦。

全书拟分三大版块。

绪论部分基于公共政策的视角，阐述了交通政策和交通白皮书的内涵，并就交通政策的价值取向、重点关注问题和实施保障机制进行了展开。正文第2—5章在回顾上海近30年交通发展阶段和相关政策发展演变（第2章）的基础上，就两轮交通白皮书发展战略（第3章）和重大交通政策（第4章）的发展演变进行了详细论述，并总结了白皮书编制的相关技术方法（第5章）。附录部分记录了2013版交通白皮书的编制过程。

笔者全程参与了两轮交通白皮书的编制，本书是对交通白皮书编制中的一些领悟和体会的记录，同时也参阅了许多国内外资料和交通白皮书研究的相关研究报告，文本未能全部一一列出，在此谨向相关作者深表歉意和谢忱。

由于笔者水平有限，不足与疏漏在所难免，恳请读者指正。

上海市城乡建设和交通发展研究院
上海城市综合交通规划研究所
2017年1月

目 录

CONTENTS

1 绪　论

1.1 公共政策的概念和内涵

通常认为，政策是国家机关或政党在特定时期为实现或服务于一定社会政治、经济、文化目标下所规定的行为准则，它是一系列法令、措施、办法、条例的总称。1951年，美国政治学者H. D. Lasswell和他的同事们用《政策科学：近年在范畴与方法上的进展》一文将“政策”从一种零散的、经验性的状态变为了科学的概念，从此“政策科学”登上了历史舞台，而他们也成为了政策科学的奠基人。他们指出，“政策是通过运用正确的、符合规律的、反映实际的方式或方法，有效地解决人类社会所面临的各种实践问题，并以此促进人类社会的进步与发展。”[①]20世纪60年代，美国联邦政府率先应用政策科学的研究成果，成功地大规模地解决了诸如国防、空间探索等领域的问题。70年代以后，政策科学的理论和方法逐步成为了发达国家政府和团体管理决策的基本方式，在世界掀起了一股“没有政策分析，不做政策决策”的热潮。

政策的创始人Lasswell认为公共政策是一项含有目标、价值和策略的大计划。这个定义肯定了政策的目的性，并强调了政策的价值特征。也就是说，公共政策应该关注合法性、合理性和公正性等社会价值。公共政策研究领域中另一位权威T. R. Dye对于公共政策的定义更为直接、简明，他在《理解公共政策》一书中说：“公共政策即政府选择要做和不要做的所有”(Public policy is whatever governments choose to do or not to do)[②]。从他的定义中可以看出，公共政策包含3点特性：①公共政策的主体在于政府；②公共政策的核心是选择；③选择过程的背后体现的是价值观。即公共政策实质上是政府按照一定的社会价值观对自己行动的安排。而政治学者D. Easton认为，公共政策是对全社会价值的权威分配[③]。这里所谓的价值是一种宽泛的概念，包含了一切可用的资源，其中有物质形态的，亦有非物质形态的。或许其他人已注意到了公共政策的分配功能，但是基本上是对物质领域的分配功能，Easton的观点更深入地关注到了公共政策的价值分配功能。这就提出了一个更重要的命题，政府在分析、制定政策时，具有物质领域和精神价值的分配功能，这时，社会价值不仅是公共政策的基础，也是公共政策研究的对象，政府则必须研究并确立自己的价值标准。这样的逻辑关系下实则蕴含着一个重要概念：公共政策的核心议题是利益，所谓的遵循社会价值就是要将公共利益作为公共政策的核心。

从公共政策的学术溯源和科学内涵中不难发现，在公共政策的发生过程中，物质领域的分配或许并非是其实质，以公共利益为核心的社会价值的分配才是公共政策的核心议题。换言之，公共政策的实质目标不是管、控、限，绝不是通过法律法规简单地对某

---

① H. D. Lasswell, A. Kaplan. Power and Society. N. Y.: McGraw-Hill Book Co., 1963.
② T. R. Dye. Understanding Public Policy, Englewood Cliffs. N. Y.: Prentice-Hall, Inc., 1975.
③ D. Easton. The Political System: An Inquiry into the State of Political Science. N. Y.: Knopf, 1953.

特定行为进行限制，而是从公共利益的立场出发，以法规条例为手段，对某领域的行为进行引导和纠偏，公共政策应是体现政治目标、反映公众诉求、解决社会问题、平衡利益集团的综合协调产物。

1.2 交通政策和交通白皮书

1.2.1 交通政策的内涵和分类

交通是社会公共政策的重要领域，交通政策是一个国家或地区为实现某一时期的交通发展目标而制定的总体战略方针，是合理配置交通资源、协调参与交通活动的各个经济主体之间利益关系的重要依据和导向。

从不同的维度，可以对交通政策进行系统分类：

(1) 从领域维度看，交通政策可以涉及包括交通体系综合管理相关的规划、建设、运行和管理等不同的环节。有些政策是具体业务环节的专项政策，如规划建设计划、通行规则、运输市场规制等；有些政策则是跨领域的综合性制度设计。

(2) 从功能维度看，有些政策属于方针导向性的，旨在明确发展方向和功能定位，体现引导、规范和限制等不同的价值取向，具有较强的前瞻性和系统性，如公交优先、绿色发展、交通引导城市发展等；有些政策属于具体制度设计的，旨在设定具体的操作规则，如非营业性客车额度拍卖政策、货运车辆通行管理政策。

(3) 从手段和方式维度看，交通政策又可以划分为行政、法律、经济和社会等不同的种类。行政类手段主要指主管部门采取发布命令、指示、指令等形式对城市交通事务进行直接指挥和控制的管理方法，如小客车单双号限行政策。法律类手段主要是通过立法来管理交通事务的方法，即主管部门政策的出台必须上升为地方性法律规章，政策必须有法律依据才能实施。经济类手段主要通过经济杠杆平衡交通资源的配置，通常采用的方式主要为费、价、税，即行政收费、定价、征税等方式调节。如路边停车位收取停车费、牌照额度拍卖、征收燃油附加税等都属于经济类的政策措施。社会类手段主要通过社会宣传、公众参与等社会参与方面手段引导。

总体而言，交通资源的配置手段与国家宏观行政管理体制机制的变化是紧密相关的。相当长的一段时间内，无论是通行权、经营权，还是具体交通设施的建设管理以及票价政策的制定等，基本都是通过行政手段配置的。行政资源配置从平等原则出发，不具有排他性，当资源富裕时这种方法是适用的，但是当资源紧张时，就要使用另一种配置资源的方式——市场。市场配置方式非常简单，价高者得，所以资源一旦稀缺，又涉及公共资源，这需要两只手同时发挥作用。

中共十八届三中全会提出了全面改革、依法治国的发展战略，市场、法律和社会手段的应用也随着国家整体治理理念的变化，在交通政策的制定中得到了更多和更全面的应用。行政手段更多的是强化市场监督和运行秩序的完善，经济手段更多的是培育统一的市场运行机制，法律手段则是建立统一的运行规则，社会手段更多的是培育社会自律意识。但就交通这个公共服务领域而言，由于公益性和效率间的博弈长久存在，以及对于安全的保障等，还是需要兼顾政府、市场和社会的多重作用，不可偏废一端。

1.2.2 交通白皮书的内涵和特征

交通白皮书是交通政策的重要表现形式，在政策覆盖领域层面实现对交通体系发展整个业务的全覆盖，属于总体层面的交通政策综合设计，具有前瞻性和战略性。在政策目的和功能层面，更加注重对未来一段时间方向性发展政策的制定，当然也会涉及相关重大的具体规则和制度的设计和研究。在政策的具体手段层面，体现国家治理战略的发展转型，兼顾政府和市场的双重作用。

总体而言，交通白皮书是指导一定时期城市交通规划和发展的综合性文件，具有 3 方面的特征：

1. 交通白皮书是对城市交通发展的顶层设计，具有权威性和综合统筹作用

交通白皮书将长远的城市交通发展战略、政策和近期的交通行动计划充分结合，以市政府的名义编制和颁布，是政府指导城市交通发展的纲领性文件，同时也是协调城市整体规划、建设、运营管理等方面工作的参考依据[①]。上位政策法规是国家和省、市层面确定的总体发展导向和政策要求，起到把握总体方向的作用，但较为宏观和原则；综合规划、交通专业规划重点面向交通基础设施的建设、运行和管理，重在确定交通设施、运输网络、运营管理等方案的研究，强调技术层面的科学性和可操作性，但由于部门体制原因，这些规划暴露出不同专业间统筹不够、衔接不畅的弊端。交通白皮书的作用更加注重顶层设计和系统统筹，即基于对上位政策法规的理解，明确总体发展导向，指导相关设施规划、运行组织管理、行业发展制度等重大政策和计划的制定，并配套落实保障体制和机制。其性质与地位如图 1-1 所示。

2. 不同国家和地区的交通白皮书具有不同的法律效力

根据交通白皮书是否依照立法程序制定和颁布，白皮书具有不同的法律效力。国内外大部分交通白皮书主要以公共政策文件的形式存在，体现了政府对城市交通发展的工作思路，通过顶层政策的设计、综合保障机制的建立来实现对专业部门交通发展的统筹和指导，同时也体现了政府对广大市民的承诺，此类白皮书更多的是一种政策导向或施政纲领。部分欧美国家的白皮书以法案的形式颁布，如 1991 年美国政府通过的《综合陆上交通运输效率法案》(ISTEA)，标志美国开始向公交导向的交通模式转变。2012 年美国通过的 *Moving ahead for progress in the 21st century*(MAP-21)运输法案维持支撑美国公路信托基金，为各州与社区提供两年稳定的投资去建造所需要的道路、

① 王艳玲，郎茂祥，王刚. 城市交通战略、交通政策的表现形式——交通白皮书的编制研究. 物流技术，2008，27(8).

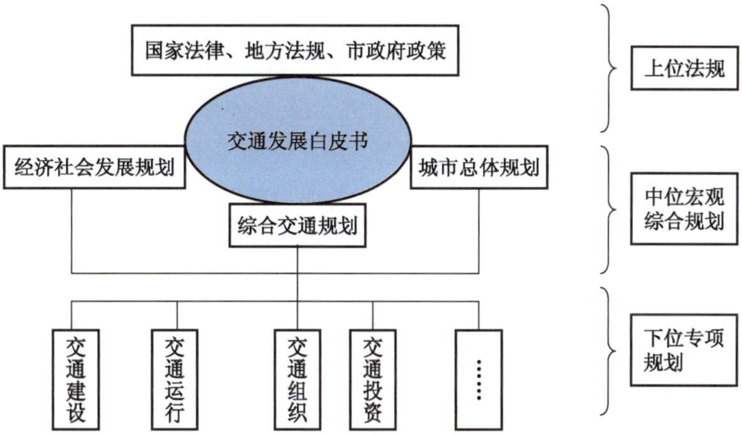

图 1-1 交通白皮书的性质与地位

桥梁和公共交通系统。

3. 交通白皮书的政策重点随发展阶段动态变化

城市发展是动态的，交通发展也是动态的，根据城市交通发展的阶段性特征找出城市交通发展的规律，进而有预见地制定各发展阶段的城市交通政策，避免僵化城市交通政策或者城市交通政策与城市发展阶段错位所带来的城市问题。伦敦、香港、上海等城市的交通白皮书的编制发展沿革充分体现了交通白皮书的动态性。

1）伦敦的两轮《伦敦市长交通战略》

自 1979 年保守党执政后，1986 年英国政府撤销了大伦敦政府，伦敦的 33 个自治市各自为政，根据其政治愿景以及经济需要来发展辖区。1997 年布莱尔担任首相后，推行“第三条路线”。英国在 1999 年通过了《大伦敦市政府法》，并根据该法在 2000 年选举成立了大伦敦市政府，该法要求市长组织编制大伦敦发展战略规划。大伦敦战略规划包括经济发展、空间、交通、文化、城市噪音、空气质量、市政废物管理和生物多样性等八大战略，为保障各战略规划的一致性，伦敦市长确定了 5 个共同的主题，所有战略的编制都要遵守，即繁荣的城市、宜人的城市、易达的城市、公平的城市、绿色的城市，并于 2001 年和 2010 年分别编制了两轮《伦敦市长交通战略》。

2001 版的第一轮交通战略的核心政策包括征收交通拥堵费，大力发展公共交通和加强停车管理。肯·利文斯通市长兑现了竞选口号中的“对进入伦敦中心区的车辆征收交通拥堵费”的政策。市长认识到伦敦交通系统的容量、可靠性和整体运转情况滞后于经济和居民的需求的现实，认为如果伦敦的交通状况得到改善，伦敦则更具竞争力，会吸引更多的投资者，使伦敦更具有经济活力，而征收交通拥堵费则对缓解伦敦的交通拥堵起着非常必要的作用。通过征收交通拥堵费，增加市政府的财政收入，以更好地改善公共交通。

第一任市长利文斯通连任两届，于 2008 年卸任，博尔斯·约翰逊接任第二任市长。

为了迎接伦敦奥运会，约翰逊高度重视改善伦敦的交通状况，2010年颁布第二轮交通战略。第二轮交通战略总体延续第一轮战略的指导思想，由于道路拥堵收费区域西扩的方案受到公众反对而取消，于是更侧重通过综合交通体系手段来适应未来的社会经济发展需要，削减出行需求来平衡运力和服务，并且更加注重安全、环境、公平及筹办奥运会的交通保障等因素。如大规模的公共交通基础设施建设投入（crossrail 铁路、既有地铁网络改造），Barclays 自行车租赁计划以及新能源车辆等。

2）中国香港的3次整体运输研究和交通政策白皮书①

中国香港历来重视综合交通规划编制工作，分别于1976年、1989年、1999年编制颁布了3次综合运输研究（CTS-1，CTS-2，CTS-3），奠定了香港交通运输的发展基调。在此基础上，香港政府同步制定了3份运输政策白皮书及长远运输策略。三轮交通白皮书为政府制定每一阶段的交通政策和近期建设计划提供依据，选择了切合香港实际情况的城市公共交通发展模式支撑城市用地拓展。

随着20世纪50—70年代香港轻工业经济的快速发展，香港地区人口和车辆的增长速度远远超过了公共道路的增长速度，经济增长与交通运输系统建设之间的不对称性日益显著，并严重影响了居民的工作和生活。城市交通压力增大迫使香港政府将交通运输研究规划提上日程。香港的整体运输规划始于1963年，当时邀请了伦敦的运输委员会提供咨询，完成了居民出行调查、大容量交通研究、远期交通研究。1979年，香港运输署在第一次整体运输研究的基础上，发布了《香港内部运输政策白皮书——保持水路运输畅通》，这是香港政府历史上第一份交通运输政策白皮书，他明确提出了"改善道路系统，扩大和改善公交服务，更经济的使用道路"三大策略。这是公共交通优先理念第一次明确出现于官方文件，并一直延续至今。同时香港政府在抑制私人交通方面做了大量的工作，如对小汽车征收高额的登记税，每年收取车辆牌照费，100%的高汽油税和桥梁隧道通行费，这些财政政策在改善道路系统方面发挥了显著的作用。

1986年，交通运输署进行了第二次综合交通运输研究，并于1990年发布了《香港运输政策白皮书——迈向21世纪》政策白皮书。第二轮白皮书面对的特殊背景是香港新市镇政策下的人口空间分布扩散，它延续了公交优先和道路需求管理的政策导向，强调交通体系与人口、岗位空间扩散的统筹，要求各新市镇与中心城之间的日常通勤需要单位载客量大、运输效率高的交通工具，这直接促进地铁网络的快速发展和地铁运输主体地位的确立。总体来看，交通系统实现了理性的扩展，有效缓解了路面交通压力。

1997年香港回归之后，香港完成了第三次整体运输研究，并于1999年发布了《长远运输政策白皮书——迈步向前》。香港回归后，跨境客货运交通快速增长，同时新市镇背景下的人口空间分散仍在加剧，从而导致地区内的通勤需求和持续增大的跨境活动

---

① 陈晨．1965年以来香港公共交通发展与运输政策演进．国际城市规划，2011，26(2)．

成为两大主要矛盾。第三轮白皮书针对上述矛盾，在延续前两轮白皮书政策导向的基础上，提出了五项基本原则：更好地整合交通和土地利用规划，更好地使轨道交通成为乘客交通系统的中坚力量，更好地提供公共交通设施和服务，在交通管理中更好地使用先进技术，更好地进行环境保护。总体来看，香港在20世纪80—90年代通过大量的基础设施建设以及对公共交通的扩容和优先发展，使得交通系统不再成为社会发展的瓶颈，进入21世纪后，香港政府在研究交通运输问题时，已经开始采用环境保护、土地利用、先进技术等多视角，步入了精明增长阶段。

3）上海两轮交通政策白皮书的编制历程

20世纪90年代末，上海面临城市功能重塑、人口产业有机疏散、市域空间格局拓展等重大城市发展问题，交通作为支持经济社会和城市发展的重要因素，需要有前瞻性的政策指导。1997年年底，上海市政府组织开展上海市城市交通政策与规划研究工作。经过3年多努力，当时的上海市计委牵头完成了《上海城市交通政策研究》，市规划局牵头完成了第二次《上海市综合交通规划》，市政府有关部门完成了10多项“十五”城市交通专项规划，为制定《上海市城市交通白皮书》(以下简称为“2002版白皮书”，见图1-2)奠定了良好基础。通过对白皮书研究，将第二轮总体规划和综合交通规划确定的相关项目，以及市政府拟重点出台的公共交通优先发展、个体机动交通发展控制及区域差别化政策，进一步通过白皮书的方式明确下来。

2000年，市计委会同有关部门，组织力量对涉及上海城市交通的重点问题进行国际招标，聘请两家国外咨询公司进行了为期半年的技术咨询服务。在充分吸收咨询成果的基础上，市计委组织本市相关研究机构和职能部门，广泛征求社会各方意见，研究起草了“2002版白皮书”，并用中英双语公开出版。

图1-2 “2002版白皮书”

图1-3 “2013版白皮书”

处于创新驱动、转型发展关键时期的上海，面临更高的发展要求。2012 年，上海市政府启动新一轮交通白皮书编制工作，并于 2013 年颁布实施。《上海市交通发展白皮书》(以下简称为“2013 版白皮书”，见图 1-3) 总体延续了“2002 版白皮书”的核心制度，但对其内涵和外延均进行了拓展。

1.3 交通政策的价值取向

交通政策是针对交通发展面临的具体问题而制定的，在政策制定或者是倾向选择背后，恰恰是交通政策价值观或重要理念的体现，它将很大程度上决定交通政策的预期效果。交通政策的价值取向与社会经济和交通体系不同发展阶段相对应，呈现动态变化的特征，体现了不同的发展阶段和不同的发展要求。目前，交通政策的价值取向正在从以车为本向以人为本回归，从早期的单纯追求效率的单目标向关注社会公平、生态保护的多目标转变。

1. 供需平衡的效率优先理念

供需平衡是交通政策遵循的最基本理念，即实现各类交通出行需求和交通设施承载能力的匹配。交通供给主要指为满足交通需求所提供的基础设施或服务，如道路、车辆、车站等。交通需求主要指各种目的的人或物在社会空间中的位移需求。供需平衡的最佳状态通常被理解为：交通网络的总体建设规模恰好满足交通出行需要的要求。而实际上，交通承载容量是一个理论值，并受到各种因素的影响，如路网等级结构、路网布局结构、交通出行模式结构等，除了硬件以外，交通服务的软文化，包括交通服务水平、企业文化、政治经济等也是影响交通供需平衡的重要内容①。

供需平衡理念的贯彻主要通过供给端和需求端的调整来解决。城市交通的供给与需求是相互影响、相互制约的复杂系统，系统内部各个因素之间都存在相互作用，探讨城市交通供给和需求之间的动态关系，对于促进城市交通供需结构合理化、调节城市交通供需平衡、提高交通系统综合效益、促进城市交通健康持续发展意义重大。传统的供需平衡理念是在强化供应端的供给，即通过供给增加适应需求增长的要求。新的供需平衡理念则通过加大对需求的调控平衡供给短缺的发展约束(图 1-4)。

两种供需平衡理念在不同的发展阶段有其相应的适用范围。在城市交通发展的初期，需要通过加大供给端的供应能力，破解交通短缺矛盾。而在交通基础设施基本建成的成熟阶段，则需要进一步强调以需求管理为导向的供需平衡理念。

但总体来讲，当下的供需平衡观点主要以解决快速机动化、城镇化背景下的交通拥堵治理问题，更加关注机动交通工具的使用以及和城市发展的适应性，对于人本的出行关心不够。

---

① 李焕，陈泓旭. 基于交通供需平衡的城市交通供需动态关系分析. 物流工程与管理，2010，32(6)：121-122.

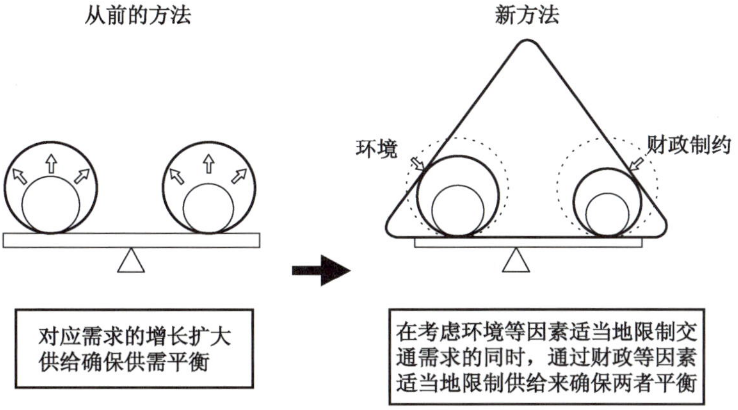

图 1-4 交通需求管理方法

2. 以人为本的可持续发展理念

改革开放以来，我国的城市交通建设较快，但从总体看，城市交通面临着较多问题。交通需求长期、持续地增长，交通基础设施建设难以适应需求增长的速度，供需矛盾未从根本上得到缓解；机动车辆的尾气和噪声逐步成为大中城市环境的主要污染来源；交通运输在能源消耗中所占比例不断提高。由此可见，传统的交通发展模式难以从根本上摆脱"拥挤、缓和再拥挤"的恶性循环，并且西方发达国家的交通发展实践已经充分暴露了这种传统模式存在的弊端①。

被广泛接受的可持续发展的定义是在 1987 年由世界环境与发展委员会提出的，委员会的主席是 Gro Harlem Bruntland 博士。委员会提出值得注意的一个事实：经济的发展常常导致人们生活条件的恶化，而不是生活条件的改善。因此，委员会提倡：可持续发展是既要满足现在的需求又不能损害后代需求的发展。可持续发展包括经济、环境和社会 3 个维度，即必须实现 3 个维度的综合发展，这样它们才能彼此巩固和加强。交通可持续发展的目标就是要确保在影响交通活动的决策中充分考虑环境、社会和经济要素。

城市交通可持续发展的概念可以理解为在推进交通系统建设与发展的同时，重视对城市生态环境的保护和资源的合理开发利用；在强调道路路网扩张的同时，注意对交通需求的管理和交通行为的修正；交通系统供给在满足近期运输需求的同时，又能符合社会、经济、生态系统长期持续发展的整体需要。建立城市交通可持续发展模式的关键在于实现交通效率、资源环境和价值观念三者的内在统一，其中观念和受众主体的转变是核心，兼顾效率和环境保护。城市交通可持续发展理念主要包含两大原则：

① 申金升，徐一飞. 城市交通可持续发展若干问题的思考. 中国软科学，1997(7)：113-119.

1）公平合理的原则

交通是为了满足全体市民的出行需要，必须体现公平的原则。不能只为小客车行驶的快速、舒适而忽略广大民众步行、骑自行车与搭乘公交条件的改善；不仅关注广大市民的出行需要，还要关注残疾人士、弱势人群的出行需求。

以人为本的理念发展，实质上体现了交通政策的背后从整体效率最高向功能优化的转变，更加注重服务质量、舒适度等要求，是一种从刻板的机械化向可感受的人性化的提升。科学主义对空间的理解近似于“容器”，而人本主义和现象学为其带来了弹性和多样化，核心价值也从符合规律向迎合自我转变，更加重视人本身的意义。城市空间的发展遵循着科学主义式微、人本主义抬头的趋势，交通政策亦不例外。

20 世纪 80 年代以来，各大世界性城市的交通政策的关注重心在逐步转变，更加注重以满足人的交通需要为出发点，遵照以人为本的理念，创造出一个人、车、路、环境和谐发展的城市交通空间（图 1-5），这主要体现在各城市不约而同地把交通系统功能提升、提高服务水平作为规划目标。如纽约在 2007 年的城市总体规划提出“建设一个更绿色、更繁荣的纽约”，规划致力于改善交通拥堵，提高公交运输能力，提高空气质量和节能减排等，规划的 BRT、自行车交通系统和轨道交通等基础设施建设得到较好实施，提升了城市交通功能。伦敦的新一轮市长交通战略提出了“提高市民生活质量、完善系统服务”的目标，措施包括提高公共交通服务满意度、节能减排改善环境、减少交通事故、鼓励步行和自行车交通，城市交通系统进入功能优化提升阶段。巴黎提出“重塑巴黎，重组交通，建成可持续发展、具有国际竞争力、不再有郊区的绿色环保大都市”，交通系统品质提升和引导区域一体化成为了这一时期巴黎的交通战略主题。东京在 2011 年东日本大地震后编制了新一轮规划，措施包括强化交通网络、建设环线高速、降低碳排放、降低物流成本和提高防灾能力等，致力于进一步提升交通系统的服务品质。新加坡的LTMP2013提出了“建立更加安全、高效、可靠和舒适的陆路交通系统”的目标，规划提出了提高公共交通服务品质和降低对私人交通的依赖等措施，交通战略与政策进一步走向精细化，也更加重视交通系统服务提升①。

2）可持续发展的原则

城市交通是城市经济与社会可持续发展的重要条件，交通需求管理不能以抑制社会经济发展为代价，也不能以恶化环境为代价来换取交通的改善，而要在保证经济与环境可持续发展的前提下，各得其利，即在交通改善的同时促进经济发展与环境的改善。

交通环境容量（Traffic Environmental Capacity，TEC）和交通环境承载力（Traffic Environmental Carrying Capacity，TECC）是城市交通可持续发展概念的两个重要指标。TEC 是一个宏观总量指标，量值比较稳定，其变化多受城市其他部门的影响。

① 钱喆，吴翱翔，张海霞. 世界级城市交通发展战略演变综述及启示. 城市交通，2015(1)：52-59.

TECC 反映了城市交通与资源环境在微观上的作用机制，用于描述某一时期、一定技术水平下，城市环境体系所能支撑的交通系统的最大规模。在已知单位交通设施或交通工具环境资源耗用特征的条件下，一旦交通需求超过阈值，将不可避免地带来城市环境质量的恶化，影响城市系统整体的可持续发展。

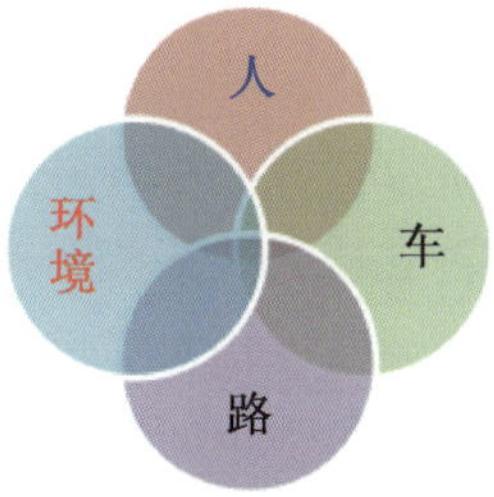

图 1-5　可持续的交通空间

20 世纪 80 年代以来，世界发达经济体面临经济发展、能源安全和环境保护的多重严峻挑战。从 1992 年《联合国气候变化框架公约》通过算起，国际气候谈判已有 23 年历史。1997 年旨在限制发达国家温室气体排放量以抑制全球变暖的《京都议定书》签署后，控制碳排放的低碳发展日益成为可持续环境发展重要模式。在碳排放控制的大背景下，低碳交通概念应运而生。低碳交通是以节约资源和减少排放、实现社会经济的可持续发展、遏制全球气候变暖、保护人类赖以生存的环境为根本出发点，实现交通运输方式结构及用能结构优化、交通需求合理控制、单种交通工具的能耗降低、交通运行效率提升等目标，最终建立一个通达、有序、安全、舒适、低能耗、低污染的城市交通体系，实现交通领域的全周期全产业链的低碳发展，促进社会经济发展的低碳转型。

1.4　交通政策的关注重点

对于大城市而言，随着经济的快速发展，人口的持续导入、机动化程度的不断提升，交通集聚的趋势往往是无限的，而道路空间、交通走廊、停车、运力设施等交通资源的供给往往是有限的。因此交通政策的核心理念就是打造一个与人口和岗位布局相适应，内外交通衔接便利，交通出行服务便捷高效，以及对环境友好的交通体系，以有限的设施、运力和管理资源，支撑社会经济发展所需要的交通运输服务。

就当前交通发展，也是交通政策需要迫切关心的问题包括：

1）交通发展与城镇化的互动关系

交通发展与城镇化的互动关系属于空间政策的范畴。当前国家高度关注城镇化的发展，即以什么样的交通模式支撑城镇化的快速进展。即便在上海这样的市域已经高度城镇化的区域，依然面临一个市域城镇体系结构进一步完善以及长三角区域一体化整合提升的问题。更大范围的城镇化意味着更大空间、更频繁交通出行联系的刚性增长，也必然进一步加剧对于机动化交通出行需求的增加。但其核心功能区的交通设施和供给资源是有限的，如何提高交通承载力已成为交通政策关注的一个重点问题。即便从欧美等高度发达城市和地区的发展来看，交通依然是维持和提升其全球城市竞争力的重要抓手。

2）交通发展与机动化的互动关系

交通发展与机动化的互动关系涉及产业政策和通行政策范畴。我国的机动化发展进程和欧美发达国家相比，具有一定的特殊性。首先，西方大多数国家的城市化发展比机动化发展提前了一个世纪，而我国的机动化进程和城市化进程几乎保持同步，因而在城市管理上很难赶上机动化发展要求的水平。其次，我国机动化进程相当快。国家出台支持和振兴汽车产业发展政策，极大地刺激了汽车产销量和保有量快速增长，但公共交通发展相对滞后也诱发了小汽车的增长。我国汽车保有量从 0.6 亿辆增至 1.5 亿辆仅用了 5 年时间，而美国完成这一过程则用了 30 年。最后，在机动车使用方式上，我国的机动化也呈现出不同的特点。我国人口和岗位密度较高的区域反而是小汽车拥有和使用率最高的区域，这与国外很多城市相反。同时我们小汽车使用强度也高于国际水平，单车行驶里程高于东京、伦敦等国际城市[①]。我国的交通发展面临着既需要依靠机动化来消化汽车工业的巨大产能，又需要通过一定的政策手段来控制机动化交通需求。因此也催生了大量和机动化快速发展密切相关的交通政策，包括公交优先战略、汽车调控政策、慢行交通复兴等。

3）交通发展和交通运输服务的关系

交通运输服务属于经营规制政策范畴。交通行业是交通系统内的一个重要群体，涉及交通基础设施、经营者、驾驶人员、交通工具等不同主体，涉及市场准入、运营管理、政府监管执法等不同环节，合理的相关制度设计是实现交通行业稳定有序发展的重要保障，也是交通社会性的重要关注点。

4）交通发展与环境可持续的关系

交通发展与环境的关系属于可持续发展政策范畴。随着全球环境问题日益严峻，交通发展政策与能源、环境也更加紧密。尤其中共十八大以来，生态文明建设上升为国家战略。传统以能耗控制为核心交通节能减排的工作内涵已经发生改变，需要全面关注能耗和碳排放控制，交通污染物减排治理控制，资源集约循环利用和生态保护等绿色发展要求。

1.5 交通政策的实施保障

交通政策的有效实施取决于合适的体制结构。从世界范围来看，城市交通的规划和立法历来都是政府的核心任务。一个城市的交通问题不仅会对社会和经济的发展产生影响，而且从政治角度看也是相当敏感的。交通部门的组织形式在不同的城市各不相同，但它们之间又具有共同点。在大多数城市，交通管理是由市政府负责的，而在有些城市则是由国家政府负责的，在那些存在市级政府的大都市，如美国和欧洲的一些城市，交通规划和政府职能部门往往是这一级政府负责的。而中国地方城市的交通管理，受行政管理条线分割的影响，往往缺乏一个高效的有机统一的管理机构，导致部分综合

① 陆锡明，杨晨．城市交通病防治与一体化交通理念．2016 年中国城市交通规划年会，2016．

性交通政策难以真正实施到位。

在“2002 版白皮书”编制之初，上海已经在考虑综合交通管理体制构建的必要性和具体方案，编制单位 SYSTRA/MVA 公司认为当时上海的综合交通管理体制相对比较分散，难以适应快速发展的人口和交通出行管理需求，上海的政府角色必须进行转变。

> 如果上海市政府仍然保持目前的角色(指介入的程度)，具体地说，仍然介入“低层次”的微观规划以及部门的具体操作，那么未来 20 年中随着交通系统的迅速发展，上海市政府的规模、容量以及人员数量将大幅增长，这是不必要也不希望看到的。市政府应该把重点集中在核心问题上，例如如何维持政策与规划框架，如何为那些有愿望并且有能力满足出行需求的自主管理部门(包括公交和私人出行)创造有利环境。这些将有助于市政府从“微观规划”以及部门操作的问题中摆脱出来。市政府应该减少对商业活动的介入，尤其是服务设施，以及国有公司与私营公司之间的竞争。这将有利于减少利益冲突，同时为上海市政府带来更多的资金，以便解决核心问题。上海市政府有必要建立一个管理制度以及有效的监督机构，从而保证涉及交通基础设施与交通服务的自主管理部门潜在利益的实现。使用者、区级代表以及运营者应该对交通系统的发展产生更大的影响。以未来上海城市交通系统的规模、复杂性以及综合的程度看，有必要建立一个高层次机构——上海城市交通委员会，以确保对城市交通系统的综合管理，其中包括道路和轨道交通基础设施，交通、停车、公交服务法规。市政府应聚焦于它的主要作用，即坚持一个综合的政策与规划框架；在实现政策目标的过程中监控交通系统的运行情况，并在正当必要的情况下加以干预；管理城市交通基金，维持制定 5 年投资计划与项目；确保在实现政策目标过程中市政府内部机构高效率运行；创造一个能为自主机构提供激励机制与适度自由的管理环境。
>
> ——摘自《上海市城市交通白皮书》建议稿 2001 年 4 月 SYSTRA/MVA

经历世博会交通管理体制的成功实践经验，上海在综合管理体制上更加坚定了大部门综合管理制度的方向。“2013 版白皮书”编制正值上海交通综合管理体制调整之际，随着国家交通部大部制管理体制改革的逐步到位，上海的交通管理体制进一步与国家体制相对接。此外，随着综合管理体制机制的完善，需要进一步理顺交通政策相关的受众，即政府、企业、公众在交通发展中的作用、责任和义务。

2 30年上海交通政策发展历程和回顾

1978 年 12 月，中国共产党十一届三中全会做出了把党的工作重点转移到社会主义现代化建设上来的战略决策，我国经济社会开展发生深刻的变化，而上海的城市和交通发展也开始进入加速发展的新时期，大致可划分为三个阶段：一是 1985—1999 年，二是 2000—2010 年，三是 2011 年至今。期间涉及三轮城市总体发展规划，即以加快上海城市发展和建设为核心的 86 版城市总体规划，以上海四个中心城市功能重塑为核心的 99 版城市总体规划(2000—2020)和以迈向卓越全球城市为核心的第三版城市总体规划(2015—2040)。依据总体规划，交通体系也经历了补欠账、超前跨越再到功能完善的不同发展阶段，交通方式也从慢行交通占绝对主导，到小汽车、公共交通、慢行交通多元化发展，而交通政策也从零散、独立到统筹整合。2002 年上海市城市交通白皮书的颁布是上海交通政策发展的重要转折点，标志着交通政策由过去的单向交通工程设计、专项交通规划提升为综合交通规划和政策的有机结合，效力也上升为市政府层面统筹交通发展的纲领性文件。回顾上海城市和交通发展不同阶段的特征、问题，有助于更好地理解上海交通政策的发展演变。

2.1 道路交通补欠账发展阶段(1985—1999 年)

20 世纪 80 年代以来，上海城市发展格局依然局限在以现在内环浦西以及内环浦东滨江区域所围合的中心城区。交通出行方式结构以步行和自行车为主体，小汽车发展刚刚起步，但由此产生的道路交通拥堵、与非机动车的混行安全秩序等问题已经开始显现。地面公交是最重要的机动化出行方式，但受制于有限的财政支出，车辆陈旧、运力不足、高峰拥挤、换乘不便等现象非常严峻。针对行车难、乘车难两大难点，交通发展以弥补历史欠账为主。道路基础设施建设是重中之重，特别是 90 年代围绕浦东、浦西一体化的快速路及越江桥隧建设，显著提升了道路交通基础设施的能级。此外，制度建设上也有所突破，公交发展方面，从 1988 年实行的公交总公司、公司、车队三级管理到 1996 年实行以公交体制、机制、票制为核心的市场化制度改革，为破解公交运力紧张、减轻政府财政补贴压力提供了有效支撑。车辆发展政策上，1986 年上海交管部门对私人车辆实施专用号段管理(自备车 Z)，并对号牌发放实施总量控制，客观上对车辆需求起到了调控作用，这也为后来的非营业性客车额度拍卖政策奠定了基础。

2.1.1 缓解市区交通矛盾的 20 世纪 80 年代

1986 年上海市第一次综合交通调查显示，当时的上海城市建成区约 230 km^2，全市 1 200 多万人口和 700 多万个各种工作岗位，产生的居民上下班出行和各种生活出行总量在日均 2 000 万人次左右。

当时的城市空间体系上大致可以划分为中心区、外围区、浦东、郊县等 4 个地带(图 2-1 和图 2-2)。“中心区”是全市功能最集聚的区域，在地域基本上是上海的老市区，即原黄浦、南市、卢湾、静安、闸北和虹口区的南部，面积约 93 km^2，这个区域居住了上海

37%的人口,聚集了全市 34%的岗位。平均人口密度 5 万人/km²,黄浦区及毗邻地区人口密度更是高达 8 万人/km²。平均岗位密度 2.8 万个/km²,黄浦区的西藏路以东则高达 5 万个/km²。人口和岗位的高度集聚,导致中心区集中了全市 41%的居民出行总量,占市区出行总量的比例则高达 60%。1990 年上海市区人口密度和岗位密度如图 2-3所示。

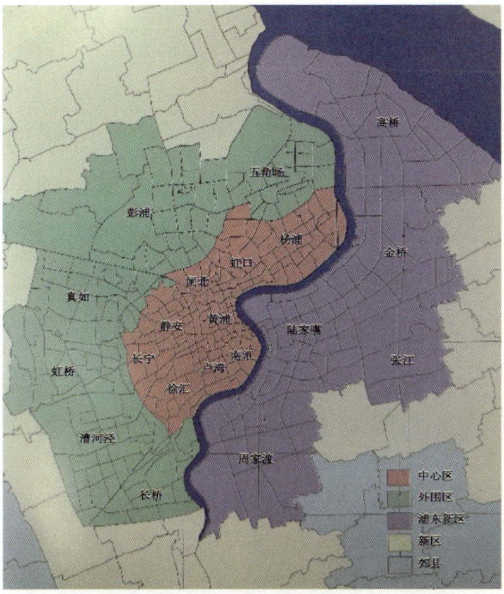

图 2-1 第 1 轮上海交通规划分区

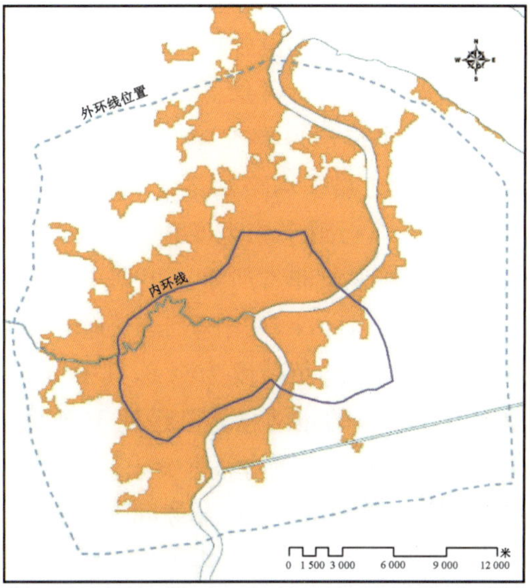

图 2-2 1991 年上海中心城卫星遥感图

图 2-3 1990 年上海市区人口密度(左)和岗位密度(右)分布

从交通出行结构来看，自行车和步行方式等慢行交通方式占据主导地位，出行距离一般在 2～4 km。由于市区面积不大，大部分出行在 30 min 之内，慢行出行比例超过 60%。公交车是最重要的机动化出行方式，1986 年公交方式分担率高达 35%，1988 年地面公交日均客运量的峰值曾高达 1 500 万乘次/日。个体机动方式发展刚刚起步，1986 年全市机动车辆总数仅 15.9 万辆，其中客车仅 3.5 万辆，仅为货车的 60%，个体机动交通方式的分担率仅 2.5%。

受制于交通基础设施供给能力不足，即便是如此集约绿色的交通出行方式结构，在高度集聚的交通出行背景下依然产生了严重的交通问题。

首当其冲的是道路交通拥堵问题。全市道路长度仅 4 713 km，人均道路面积 4.5 m^2。全市道路平均路幅宽度 12.4 m，车行道平均宽度 8.5 m，市区道路平均路幅宽度 15.90 m，车行道平均宽度 10.7 m。随着市区小汽车、自行车等交通流的快速增长，道路交通阻塞现象非常严重。根据历史交通调查，上海市区 10 个区高峰时段的平均行程车速仅 11.9 km/h，其中小于 10 km/h 的道路占全部观测道路的 34%。市区干道网在高峰小时的平均负荷度为 0.8，其中黄浦、卢湾、静安、普陀、徐汇等核心区域平均负荷度为 0.9。市区的路网总体已经处于交通饱和状态。再加上机非混行，互相干扰，交通秩序、交通安全等问题均非常突出。

再者是公共客运交通服务问题。城市客运主要依靠公共汽（电）车一种方式，全市公交线路 390 条，线路总长 1.8 万 km，公交车辆 6 000 辆。居民出行乘车难现象非常突出，高峰时段公交车每平方米要站立 11 个人。此外出行效率也相对偏低，受制于道路交通拥堵，以当时尚未开发的闵行地区为例，距离市区 25 km 左右，仅仅依靠换乘公共汽车往返市区要花费整整一天的时间，根本无法满足当地近 10 万居民的出行需求。

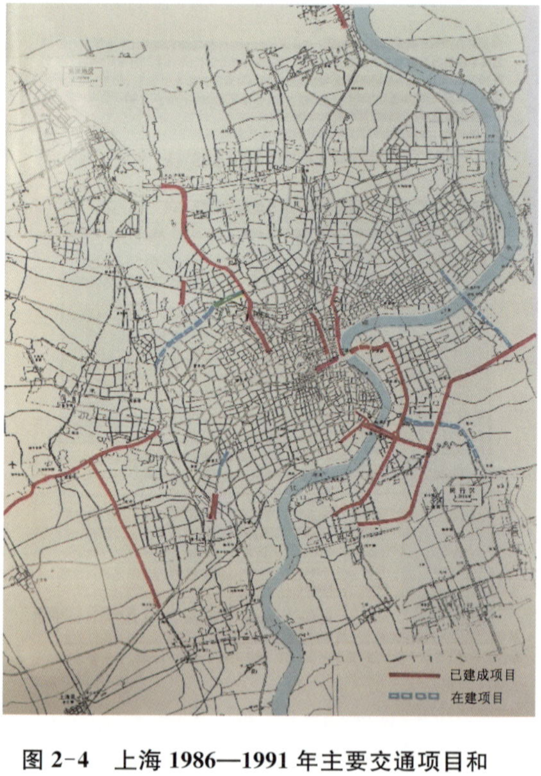

图 2-4　上海 1986—1991 年主要交通项目和在建项目分布

这一时期的交通政策总体以道路交通设施的扩容为核心，“七五”期间上海在道路交通建设方面进行了巨额投资，仅道路固定资产投资即达到 10.5 亿元，为新中国成立以后前 37 年投资总额的 72.7%，这些建设和治理取得显著的效果，为浦东的开发创造了条件，越江交通、铁路道口、外滩和火车站地区的交通得到改善，中心区的交通得以维持，同邻省的公路联系得到加强，如图 2-4 所示。

针对公交和车辆发展，上海也出台了一些相对零散的管理制度。1986 年，国家政策变化，上海重新开始出现私家车，上海交管部门规定私车牌号使用“自备车”的第一个拼音字母 Z，标志着私家车的发展真正开始起步。由于专用号牌投放数量少，实行有底价不公开拍卖，直到 20 世纪 90 年代末，Z 牌的总发放量不到 5 000 张。对于公交运力紧张问题，主要通过引入竞争机制，增强企业活力来解决，1988 年市公交公司改为市公交总公司，实行总公司、公司、车队三级管理格局，总公司实行独立经济核算，公司为内部核算。

2.1.2 支撑浦东开发开放的 20 世纪 90 年代

进入 20 世纪 90 年代以后，上海的战略地位、城市布局结构都发生了巨大而深刻的变化。党中央、国务院根据新的国际形势和我国 90 年代改革开放的总体战略部署，做出了“以上海浦东开发开放为龙头，进一步开放长江沿岸城市，尽快把上海建成国际经济、金融、贸易中心之一，带动长江三角洲和整个长江流域地区经济新飞跃”重大战略决策。根据这一战略目标要求，上海的城市性质和功能定位都发生了巨大变化。1990 年，中共中央、国务院同意上海开发、开放浦东。上海即着手编制浦东新区总体规划方案。这个方案，无论从人口规模、用地规模、功能定位，均大大超越了 86 版上海城市总体规划为浦东地区所确定的目标。20 世纪 90 年代末的 10 年，随着“浦东开发开放”政策的贯彻落实，上海经济社会、城市规模等方面开始进入快速发展阶段。

1995 年上海市第二次综合交通调查显示，全市国民生产总值增速明显加快，第三产业的比例迅速上升(表 2-1)。全市集中建成区面积逐步扩大，从浦西扩大到浦东、从中心区(内环线内)拓展到外围区(内外环线之间)，建成区 400 km^2，全市人口数 1 500 万，全市居民日均出行总量 2 800 万人次。

表 2-1　　国内生产总值和产业结构

年份	国内生产总值/亿元	三产结构
1980	311.89	3.2%∶75.7%∶21.1%
1985	466.75	4.2%∶69.8%∶26.1%
1990	756.45	4.3%∶63.8%∶31.9%
1995	2 462.57	2.5%∶57.3%∶40.2%

注：三产是指农业、工业和服务业。

小汽车发展开始加快，自 1990 年起，机动车总量保持年均 5 万～6 万辆的增速，至 20 世纪 90 年代末，全市机动车拥有量已经达到 70 多万辆。机动车增长引起道路交通量的增长，从 1995 年到 2000 年，全市道路交通量从日均 3 500 万车公里增至 5 000 万车公里。

受制于道路交通拥堵、运力紧张等瓶颈，公交服务水平和吸引力持续下降。地面公交客流从 1988 年峰值的 1 500 万乘次/日快速滑落到 1995 年的 800 万乘次/日。公交比例下降的主要原因不是因为经济条件的大幅度提高而转向舒适的小汽车，而是公交对出行者的吸引力下降到不如自行车，市区公交分担率下降到 22.9%的历史低位。大量的公交客流转移到自行车、助动车等交通出行方式，反过来进一步加剧了地面道路交通的压力。市区居民出行方式构成见表 2-2。

表 2-2　市区居民出行方式构成

年份	步行	自行车	公交车	出租车	客车摩托车	其他	合计
1986	36.6%	24.9%	35.2%	0.2%	2.5%	0.6%	100%
1995	36.5%	34.4%	22.9%	1.5%	4.5%	0.2%	100%

因此，20 世纪 90 年代的交通政策主要是围绕促进浦东浦西一体化、缓解道路交通拥堵以及持续提升公共交通服务展开，核心政策依然是持续增加设施运力供给、提升公交运行效率、加强个体交通发展调控。

增加供给方面，围绕浦东浦西一体化发展的快速路网、越江桥隧和跨苏州河桥梁建设取得了长足的进展，为支撑市区范围拓展和完善省际联系的高速公路建设速度加快，提升公共客运交通能力的轨道交通建设和地面公交运力投放也在持续积极推进。总体而言，通过 1992 年起连续三个“三年大变样”使上海发生了巨大的变化，包括市区“申字型”快速路，“三横三纵”主干路网，郊区高速公路，1 号、2 号、3 号轨道交通线路等一大批骨干交通基础设施的建成投用，使城市交通面貌也发生了巨大的变化，较好地适应了城市空间结构的拓展，2000 年 5 月，上海实行“取消黄浦江越江设施收费”政策后，过江车流显著增加 45%，更是有效支撑了浦西浦东的一体化发展。

随着 20 世纪 80 年代末中央开始在上海试点实施财政包干、土地批租等政策制度，上海的城市建设发展开始加速。同时为进一步筹措交通基础设施建设资金、扩充公交运力，上海在建设投融资、公交运营体制机制等方面开始了市场化制度的探索：

为确保交通基础设施建设所需资金，1992 年上海市成立上海市城市建设投资总公司，由市政府授权，作为对城市建设和维护资金进行筹措、使用、管理的城市建设专业投资、开发单位，按“自借、自用、自还”原则进行运作，由此上海市第一家也是全国第一家专业从事城市基础设施投资建设的投资公司问世。上海城投成立后，以规费、建费为杠杆，以政府信用为背景、以公司为法人来募集资金，以支持公共设施建设。

为减少政府财政补贴，提高公交服务水平，1996 年 1 月，上海公交实行以“体制、机制、票制”为核心的全面改革。改革的核心，一是改革票制，取消月票，实行普票；二是改革机制，变暗补为明补，取消对公交企业简单再生产的补贴；三是改革体制，撤销市公交总公司，将其下辖的 13 个运营企业全部实行独立核算，同时强化公交行业管理。公交改革后，公交运行线路、车辆运力持续快速增长，公交客流也扭转了持续下滑的态势，开始缓慢回升。

此外，对于个体机动车的发展依然采取比较慎重的态度。快速路和城市路网的建设一定程度适应了日益加大的小汽车交通需求。但随着机动车总量及平均出行距离的逐年增长，道路交通压力依然很大。中心区主要干道在高峰时基本都处于饱和状态，车辆平均行程速度仅在20 km/h上下，外围放射性道路的交通矛盾也非常突出。小客车的增量控制政策依然得到了延续，相对1986年开始Z牌照政策，1994年开始，上海对私家车牌照采取有底价、不公开拍卖的市场化分配手段。1998年年初，为刺激沪产轿车的销售，上海推出针对沪产轿车的私车牌照，实施差别化的有底价参拍政策，引发社会争议，后被2000年的国产小汽车上牌额度无底价、公开拍卖政策所取代，上海现行的车牌拍卖政策也就是从2000年开始的。

总体来看，20世纪90年代以来的以强化设施供给和需求调控为核心的交通政策总体适应了当时的交通发展需求，基本弥补了长期以来的交通发展欠账。随着新世纪的临近，以及第二轮城市总体规划的编制深入推进，上海交通开始用更高的视野对标自身的发展。对标国际大都市，当时的上海城市交通还难以适应经济和社会发展的需要。具体体现在以下几个方面：一是交通设施容量依然不足。城市快速路规模仅62 km，路网等级体系仍不完善。地铁仅3条线34 km，中心城轨网密度不足0.1 km/km^2。机场、港口、高速公路等区域交通设施也均与国际大都市差距显著。二是交通体系整合性不强，如公共交通与个体交通、轨道交通与地面公交、客运与货运、市域交通与对外交通尚未形成最佳组合，公共交通内部以及各种交通方式之间的换乘不方便。三是个体化交通需求快速增长，交通方式结构不合理。1996年公交改革，减轻了财政负担，提高了公交效率，但也大量分流了公交客流，导致公交出行比例下降到历史最低点。与此同时，轻便摩托车、燃油助动车成为车辆的主要增长点，总保有量已经达到50万辆。小客车开始加速进入家庭，年均增幅2万辆，保有量达到20万辆。四是交通秩序和环境质量尚不理想。交通参与者行为随意性大，步行、自行车和机动车相互干扰，交通安全状况不尽人意，万车死亡率高达15人/万车。交通污染呈现增长趋势，70万辆燃油助动车极大地影响了空气环境质量。上述问题也成为“2002版白皮书”关注的重点问题和主要政策切入点。

2.2 轨道交通引领的加速发展阶段(2000—2010年)

进入21世纪，上海城市发展开始进入快车道。在第二轮城市规划的指导下，上海开始着力重塑城市功能，力争到2020年，把上海初步建成国际经济、金融、贸易、航运中心之一，确定上海国际经济中心城市地位。与之相适应，上海的城市空间布局也进行了重大调整，城市空间布局全面突破原有中心城的狭小空间，着眼全市6 340 km^2，面向长江三角洲，有序引导人口和产业向郊区疏解。城市发展方向突出强调“拓展沿江沿海发展空间”，并实施以“新城及中心镇”为重点的城镇发展战略。

这一时期，作为交通发展背景的社会经济因素发生了深刻的变化。经济总量持续快速增长，全市生产总值从2000年的4 771亿元增加到2010年的17 166亿元，增长2.6倍(图2-5)。产业结构进一步优化，2010年三产结构比例已经接近60%，全市就业岗位规模由2000年的850万个增长到2010年的1 406万个。随着经济能级的快速提升，常住人口规模持续快速增长，2010年人口规模达到2 302万人，较2000年增加近661万人，增幅远高于同期全国水平，外来常住人口成为全市常住人口的增长动力和来源(图2-6)。国家层面的住房、汽车产业化发展政策出现重大变化，并成为促进城市化和机动化发展的重要动力。1998年福利性住房制度转为市场化的房地产政策，汽车工业第一次被确定为支柱产业，鼓励轿车进入家庭被写入"十五"国民经济发展计划中。随着居民的生活水平稳步提高，住房、汽车、旅游、个性化消费等消费热点不断涌现，人口分布呈现出从市区向郊区转移的趋势，城市集中建成区面积超过800 km²。

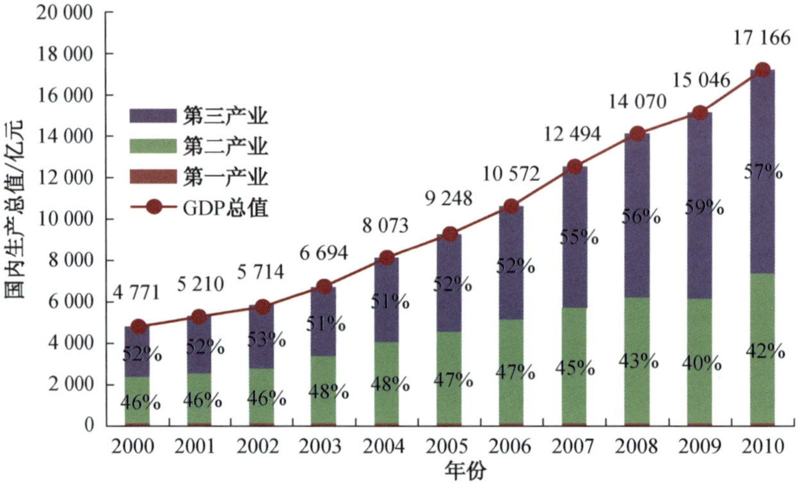

图2-5　上海市生产总值和产业结构情况

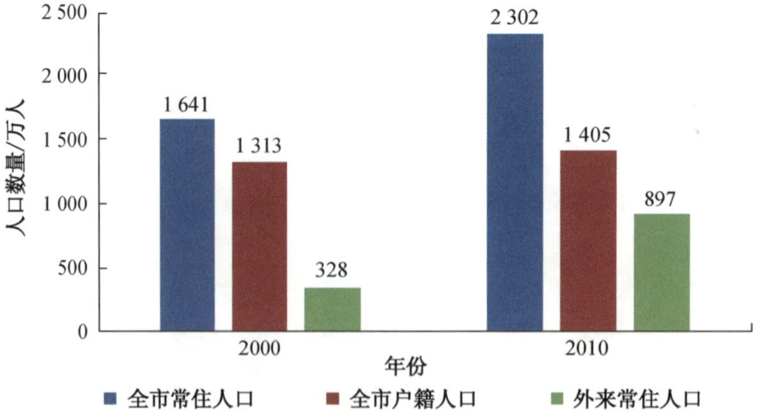

图2-6　上海市常住、户籍和外来常住人口的数量

与之相适应,交通特征也发生了深刻的变化。全市对外旅客发送量(包括社会客车)保持较高的增长态势,从2000年的0.76亿人次增长到2010年的3.33亿人次。全市人员日均出行总量从日均3 470万人次增长到5 200万人次,增幅接近50%。随着城市建成区的不断扩展,全市人员平均出行距离延长至6.5 km。个体机动化趋势明显(图2-7),2010年全市注册机动车快速增长到248.8万辆,准机动化的电(助)动车呈现快速增长态势,二者分担率超过35%,路车供需矛盾和安全形势严峻。轨道交通网络的完善和地面公交服务水平的提升,拉升公共交通日均客运总量稳步增长,2010年达到1 623万乘次,轨道交通在公共交通体系中的地位日渐突出,但受到个体机动化交通的冲击,全市公共交通出行比例始终维持在25%左右。

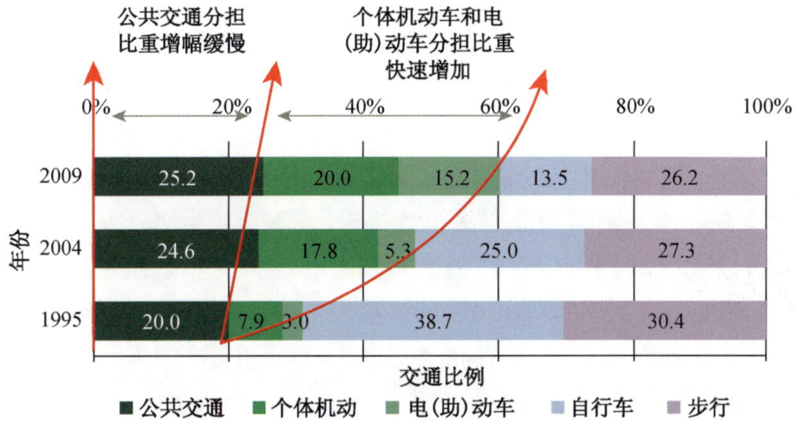

图2-7 上海市交通方式比例发展变化

2002年颁布的《上海城市交通发展白皮书》较好地预见新世纪上海交通的发展形势,成为指导新世纪交通发展的纲领性文件。这一时期交通政策在形式、效力、内容等方面均与20世纪80年代的交通政策有所区别。在形式上,交通政策从过去的单向交通工程设计、专项交通规划提升到综合交通规划和政策的有机结合。在政策效力和层级上,交通综合政策首次从交通职能部门的单一发展诉求上升为市政府交通相关职能部门的整体诉求,并以市政府名义颁布实施。在政策内容本身上更具系统性和综合性,它以打造世界级一体化交通为愿景,坚持公交优先发展理念,以设施建设、制度完善及管理统筹为抓手,在缓解道路拥堵、提高公交服务等发展目标外,开始对标国际大都市追求人性化、信息化、环保等更高品质目标。

2.2.1 加速构建城乡统筹的交通基础设施框架

这一时期是上海城市交通供给能力增加最快的阶段。继20世纪80—90年代中心城道路骨架设施初步建成后,这一时期以轨道交通线网和综合枢纽、郊区高等级公路网络和对外交通设施为核心的世界级一体化交通基础设施得到了跨越式发展。

交通基础设施供给在功能种类、空间布局等发展导向上与第二轮总体规划构筑以中心城为主体，形成“多轴、多层、多核”的市域空间发展构架高度吻合。中心城是全市的核心功能载体，人口、岗位高度集聚，交通需求强度大，在交通设施供给上强调大容量轨道交通网络和快速路系统建设。郊区是重要的都市发展拓展区域，与中心城不同，郊区的发展坚持有机疏散、多心开敞的核心理念，通过新城、新市镇的建设，与中心城共同构建市域城镇体系。除去市域轨道交通体系外，更加强调通过高等级公路体系的建设，实现市域城镇体系的统筹发展。港口、机场等重要战略性对外交通设施通过综合交通体系与城市交通系统有机衔接。

2002 年，中国成功获得 2010 年上海世博会的举办权，这一重大城市事件为上海城市和交通的跨越式发展创造了难得的契机，成为推进总体规划和“2002 版白皮书”实施落地的重要动力和保障。短短的 10 年，上海的综合交通体系有了跨越式的发展。

2010 年，全市 12 条轨道交通线路（含磁浮线）投入运营，总里程 452 km，比 2000 年（66 km）增长了 5 倍多。全市公路和城市道路总里程 1.6 万 km，其中，公路通车里程近 1.2 万 km，比 2000 年增长 95%，高速公路通车里程达到 767 km（含外环线），是 2000 年（98 km）的 7.8 倍。道路网络功能等级迅速提升，高等级道路基本成网，中心城道路总里程 3 317 km，中心城道路网密度达到 5.0 km/km^2，其中，快速路 179 km（不含外环线）。以“三港两网”①为主要特征的枢纽型、功能性、网络化交通设施体系基本建成建设。拥有 44 个集装箱专用泊位、年吞吐量超过 3 000 万 TEU 的国际大港，“一市两场”、5 条跑道、4 座航站楼的亚太航空枢纽，三主三辅的铁路客运枢纽均建成投运。

除去路网、轨道、枢纽、对外交通等骨干交通设施外，上海还加强慢行交通、交叉口、停车等功能性交通设施的建设完善，此外为进一步提升交通基础设施的运行效率，上海持续加强以道路交通监控、采集和自适应信号控制为主要功能的交通信息化基础建设，迈开了上海交通信息化建设坚实的第一步。

从上海市域航空遥感图变化来看，第二轮城市总规颁布后的 10 余年中，市域统筹的交通设施体系建设较好地支撑并适应了上海新时期社会经济和城市空间拓展的发展要求。城市扩展的速度进一步加快，中心城用地得到了全面的填充，郊区发展速度显著加快。

1. 建设用地规模不断扩大，城市建设空间逐步拉开

全市建设用地从 2000 年的 1 731 km^2（其中城市建设用地 1 080 km^2）增加到 2 818.7 km^2（其中城市建设用地 2 275.5 km^2），年均增加 108.8 km^2，增长率达到 6%。从新增建设用地的增幅来看，呈现从中心城向郊区增量递增的态势，且西部地区高于东部地区。全市新增城市建设用地有 32%分布在中心城附近的近郊区，主要集中在距离中心城较近的宝山、嘉定、闵行、松江、青浦以及浦东等近郊区。然而距离中心城较远的

① “三港两网”指空港、海港、信息港，以及高速公路网和铁路网。

崇明、金山、奉贤和临港新城的建设用地拓展幅度相对较低。1991—2014年上海市域航空遥感图见图2-8。

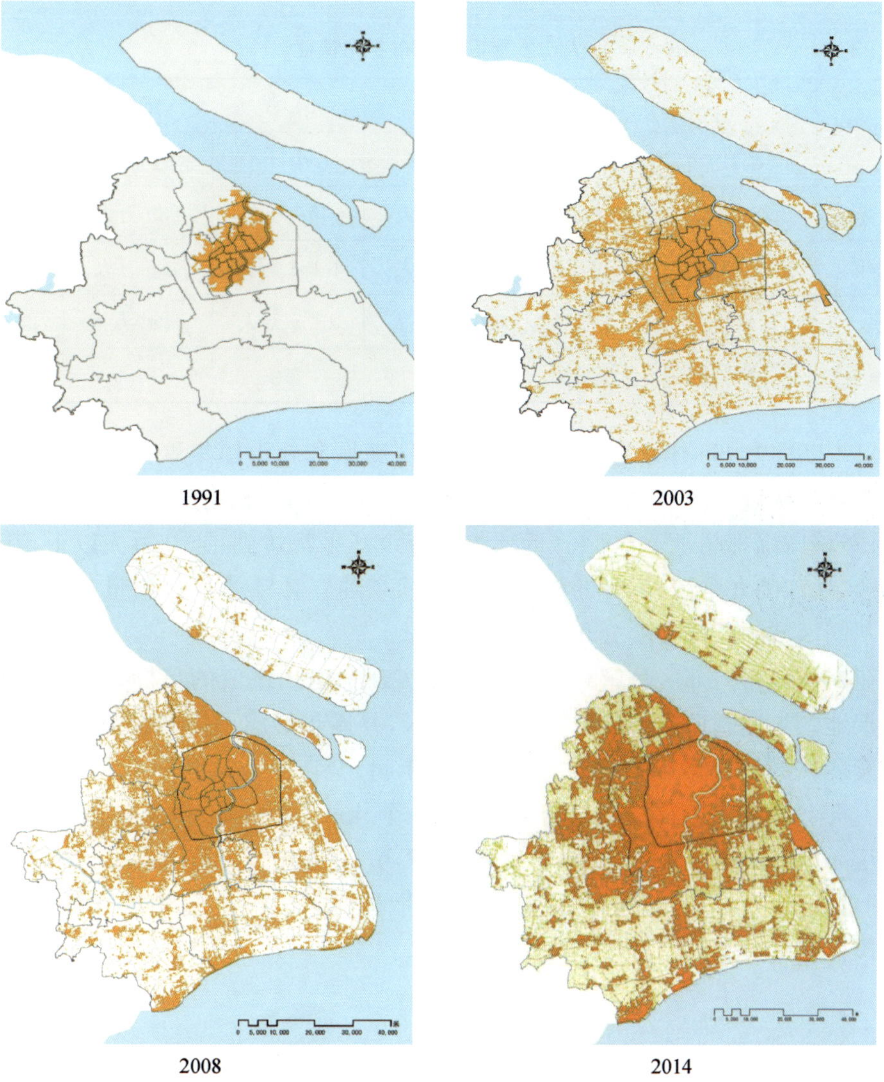

图2-8 上海市域航空遥感①

2. 人口和岗位分布逐步向郊区扩散

中心城人口数量依然呈现增长态势，但中心区（内环线以内区域）人口数量出现下降，近郊区成为人口增量、增速最快的区域。"2002版白皮书"颁布的10年间，中心城人口由974万人增加到1 150万人，增长176万人，年均增长18万人左右，年增速1.7%，

① 来自各轮上海市综合交通大调查。

其中中心区(内环线)内人口增长已现拐点,呈下降态势;近郊区人口由239万人增加到485万人,增长246万人,年均增长25万人,年增速7.3%。远郊区的人口规模由428万人增长到667万人,年均增长24万人,年增速4.5%(表2-3)。

表2-3　人口发展区域分布变化特征

区域	中心城			郊区		
	小计	中心区	外围区	小计	近郊区	远郊区
2000年	974万人	380万人	594万人	667万人	239万人	428万人
2010年	1 150万人	350万人	800万人	1 152万人	485万人	667万人
增幅	17.6万人	−3万人	20.6万人	48.5万人	24.6万人	23.9万人
增速	2%	−1%	3%	7%	10%	6%

人口不断向"1966体系"中规划的9个郊区新城和新市镇集聚,形成了新的郊区人口增长节点。从近10年的增幅来看,宝山新城、闵行新城、嘉定新城、青浦新城、松江新城、南桥新城增幅都超过了70%。近郊的新市镇几乎都达到了10万人以上,其中宝山的大场镇、松江的九亭镇、闵行的梅龙镇以及浦东的三林镇的人口增量达到了20万人以上。不同区域的人口密度分布如图2-9所示。

就业岗位分布向郊区疏解。中心城已经实现了退二进三的目标,成为现代服务业主要集聚地。先进制造业岗位主要集中在郊区,并逐步形成了以园区为载体、以基地为支撑的发展格局。"2002版白皮书"颁布10年间,全市就业岗位规模由850万增长到1 280万,年均增长43万个,岗位密度由1 396个/km^2增长到2 019个/km^2。其中,中心城岗位由499万人增至619万个,年均增长12万个;近郊区岗位由118万个增至259万个,年均增长14万个;远郊区岗位由232万人增长到400万个,年均增长17万个。不同区域的岗位密度分布如图2-10所示。

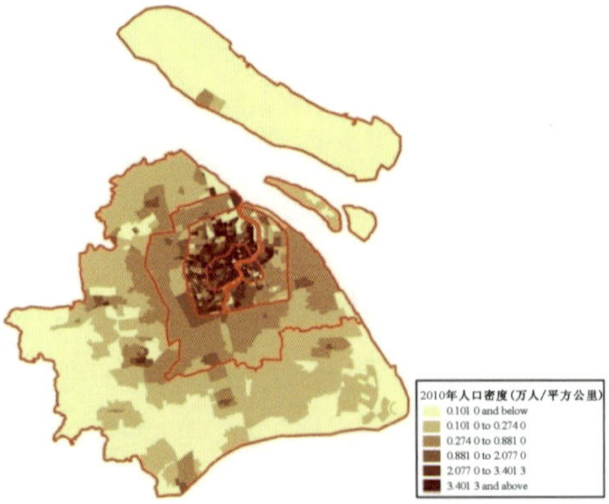

图2-9　不同区域的人口密度分布

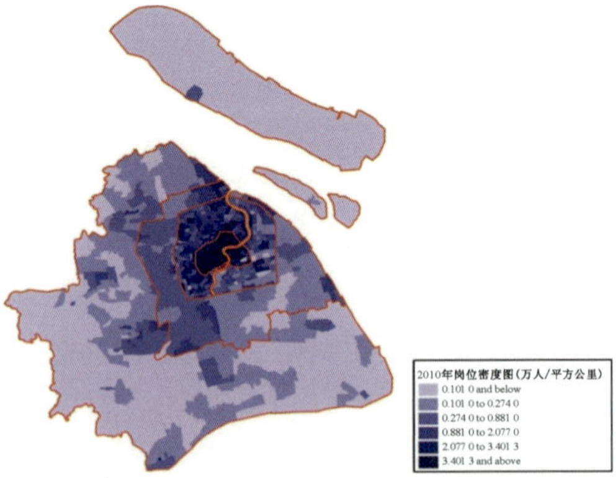

图2-10　不同区域的岗位密度分布

3. 市域层面的交通出行联系日益密切

从居民的出行空间分布看，居民出行空间分布持续向郊区拓展，近郊与中心城间联系紧密，远郊区与中心城的联系呈现快速增长的趋势。2010 年中心城内部出行(外环线以内)保持持续平稳增长的趋势，达到 2 600 万人次，较 2000 年增长 26%；进出中心城出行增长加快，达到 440 万人次，较 2000 年增长 65%。其中近郊区与中心城的跨区出行量占 3/4。远郊新城一般是各区县中心城镇，独立性较强，新城内部出行比例达到 80%。但随着远郊人口总量的增加，远郊与中心城的跨区出行也呈现快速增长态势。

2.2.2 初步建立统筹协调的综合管理体制机制

交通综合管理体制涉及横向交通相关职能部门的整合，也涉及纵向市区管理的分工合作，对交通管理政策和措施的贯彻执行有重大影响。长期以来，上海的交通职能呈现条块分割的状态，市级层面的交通职能分散在发改、规划、建设、市政、交通、公安等相关管理部门，不同职能部门的政策间往往存在冲突和矛盾，市级管理条线和区县政府还存在不同的职能分工，不利于统筹决策。这一时期最大的变化就是在体制和制度层面上，初步实现了交通综合管理的统筹协调。

1. 初步整合市级横向交通管理职能

“十五”期末，上海的综合交通管理制度开始出现了实质性的转变，并经历了 2 个发展阶段。

1）第一阶段：联席会议体制(2004—2005 年)的过渡阶段

2004 年 3 月，当时的上海市建设和管理委员会会同市发展改革委、公安局、交通局、市政局、规划局、交巡警总队，就交通排堵保畅进行了多次研究，并邀请香港交通专家进行了专题咨询。在此基础上，形成了进一步做好上海城市交通排堵保畅工作的初步方案，并向市人大、市政协做了关于上海城市交通排堵保畅工作方案的汇报。

方案认为造成道路交通拥堵问题的原因之一正是管理资源的分散。政策、规划、建设、管理没有真正地有机衔接；交通基础数据缺乏、准确性不够，定量分析和综合研究有待加强，专业部门之间的信息资源没有真正实现共享；中心城大规模建设强度有增无减，对新建设施带来的交通压力估计不足，交通组织的整体性、全盘性考虑不够；标志标识、标准规范、路政设施、执法管理的水平有待提高。

方案提出了相关的交通工作体制的改革设想。即上海市综合交通建设、管理由市发展改革委、市建委共同牵头负责。市发展改革委负责组织制定综合交通政策及交通白皮书的修编；市建委负责交通白皮书落实工作和综合交通建设管理的日常工作，规划、交通、市政、公安、交巡警等部门做好专业领域相关具体工作。

2）第二阶段：市建交委体制(2005—2013 年)的实体机构阶段

上海市于 2005 年进行了交通综合管理体制机制的改革，组建成立上海市建设和交通管理委员会，由建交委承担交通综合管理的协调职能。2008 年，根据《中共中央办公厅、国务院办公厅关于印发〈上海市人民政府机构改革方案〉的通知》(厅字〔2008〕17 号)的精神，上海市政府组建成立市城乡建设和交通委员会，将参与指导郊区城镇规划建设、重大工程规划建设和资金安排等职责整合划入市城乡建设和交通委员会，不再保留市建设和交通委员会、市市政工程管理局。同年，上海市政府组建成立市交通运输和港口管理局，将市城市交通管理局的职责、市港口管理局的职责、上海机场(集团)有限公司的空港地区行政管理职责，整合划入市交通运输和港口管理局。不再保留市城市交通管理局、市港口管理局。相关部门职责见表 2-4。

表 2-4　部门职能分工

部门	职　能
原市建交委	道路交通规划、城维资金预算管理、重大项目的推进和协调、交通政策推荐和协调
原市交港局	负责协调推进交通枢纽、道路客货运场站、公共交通站点、公共停车场(库)等的规划建设;负责道路停车管理相关职责;参与城市道路、公路路政管理
市公安交警	道路交通执法、交通信号管理、标志标线等
市路政局	道路建设、运行、维修和养护等的质量与安全的管理、路政执法;起草道路专业规划
市发改委	综合平衡本市综合交通发展战略、规划和相关政策
市规土局	对道路专业规划进行综合协调与平衡
市额度办	上海市非营运性小客车的额度管理，具体设在市运管处

世博会筹备和运营期间，这一综合管理体制机制得到了进一步强化。在筹备期成立了“世博会筹办工作领导小组交通组”，由市建设交通委和市公安局为主组建交通筹办组办公室，在市政府分管副秘书长的领导下，全面协调交通保障方案编制和运行指挥。在运营期成立了“世博会交通协调保障组”，负责全市综合交通组织和世博交通服务，统筹全市交通资源，落实世博会运行阶段交通运能储备、运力调度、应急处置和运输企业经营监管，配合安保指挥部交通管理工作等。这一机制也在世博后得到了延续和发展。2011 年，上海市人民政府办公厅颁布《关于建立上海市交通协调保障联席会议的通知》(沪府办〔2011〕42 号)，进一步将世博交通保障综合管理机制固化下来。

2. 初步明确纵向两级政府分工

处理好两级政府在交通发展中的分工和协调有利于更好地贯彻落实一体化交通的发展设想。在 20 世纪 80 年代中期我国开启经济体制改革的大背景下，本市的交通运输管理体制也进行了一系列以“事权下放”为核心的改革，极大地提高了区(县)政府的积极性。特别是 1996 年上海市成功地推出了“两级政府，三级管理”的城市管理体制以来，本市通过一系列地方性法规明确了交通各业态的事权下放和市区分工的管理模式，大大促进了综合交通体系的建设和发展。

2000 年上海市人民政府印发《关于进一步完善“两级政府、三级管理”体制的若干意见》的通知，指出上海经济发展进入了新的时期，区县经济发展面临着新的机遇和挑战。为进一步加快区县新一轮发展的总体要求，按照“事权、财权下放与政策规范运作相结合，管理重心下移与财力适度下沉相结合，产业定位与政策导向相结合，规划协调与分类指导相结合”的原则，进一步完善“两级政府、三级管理”体制。其中与交通发展相关的政策意见包括适当调整项目建设方面市与区县的分工、积极探索新的市政建设融资和经营机制、重视区县交界地区的规划管理、完善城市建设管理综合执法体系等，为交通两级政府两级管理模式的推进进一步明确了方向。在“2002版白皮书”有关综合交通管理体制的描述中，也涉及了两级政府的分工协作问题，提出以地区级为主（如停车管理、区域公交车路线制定等）的职能应该委任区级下级机构负责。

2.2.3 不断完善交通管理相关政策制度设计

“枢纽型、功能性、网络化”的交通设施为交通运行提供了基础，交通综合管理体制机制的构建为综合交通决策提供了保障，但精细化的交通政策和制度设计依然不可或缺，并对于调节交通供需压力、规范运输市场秩序等环节意义重大。这一时期的核心交通政策制度依然是围绕缓解道路供给与车辆发展关系、规范客货运输服务秩序、加强综合管理能力等方面的具体要求制定的。

1. 总量控制、区域差别的车辆发展政策设计

1997年颁布实施的《上海市道路交通管理条例》明确了本市对车辆号牌的发放实施总量控制的要求，为本市车辆管理奠定了总体基调。21世纪的车辆控制以此为依据，通过非营业性客车额度拍卖、运营车辆特许准入等制度设计，有效发挥了对各类小客车的总量调控作用。而沪C号牌、区域差异化的停车收费等制度设计有效均衡了小客车的拥有和使用分布。总体来讲，以总量控制和区域差别为核心的小客车拥有和使用管理政策体系，延缓了个体机动化的发展速度，均衡了使用空间分布，并为培育公交优先的客运结构争取了时间。全市本地注册机动车车辆数从2000年的105万辆增加到2010年的252万辆，通过车牌拍卖政策，10年累计削减超过150万辆的潜在私车增量，确保了机动车发展规模的总体受控。在人口规模和出行量分别增加40%和50%的情况下，公共交通方式比例稳中有增，中心城公共交通出行方式比例达到35.2%。

2. 精细化的交通组织管理政策设计

面对有限的交通设施资源，坚持管理挖潜交通设施容量，保证了交通运行服务的整体水平。推广SCAT信号系统、可变信息标志设施、停车诱导系统等信息化手段，提升了交通管理的智能化水平。在全市汽车保有量增长2.4倍、全市路网容量扩容0.9倍的背景下，上海依然保持了道路交通服务水平总体受控。2009年，工作日早高峰（8:00—9:00），中心城快速路（含外环）平均行程车速40.2 km/h；中心区“三纵三横”主干道平均行程车速15.6 km/h。

3. 持续优化公交运营管理体制机制

在轨道交通网络尚未成网运行之前，地面公交在很长一段时间内是城市公共交通

的主体和基础，提高地面公交服务水平成为政策设计的重要关注点。经过 1996 年度第一轮改革，公交企业走向市场化，虽然在一定程度上减轻了政府财政的负担，但也淡化了公交行业的公益性。市场化运营模式以客流效益为主要目标，导致线网布局缺乏层次，大量线路集聚在人民广场和徐家汇等中心区，线路重复系数过高，而冷僻线路无人问津。公交运行线路的优化调整、公交运力和场站基础设施的完善、运营服务规范、资金补贴扶持等政策设计成为重点。

4. 不断完善交通运输管理规制

为进一步规范交通运输行业管理，上海在法律、行政法规、部门规章的基础上，结合自身发展情况，出台了一系列地方性法规、规章和规范性文件。客运方面，进一步提高轨道、公交、出租车的服务规范和标准；货运方面，进一步引导货运企业专业化、规模化、规范化发展。

上述政策制度只是“2002 版白皮书”中的一小部分，从“2002 版白皮书”开始，交通政策的体系化逐步加强，交通政策由零散走向系统。

2.3 综合交通体系功能提升发展阶段(2011 年至今)

经历了 20 世纪 80—90 年代的交通补欠账式的发展，以及 21 世纪前 10 年跨越式的交通基础设施建设，世博会后的上海交通体系已经进入了一个相对成熟和稳定的发展阶段。但随着经济社会的发展，交通需求量仍在刚性增长，对质的需求更高且日趋多样化，而限于资源环境约束，交通设施容量的增长空间十分有限，交通发展中不平衡、不协调、不可持续的问题日益突出，主要表现在“四方面难以为继”。

(1) 交通发展与城市发展融合不够，目前被动配套适应型的交通发展难以为继。交通与用地规划、产业布局、人口岗位分布等缺乏统筹协调，人口持续快速增长，中心城建筑量持续增加，中心城周边地区已蔓延约 1 000 km^2(人口约 485 万人)，重点地区、大型居住社区开发进一步加剧向心交通压力。若延续既有态势，中心城内部和进出中心城的出行需求预计增加 20%～25%，交通供需矛盾将难以调和，交通拥堵状况恐持续恶化，反过来将约束上海全球城市核心功能的发挥。

(2) 公共交通分担率增长缓慢，仅以轨道交通建设提高公共交通吸引力的方式难以为继。近 10 年来，本市公共交通客流增长主要依靠轨道交通网络快速发展。目前，轨道交通部分区段高峰时段严重拥堵与郊区段运营效率偏低的矛盾并存，地面公交客流强度低且增长乏力，新城内部公交体系缺乏等问题日益凸显。中心城公共交通出行分担率增长缓慢。亟须发展和完善多元化、多层次的公共交通网络体系，来提高公共交通的吸引力、分担率。

(3) 个体机动车高强度使用，路网供需矛盾日益突出，仅有中心城小客车新增总量控制(额度拍卖)政策难以为继。各种渠道的小客车年均增长量持续增长，虽然保有率仅为国际同类城市的 1/3～1/2，但使用强度 2 倍于国际同类城市，导致中心城路网容量、停车容量和环境容量均无法支撑机动车的快速增长，高架快速路系统日趋饱和，全市拥堵时空范围不断扩大。现有非营业性客车额度拍卖政策边际效应不断显现。

（4）资源环境承载力的刚性约束日趋明显，交通治理相关社会要素日趋复杂，以传统手段解决交通问题难以为继。面对不断提高的城市发展定位，绿色生态的更高发展要求，日新月异的科学技术进步，市场导向的事中事后监管模式，以及日益多元复杂的交通参与主体，传统的交通发展理念、模式都面临很大的挑战，既有交通政策边际效应开始逐步显现，亟待综合运用经济、行政、法律、市场、社会等手段来治理交通问题。

为了适应新的发展形势，2012 年，上海市政府启动新一轮交通白皮书编制工作，并于 2013 年颁布实施。这一轮的交通政策在统筹要求的综合性、追求目标的多元性以及管理手段的多样性等方面均较上一轮交通政策有所加强。体现在三个转变上：①要由配套保障的适应型发展向统筹协调的引导型发展转变，更加注重规划源头管理，使城市交通发展与城乡空间布局相协调；②要由注重保障交通畅通向进一步提高交通品质转变，以保障人和物的高效运输为出发点，为公众提供人性化和多样化的交通服务，更加注重舒适、安全、有序的交通环境；③要由管建并举逐步向重在管理转变，从注重建设、增加供给转向更加注重需求管理、存量挖潜，更加注重发挥既有枢纽型、网络化设施体系的功能性。

2.3.1 面向全球城市提升交通基础设施功能

“2013 版白皮书”编制期间，正值新一轮城市总体规划编制启动。2013 年年初，市政府发布了《关于编制上海新一轮城市总体规划的指导意见》，指出在 2020 年基本建成“四个中心”和社会主义现代化国际大都市的基础上，努力建设成为具有全球资源配置能力、较强国际竞争力和影响力的全球城市，充分发挥服务全国、联系亚太、面向世界的作用，促进长江三角洲城市群积极参与国际竞争，推动长江流域经济带提升能级，打造世界级城市群核心城市。

根据全球化及世界城市研究网络（Globalization and World Cities Research Network, GaWC）发布的世界级城市排名，全球城市评价指标涉及 35 项，包括经济发展、基础设施、社会进步和国际化水平，其中交通相关的指标包括千人机动车拥有量、公交出行比例、轨道交通长度、铁路发送旅客量、铁路货物运力、航空客货运量、国际航班数等。纽约、伦敦是世界公认的全球城市，在 GaWC 全球城市评级中位于顶级 Alpha＋＋，上海虽然与巴黎、东京等城市位于次顶级 Alpha＋（图 2-11），但与上述城市相比，城市整体发展水平、国际竞争力和影响力等方面仍有待提高。

全球城市是国际大都市的最高级别，一个城市要从国际大都市上升为全球城市，要面临相当大的挑战。从交通体系上说，全球城市的交通服务圈层大致包括 3 个圈层：

alpha++	伦敦	alpha−	首尔	beta+	班加罗尔
	纽约		约翰内斯堡		里斯本
alpha+	香港		布宜诺斯艾利斯		哥本哈根
	巴黎		维也纳		圣地亚哥
	新加坡		旧金山		广州
	上海		伊斯坦布尔		罗马
	东京		雅加达		开罗
	北京		苏黎世		达拉斯
	悉尼		华沙		汉堡
	迪拜		华盛顿		杜塞尔多夫
alpha	芝加哥		墨尔本		雅典
	孟买		新德里		马尼拉
	米兰		迈阿密		蒙特利尔
	莫斯科		巴塞罗那		费城
	圣保罗		曼谷		特拉维夫
	法兰克福		波士顿		利马
	多伦多		都柏林		布达佩斯
	洛杉矶		台北		柏林
	马德里		慕尼黑		开普敦
	墨西哥城		斯德哥尔摩		卢森堡
	阿姆斯特丹		布拉格		休斯顿
	吉隆坡		亚特兰大		基辅
	布鲁塞尔				布加勒斯特

图 2-11　GaWC 世界级城市排名

(1) 全球城市是全球网络中重要的节点，具有极强的连接度。纽约肯尼迪、伦敦希斯罗、法国戴高乐、东京成田都是重要的国际枢纽机场，纽约和伦敦更是国际航运中心。

(2) 全球城市有广阔的全球城市区域。全球城市作为全球城市区域的核心城市，发挥着统领全球城市区域发展的任务。全球城市区域不是行政区划的概念，而是基于经济联系和交通可达性所能支撑和辐射的区域。要实现全球城市相关的各类职能、人口、岗位在全球城市区域内有序分布，必须有一套功能层次清晰的综合交通体系支撑这种频繁的区域交通联系。

(3) 全球城市有其最核心的功能区域。一般核心功能区域是高度城市化和功能高度集聚的区域，是整个全球城市功能的中枢，有一套高度集约化的交通体系支撑高强度的经济活动和交通出行需要。

面对未来的发展，全球城市依然关注如何强化战略性交通基础设施的建设，进而继续保持并增强全球城市的竞争力，当然这些基础设施的建设必须是可持续发展。为此，全球城市远景交通战略的重点至少包括几个方面：

(1) 提升枢纽功能，增强联系世界的能力，主要体现为枢纽可达性的提升，包含枢纽集疏运系统的改进以及全球结点联通中转功能的完善；

(2) 完善区域网络，在都市圈范围内统筹人口和岗位布局；

(3) 注重绿色发展和新技术运用，转变城市交通发展模式，实现环境和能源的可持续发展。

上海要从以“四个中心”功能建设为核心国际大都市提升到“具有全球资源配置能

力、较强国际竞争力和影响力"的全球城市，仍有较大的发展差距。这不仅仅体现在交通基础设施的规模和功能，更体现在交通可持续发展的理念上。这也对新一轮白皮书的愿景设置提出了更高的标准和要求。新一轮交通发展政策依然强调完善城市交通基础设施的重要性，但在投资重点、区域等方面有所调整。城市交通基础设施依然是投资重点，按交通方式分，投资将进一步向公共交通倾斜，慢行设施的重要度也得到提升；按区域分，投资将进一步向郊区新城、新市镇倾斜。对外交通中，航运中心建设的高峰已经过去，未来设施建设重点在于机场服务能力的提升、海港设施的完善以及内河航运的突破，而铁路系统建设方兴未艾，也将成为近期对外交通建设的重点。

2.3.2 面向生态文明发展要求转变发展模式

2009年后，中国深陷严重雾霾等环境危机，经济发展增速亦开始放缓，政府随后倡导发展模式转型。党的"十八大"报告也把生态文明建设纳入社会主义现代化建设的总体布局，进一步强调了生态文明建设的地位和作用，把生态文明建设放在突出地位，融入经济建设、政治建设、文化建设、社会建设各方面和全过程。

从世界经验来看，工业、建筑、交通运输是能源消耗以及二氧化碳和环境污染物排放的主要因素。实现交通发展与能源消耗、温室气体和污染物排放脱钩(总量控制)，或将能源单耗和排放强度指标控制在一定水平(强度控制)，以满足日益增长的交通需求发展，是实现低碳城市和可持续发展的重要途径和客观要求。从目前发展水平看，上海的绿色低碳交通发展仍处于初级阶段，离总量减排的绝对低碳模式还有相当大的差距。上海交通能耗(不含社会车辆)约占全社会用能总量的20%(表2-5)。交通工具，特别是货车的排放标准相对偏低(图2-12)。移动源对本地源中$PM_{2.5}$的贡献度接近30%。随着产业结构的调整，交通在全市总能耗以及对$PM_{2.5}$的贡献度还将持续增加。这显然与国家生态文明的发展要求存在一定的差距。

表2-5　　交通运输行业能源消耗量　　单位：万吨标准煤

指标 \ 年份		2005	2010	2011	2012	2013	2014	2015
全社会能耗		7 974	10 671	10 928	11 015	11 346	11 085	11 387
运输行业	对外交通	1 261	1 898	1 865	1 908	1 909	1 903	2 011
	公共交通	146	202	182	180	180	181	178
	小计	1 407	2 100	2 047	2 088	2 089	2 084	2 189

绿色发展已经成为未来交通发展的理念和导向。随着细颗粒物($PM_{2.5}$)和臭氧(O_3)8 h浓度限值监测指标纳入新环境空气质量标准，加之约束性的交通能耗控制指标考核，交通发展切实面临更高的发展要求。但能否实现低碳发展、改善空气质量的发展目标，与交通需求规模、交通发展模式、车辆技术和运输组织管理水平、能源结构等要素

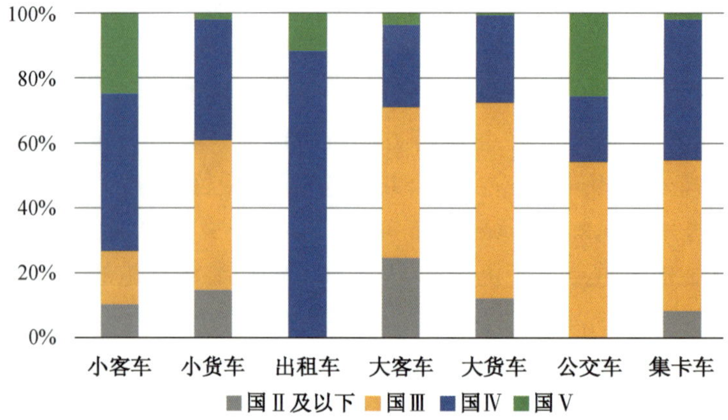

图 2-12　2015 年上海市各车型排放标准的构成情况

紧密相关。在当前快速机动化发展的大背景下，上海交通实现绿色发展面临着许多挑战。

新一轮交通政策除了应对交通拥堵、运输服务、组织管理等传统交通发展问题外，进一步加大了对交通绿色低碳发展的关注。绿色交通发展已经不仅仅是“2002 版白皮书”中提及的车辆排放标准提升、清洁能源替代以及交通噪声控制等具体任务，而是进一步融入整体发展战略，即在交通与用地统筹、低碳交通模式、绿色交通治理等各个环节体现绿色发展理念。

2.3.3　面向新形势动态优化政策制度设计

面对新时期交通发展面临的新形势和新要求，新一轮交通政策重点就 3 个方面进行了政策制度优化。

(1) 关于交通工具和通行秩序。“2002 版白皮书”关于交通工具和通行秩序管理的核心政策是非营业性客车额度拍卖制度，对于摩托车和助动车拥有及使用的限制性政策，以及对于营运性车辆，如货车的夜运政策，此外还有相配套的交通组织政策等。“2013 版白皮书”意识到就上海目前设施发展阶段而言，大规模的道路设施建设已经难以为继，在小客车拥有管理政策边际效应逐步消失的背景下，应加速车辆拥有管理向使用管理的转型，进一步强调停车管理的调控作用。对于“2002 版白皮书”尚未有政策导向的电动自行车，就其规范管理进行了上牌、目录管理、违章治理等制度设计。对电商快速发展带来的爆发式的快递运输需求，在延续夜运政策的基础上，力争在车型标准化和规范化上取得突破。此外，“2013 版白皮书”还进一步提升了交通文明的地位，从人、车、路、秩序环境等全要素治理的角度，进一步强调交通参与者文明意识提升对交通通行能力的挖潜作用。

(2) 关于运输组织和市场规制。“2002 版白皮书”高度关注交通客货运输行业的规范发展，在系统层面希望加强轨道与公交网络和服务的整合，在市场规制方面重点强化公益性运输业态的准入管理，明确了运输业态发展的规模化、专业化和规范化导向，以及公益性和经营性相结合的定价、收费政策及配套补贴机制。“2013 版白皮书”总体延续了“2002 版白皮书”的政策导向，结合宏观发展形势和背景的变化进行了优化。在运输组织层面，进一步强化了以轨道交通为核心的公共交通整体服务水平的提升，在轨道交通基础骨干地位转型的同时，更加重视地面公交线网和路权体系的建设重构，重视换乘接驳体系的建设完善，重视中运量系统的互补错位。在市场规制层面，对市场化、互联网背景下新兴业态的发展持鼓励和规范的态度，力图通过新业态的有序发展实现传统交通模式的转型升级。

(3) 关于综合管理和统筹协调。“2002 版白皮书”从用地、环境、技术等交通与外部要素的统筹协调方面制定了相关政策。“2013 版白皮书”在此基础上，进一步提升了交通与外部要素的统筹层级。规划用地方面，重点在交通规划的体制、机制上进行了积极的探索，就总规、单元规划、控制性详细规划等各个层面的统筹提出了具体导向。环境方面，从单纯的污染和噪音治理上升到能耗总量控制、能源结构调整和可持续发展等更高的交通转型发展要求；技术方面，从信息化设施的建设，上升到包括行业管理、辅助决策和应用服务的全方位智能交通体系构建。

2.4 上海交通政策的经验和启示

梳理上海交通三个发展阶段以及相对应的交通政策设计，可以发现这些交通政策在编制、实施、配套等环节的内在规律，大致可以总结为几个方面：

(1) 交通政策编制要有明确的阶段发展目标或愿景。三个交通发展阶段对应三轮总体规划，不同的城市发展定位下交通发展的愿景目标各不相同。20 世纪 80 年代上海的城市性质是中国的经济、科技、文化中心之一，是重要的国际港口城市。到了 21 世纪的第二发展阶段，上海的城市定位是社会主义现代化国际大都市。而到了后世博的第三个发展阶段，上海开始努力建设成为具有全球资源配置能力、较强国际竞争力和影响力的全球城市。不同的城市发展定位对交通发展有不同的要求，从三个发展阶段的交通政策变化可以清晰地看出上海交通政策的施策范围从中心区向市域、区域和国际不断拓展，施策的重点从局部设施的扩容，到系统性、功能性设施网络的建设，从单一零散的制度设计到综合系统的制度体系设计的转变过程。

(2) 交通政策制定的背后要有科学的发展理念支撑。人多、车多、交通需求密集、用地等资源约束紧张是大城市的共性特征。事实上，世界上没有一个城市可以无限制地满足机动车的增长，即便是美国一些已经形成小客车发展模式的城市也在反思这种模式的后果和转型的必要性。但在机动化的发展过程中，道路供应与交通需求之间的平衡往往难以依靠自觉行为得到保持，必须坚持公共交通优先、绿色交通优先的发展理念，并把这些理念落实到设施建设、制度设计和具体的管理措施中，这是国际城市的交通发展共识，也是上海在交通政策制定始终坚持一体化的核心价值。

（3）交通政策本身要有系统性和针对性。纵观上海30年的交通政策发展演变，许多政策起源于20世纪80—90年代，在21世纪前10年进行了规范和丰富，目前面对新的发展形势和要求又在进行调整优化。总体来说，上海目前相对完善的政策体系框架，是一个长期累积的结果。部分政策制度经历了实践检验，也被证明是行之有效的，应该在后续发展中予以坚持。对于滞后于实际发展情况或效果不佳的政策，应该及时废止。21世纪编制的两轮交通白皮书则可以被看作是梳理固化交通政策体系的重要实践和举措。此外，政策要具有针对性，各种交通行为在不同的时空范畴差异很大，政策的施策应该针对最核心和主要问题，体现差别，如上海在设施建设、车辆发展调控、收费等政策均遵循区域差别原则。

（4）交通政策的实施落地要有多元化的手段和方法。交通政策的实施效果与其所采用的手段和方法密不可分，行政指令简单直接，但过于刚性，面对复杂的市场环境往往会出现适得其反的效果，或无法兼顾公平和效率等方面的问题。而用经济手段调节交通资源配置可能更加易于各交通参与主体达成共识。事实上，纵观上海30年的交通政策发展演变，上海从20世纪80年代就开始积极探索用市场手段解决交通问题：在设施建设方面，上海从80年代就开始尝试用市场化运作的手法和要求来开展政府投资，以平台公司向国内外金融机构贷款，支持城市建设；在公交发展方面，90年代的公交体制机制改革即是利用社会力量迅速扩充了公交运力，暂时缓解了乘车难的问题；车辆发展和使用方面，始于80年代的上海非营业性客车额度拍卖政策，以及始于90年代的六级六类的收费停车场(库)计费规定均是利用市场化手段来调控。市场化手段虽然也存在一些缺陷，但在特定时刻的确发挥了较之行政调控更有效的作用，并可以在后期通过一些制度进行完善和调整。

（5）交通政策出台要有以量化分析为基础的综合决策研判能力支撑。公共政策涉及交通参与者的切实利益，如果没有科学的预判，可能会产生事与愿违的结果，而以信息采集、数据分析等量化手段为基础的决策分析不可或缺。上海从编制第一轮综合交通规划开始，就建立了综合交通调查、小样本调查、交通规划模型等工作机制和技术手段。目前，上海已经开始了5次综合交通调查，已形成5年一次的机制，每年的小样本调查涉及轨道交通线路客运调查、城市干道车速调查、中心城控制点流量调查、居民出行小样本调查、郊区公交服务水平调查、大型活动周边地区调查等，为全面了解交通发展动态创造了条件。在交通调查的基础上建立开发的交通规划模型，由交通出行需求类模型、公共交通系统类模型和道路交通系统类模型三个核心模型组成，以反映所研究范畴的一般性交通规律为主，并可结合具体实际工作开发应用。上海市政府于2006年初正式挂牌成立上海市交通信息中心，建立上海市交通综合信息平台，更是进一步拓展了交通相关数据的采集、发布和共享。总体来说，上海目前形成的以交通调查、数据采集分析和综合交通模型为核心的决策辅助制度建设为提高交通综合决策能力提供了有效支撑。

（6）交通政策的执行要有统筹协调的体制机制相配套。交通决策涉及规划、建设、运行及维护管理等各方面，在交通基础设施相对薄弱、大规模建设的时期，行政管理资源的相对集中于建设部门更有利于发挥设施和资源的统筹作用，避免多头管理引起的缺位、错位和扯皮。但随着交通系统的逐步构建和复杂性的增加，应进一步加强系统之间的平衡与统筹，交通政策的研究和决策进一步上升为一项持续性、经常性的工作，市政府专题会议不能取代牵头部门经常性、基础性的决策准备工作，决策的重心宜落在委（局）层面，因此应当有一个明确的牵头部门。上海市从2004年开始综合交通管理体制机制的改革探索，经历了联席会议体制（2004—2005年）的过渡阶段、市建交委体制（2005—2013年）的实体机构阶段，目前已经与国家大部制管理体制改革相适应，成立了交通委员会。实践证明，一个具有综合统筹能力的交通大部门管理机构，是交通科学政策及后续推进落实的必要体制保障和基础。

3 总体战略发展演变

战略是交通白皮书的核心，旨在判断把握交通发展的阶段、问题和瓶颈，明确交通发展的愿景、目标及重大战略导向。两轮白皮书始终坚持一体化发展理念，根据不同的发展阶段制定了发展目标和重大战略举措。

3.1 上海交通发展阶段的定位和判断

伦敦、巴黎、东京是世界闻名的国际大都市和全球城市，受工业革命的影响，这些城市在19世纪中叶到20世纪初就进入快速城市化的发展阶段，此后随着经济和人口的快速增长，城市发展纷纷突破既有的内城范围，呈现蔓延发展的态势。第二次世界大战后，经过短暂的重建恢复，各主要都市的经济发展迅速恢复到战前水平，产业结构也开始由工业化向后工业化转型，经济、贸易、金融等第三产业得到了快速发展，人口、岗位、机动化水平持续增加。为应对城市蔓延发展，各大都市因地制宜地向更大范围的多中心都市圈发展转型，部分城市随着郊区化的深入发展导致内城衰败，进入再城市化阶段，部分城市通过合理的区域空间结构和职能分工，最终形成了区域统筹发展的格局。目前上海正处于城市发展转型的重要时期，城市空间蔓延发展的态势尚未得到较好的控制，更大范围的区域联系日渐密切。学习借鉴国际城市的发展经验，有利于上海合理制定发展战略。

3.1.1 全球城市交通发展历程回顾

1. 城市空间结构发展历程

纵观世界知名大都市20世纪的发展历程，其城市空间结构大致经历了由集中到分散，由单中心到多中心，并不断完善调整的发展过程。

1）单中心的都市区发展阶段（20世纪初至60年代）

工业化是城市郊区化发展的助推剂，在此阶段，产业结构以二产为主，三产也有了较快的发展。城市形态大多为单中心结构，部分城市建成区虽分化成为几个发展核心，但城市强中心的形态没有改变。随着人口的快速增长，以及部分工业产业的向外转移，导致城市无序蔓延发展，城市范围快速扩大，并形成了以内城为核心的都市区空间模式。各都市都试图通过绿带和卫星城，设定发展边界来抑制都市区的无序蔓延，但终因快速城市化和人口的增长而被突破。城市功能和人口过度集聚使得单中心的都市区空间结构日益无法满足城市功能的正常运作。

（1）伦敦。

20世纪初，由于经济的繁荣、人口的集聚，伦敦内部很快就经历了交通拥堵，工业工厂等逐渐往伦敦郊区转移，伦敦郊区城市化进程开始。到第二次世界大战前期，伦敦的人口已突破800万人，建成区向外蔓延趋势明显。英国政府为解决伦敦人口过于密集的问题，于1938年提出了用“绿带”控制大都市无限蔓延的方案，以引导绿带以外地区的发展。绿带设计虽然有效地控制了伦敦中心城市建设用地继续向外蔓延，但并不能抑制城市整体的发展，伦敦新增加的人口和产业仍越过绿带，在外围乡村更大范围里蔓延开来。

为了应对城市的无限蔓延，伦敦在1944年由阿伯克隆比主持编制完成大伦敦规划，规划面积达6 731 km^2。其后又陆续制订了伦敦市和伦敦郡的规划。1946年英国政府制定了“新城市法”，把大都市区的新城建设作为政府计划予以实施。自1950—1965年的15年间，伦敦的发展基本上按照大伦敦规划和“新城市法”实行，并在大伦敦先后建了8座新城，从此掀起了建设新城的运动。后来发现，这一规划对控制伦敦市区的不断扩展和改善环境起到了一定作用，但伦敦人口和经济过分集中的问题仍然存在。

(2) 巴黎。

从19世纪末起，在工业加速发展的推动下，巴黎地区的城市建设迅速发展，工业企业和独立式住宅在近郊外围无序扩展，呈现过渡蔓延的趋势。为了加强有效的规划管理，1932年法国颁布法律，要求根据规划的需要划定非行政意义的巴黎地区并对其进行区域规划，形成市镇和地区两级规划。早期的规划，如1934年、1956年、1960年的巴黎地区国土开发计划主导思想是通过限制城市建设用地扩展来遏制郊区蔓延，虽然采取了诸如外围绿带控制、城市建成区多核发展、外围卫星城建设等手段，但由于与地区城市化加速发展的客观规律背道而驰，在实际操作中成效较差。特别是第二次世界大战以后，巴黎进入了快速城市化发展阶段，实际人口增长度远比预测要高，给巴黎地区造成了巨大压力，规划的城市建设区很快就被突破。

(3) 东京。

为了实现战后恢复计划，1946年制定了首都复兴规划纲要，在1950年左右东京都就大体恢复到战前的最高水平。随着城市化高速发展，大量人口、产业迅速向东京集中，引发了住宅、交通、环境等一系列大都市问题。为了抑制人口的过度膨胀，东京于1958年开始了第一次首都圈规划，此次规划仿照1944年的大伦敦规划，在建成区周围设置5～10 km的绿化带并在周围设立卫星城，以控制建成区工业用地的继续扩展，从而达到有效防止核心都市区规模过大及建成区过密状况的出现。但由于绿地带中各个利益集团的联合反对以及国家直属城市开发机构带头在规划绿地带中开展住宅开发活动，所以建成区周围设立绿化带的设想并未实现，规划的卫星城成为事实上的“卧城”，第一次首都圈规划并没有限制住人口的快速增长。

1968年，日本制定了第二次首都圈规划，在距都心50 km的地域设立新的近郊储备地带代替第一次规划中的近郊绿地带，对中心城区进行大规模城市改造活动的同时，开始开发城市外围近郊储备地带。虽然部分人口、产业在向建成区外迁移，但都市圈内部人口和工业仍在不断集中，自然景观个性趋于同化，居住、城市文化等的多样性逐渐丧失。

2）多中心的都市圈发展阶段(20 世纪 60—90 年代)

第二次世界大战后，各大都市的产业结构开始逐步优化，第三产业得到快速发展，人们生活水平提高，交通出行需求更趋多样化，城市吸引力也更加强大。城市管理者也逐步意识到单核心的都市空间结构无法抑制城市蔓延发展的态势，必须在更大的范围内引导经济和人口的分布，实现整个区域的均衡发展。各大都市都制定了以新城、发展轴为载体的区域空间规划，力图形成与中心城相抗衡的反磁力体系，实现更大范围的区域平衡发展，在经历了 20～30 年的持续发展后，初步形成了多中心的空间结构。世界大城市发展规律表明都市圈发展成熟后通勤圈范围一般为 50～70 km。

(1) 伦敦。

第二次世界大战后，英国逐步从工业化城市向后工业化城市转型，第三产业得到快速发展。20 世纪 60 年代，伦敦又一次提出了大伦敦的发展规划。新的规划进一步强调了区域性中心城镇的作用，在伦敦的若干辐射轴上，建设规模足够大的 8 个反磁力中心城镇，以有效地解决伦敦中心城市的拥挤问题。60—70 年代的新城建设，其规模大大增加，最大达到 50 万人口，已经相当于英国的大城市规模。伦敦都市区人口也增加到 873 万人。

由于英国对大城市采取控制和疏散政策，导致伦敦市中心区的相对萎缩与衰落。英国的城市政策也发生了变化，即从疏解大城市的人口和工业，转向了协助大城市复兴内城经济。1976 年 9 月正式宣布改变控制与疏散大城市及建设卫星城的有关政策。1978 年通过了“内城法”，停止了新城建设而转向了旧城改建和保护。

(2) 大巴黎地区。

20 世纪 60 年代，法国开始考虑从不同层次的区域引导经济和人口的分布，在全国范围制订平衡发展规划，确立了“发展轴-多中心”的点轴式城市空间格局，并实行地区增长中心综合化、多样化建设原则。1964 年，巴黎地区作为一级行政建制正式成立，辖区面积扩大到 12 000 km^2，并于 1965 年编制完成《巴黎地区国土开发与城市规划指导纲要(1965—2000)》(简称“SDAURP”)。规划认为，巴黎放射形同心圆的结构布局是造成中心拥挤的主要原因。面对 20 世纪 60 年代后的巴黎地区城市化加速、经济和人口双重增长的现实，新规划认为，城市建设用地继续扩大是可能也是必然的趋势。规划建议：城市沿东南和西北的两条切线方向发展，在距离市区 25～30 km 外建设 5 个人口规模 50 万左右的新城；利用公路、铁路、区域快速地铁 RER 等交通基础设施引导的城市建设，并且作为城市优先发展轴地区的主要交通手段。20 世纪下半叶，通过一系列成功的区域开发实践，巴黎人口向近郊区和部分远郊区扩散。在小巴黎周围，形成了方圆约 2 500 km^2，人口约 880 万人的城市化郊区。近郊形成 9 个副中心，并形成若干具有相当水平的工业小区。远郊区则发展了 5 个新城，距离巴黎 25～30 km，人口规模 30 万人左右，产业结构包括专业制造、高科技研发、教育等。新城自成体系，具有完善的文化生活设施和各种就业机会，享有与巴黎居民同等的生活水平。

(3) 东京。

日本政府逐渐认识到中枢功能一极依赖的区域结构模式非常不利于社会经济的安全,鉴于对大城市功能极限的反思,于 1976 年出台了第三次首都圈规划。目的主要是分散首都圈中枢管理功能,建立区域多中心城市"分散型网络结构"的设想。在周边地域(外围新城)发展原有农业、工业生产的基础上,充实其教育和文化等功能。1986 年制订的第四次首都圈规划基本上延续了第三次规划的思想,对周边核心城市(新城)进行调整。由于外围周边地区(外围新城)的崛起,城市逐步由单中心结构发展为多中心结构,最终形成由山手环线、武藏野铁路环线和其他国铁、私铁构成的铁路网络为骨架,引导多中心的组团化结构。

3) 全球化背景下区域统筹发展阶段(20 世纪 90 年代至今)

各大都市都相继进入后工业化城市,但面临不一致的发展机遇和挑战,围绕巩固世界城市地位、促进经济发展、社会公平、可持续发展的目标,对空间规划进行了优化和新的拓展。

(1) 伦敦。

随着 80 年代大伦敦机构的取消,伦敦经历了一段时间的分散发展,日益无法适应经济全球化的发展要求,迫切地要求统筹规划以应对国际竞争和挑战。英国在 1999 年通过《大伦敦市政府法》,并根据该法在 2000 年选举成立了大伦敦市政府。它要求市长组织编制大伦敦战略规划,明确了大伦敦地区和周边地区之间的关系,要求各城区的发展战略规划与该战略规划协调一致。通过民主决策,大伦敦政府于 2004 年编制完成《大伦敦空间发展战略》,为伦敦的发展提供更高层次的发展框架。

(2) 巴黎。

20 世纪 90 年代,在经济全球化的国际宏观背景下,1994 年的 SDAURIF 规划根据非工业化导致的就业岗位不足、失业率升高、人口增长缓慢、地区发展不平衡、全球经济结构的调整等发展条件的变化,进一步强调以整合巴黎盆地乃至整个法国的力量参与国际竞争,提出提高质量和追求区域协调的发展思路。2007 年大巴黎计划,更是要求将大巴黎的范围向西一直延伸至勒阿弗尔市,通过塞纳河沿岸的生态规划串联起巴黎、鲁昂和勒阿弗尔这 3 座城市,形成一个以塞纳河为城市中心的大巴黎。

(3) 东京。

20 世纪 90 年代,日本进入后工业化阶段。在第四次规划后,首都圈中心过密现象并未得到根本解决,地域结构不平衡仍然严重。1999 年第五次首都圈规划再次强调了建立区域多中心城市"分散型网络结构"空间模式的设想。通过推进广域交通、通信等基础设施的整治改造和都市空间职能的重组,改变东京都中心部的单极依存结构,实现以据点城市为中心、彼此相对独立并能方便交流联系的分散化网络型区域空间结构。

2000 年,东京都市政厅独立编制了"东京构想",重点关注城市的再改造,提出东京友好居住区规划的策略，通过交通、环境、居住区的建设，为城市各阶层创造一个舒适的环境。伴随着日本国际化和金融时代的到来，提出进一步强化中心区的国际金融职能和高层次中枢管理功能的设想。对于周边地区，在推行以中型都市圈为中心的各机能集聚的同时，以强化各地区之间的联合以及提高地区的独立性为目标。

2. 机动化交通发展历程

20世纪初，各大都市已经形成了以铁路系统为骨架的城镇交通体系。伦敦、巴黎等都市在内城已经建成了相对完善的轨道交通网络。

第二次世界大战以后，各大都市政府为了重振经济，采取促进汽车产业与大规模兴建道路交通基础设施相结合的发展政策。受政策刺激，从20世纪50年代开始，小客车开始快速进入家庭。50—70年代是小客车快速普及阶段，小客车保有率呈现翻倍的增长态势，从50年代的千人50辆，发展到60年代的千人100辆，再到70年代的千人200辆。由于当时的城市发展依然集中在中心城区，导致城市交通拥堵严重，城市交通几近瘫痪。

受城市交通拥堵的制约影响以及70年代石油危机的冲击，各都市开始反思小汽车模式对城市发展的影响，公共交通优先的发展理念逐步建立，机动车的快速发展趋势有所放缓。伴随着城市郊区化进程，新城人口大增，促使汽车在更大的范围内得到了疏散和增长。1986年巴黎大区有66.5%的家庭户均至少拥有1辆小客车。1990年，远郊区的家庭户均拥有小客车1.33辆；近郊及中心区小客车拥有率相对较低，户均拥有0.49辆。80年代伦敦汽车保有量突破220万辆，汽车千人拥有量突破300辆。在分布上，人均小客车拥有量最高的是外伦敦地区和新城，千人拥有小客车450～700辆；而内伦敦千人拥有小客车在300～350辆之间。

到20世纪90年代，机动车保有率基本稳定(图3-1)。大巴黎地区伴随郊区化的深入，机动车保有率仍在缓慢增加，东京都则出现了下降的趋势。可以说，整个20世纪，

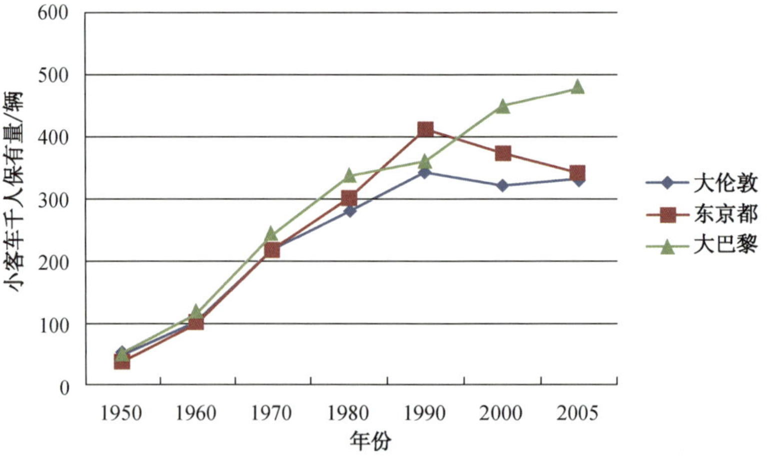

图3-1　三大国际大都市机动化发展进程

各大都市的交通政策都是以应对城市交通拥堵为主要目标，但在政策手段上经历了几个不同的发展阶段。

1）快速机动化背景下都市区设施扩容建设发展时期

面对20世纪50—60年代机动车的快速增长以及在中心城区的集中使用，既有交通体系无法适应个体机动化交通带来的巨大冲击。交通政策以缓解道路交通拥堵为重点，以都市区设施扩容为主要抓手，重视道路网络和城市轨道网络等骨干交通设施的拓展和延伸。

巴黎——为应对城市地区小客车迅速增长所造成的交通拥堵，重点针对小客车开展交通流线组织规划，即通过制定新的流线组织、信号控制和道路改扩建工程等，来改善城市中的机动车交通环境。此外，随着巴黎人口的快速增加，近郊区的城市化速度逐步加快，地铁网络开始向外延伸，以支撑近郊的城市化发展。巴黎的城市地铁网络也于60年代基本成网。

东京——为缓解道路交通拥堵，日本首都建设委员会提出了城市高速公路建设的建议，突出放射轴线和环线的建设，规划形成中心城"八环十六射"的城市骨干路网，以及东京交通圈路网"三环九射"的高速公路网络布局。此外为了应对经济发展和交通需求的快速增加，东京都市圈轨道交通建设主要集中在现有线路运输能力恢复和运力增强等方面，新建铁路线路较少。东京的地铁网络到60年代才开始大规模发展，之前有轨电车一直是东京区部的主要交通力量，而且网络延伸到很广的范围。随着日本汽车产业的兴起，汽车与有轨电车开始竞争。路面交通拥堵使得有轨电车延误增大，乘客逐步转向使用汽车和铁路等交通工具。

2）交通引导城市发展和多模式交通体系构建阶段

20世纪60—90年代，各大都市日益进入更大范围的城市空间统筹发展阶段，机动化进程仍在持续强化，为了支撑城市的空间拓展，并缓解日益严重的城市交通拥堵，各大都市逐步进入以交通引导城市发展以及构筑多模式交通体系的发展阶段，主要做法包括两个方面：①区域拓展层面通过新型快速化的交通工具支撑城市拓展，并强调区域与城市中心的直达性，减少换乘；②集中城市化地区强调发展多模式的交通方式，调控小客车使用，优化交通方式结构，适应交通需求快速增长的发展要求。

（1）加强区域交通设施建设引导城市空间结构的转型。

巴黎——60年代，为实现巴黎大区的城市空间拓展计划，区域快速地铁RER作为一种新型的城市快速铁路成为引导城市建设的主要交通手段。RER站间距大，线路延伸至整个大巴黎都市区，它又不同于一般的郊区铁路，因为郊区铁路一般终止于近郊的铁路客站，不穿过市中心区，而RER则以地下线形式穿过城市中心区，并与一般的地铁网通过换乘连接为一个整体。RER的路网集中建设期从20世纪60年代持续到80年代，整体路网于90年代末期完工。

日本——为了缓解战后东京人口过度集聚、道路交通拥堵，促进东京圈多极化空间结构的发展，一方面，日本首都建设委员会持续加强城市高速公路建设，突出放射轴线和环线的功能；另一方面，日本同步加强了国铁和私铁的发展，特别是1965年开始的第三次长期规划，开展了所谓“通勤五方面作战”的大规模改造计划，主要进行连接东京都心、新宿等山手线枢纽、郊外的放射方向线路的改造和新建。进入70年代后，继续修建全国新干线铁路网，并进一步通勤化，使其在大城市的客运交通中扮演重要角色。同时日本进一步整合了市郊铁路和地铁网络，市郊铁路列车通过地铁轨道直接到达山手线以内的核心区域，减少换乘带来的不便。

(2) 加强城市多模式交通体系建设。

以小客车为代表的机动化进程并没有因为交通拥堵而放缓，但经历了城市大拥堵后，政府开始重视城市公共交通，重点优先发展城市公共交通，构筑多模式的交通体系。

巴黎——发展有轨电车。在大力发展城市轨道交通、区域快速轨道交通的基础上，巴黎再次把视角放在道路功能的优化提升上。从20世纪80年代中期开始，小客车交通过度发展对城市生活造成的负面影响逐渐显现出来。道路交通事故频发，为适应机动车交通而进行的城市改造破坏了许多城市中心的传统风貌；噪声和尾气排放造成环境品质的恶化，在一定程度上推动了欧洲城市的郊区化和内城空心化。在这一背景下，限制私人小客车，优先发展公共交通的必要性逐渐成为各地方政府的共识。以建设新型有轨电车、开辟公交专用道为代表的公共交通现代化成为这一时期城市交通规划的主要政策措施。其中，新型有轨电车的发展尤为突出，它不仅作为一种替代小客车的快捷舒适的现代化交通工具，而且还具备了推动沿线地段城市更新的作用，并以富有时代感的外观设计为城市中心区带来活力。

东京——出台停车法，完善轨道交通接驳体系。在1957年颁布《停车场法》的基础上，1962年制定了《机动车停车场所之确保法》《机动车停车场所之确保法施行令》及《自用车保管场所之确保法施行令》，目的是规定所有拥车者在路外适当场所落实自备停车位，使自用车辆与公司用车不长时间停放占用道路，以此提高路外停车场的需求，促进民间投资兴建路外停车场。该法经7次修订，实施经历近40年，使“购车需自备车位”的概念深入民心。此外，加强轨道交通换乘枢纽设施的建设以及站前广场、停车场、自行车停车场所等建设，方便多种方式与轨道交通接驳换乘。

3) 城市化和机动化稳定发展阶段

进入该阶段，机动化的进程已经达到峰值，开始平缓增长，部分城市的机动车保有量开始下降。此阶段的交通政策重在维护和提高公共交通服务水平，加强交通需求管理，慢行交通出现了回归的迹象。

全球化背景下区域统筹发展阶段，国际大都市的发展战略目标从“车、路”发展主体逐步转变为以“人、环境”为主体。一方面，在全球性气候、环境的可持续目标体系下，均提出低碳、节能减排的发展目标；另一方面，面对城市本身的经济发展和社会生活，提出适合各自的发展目标，如伦敦提出支撑经济发展和人口增长、提高所有伦敦人的生活质量、交通安全和人身安全等 6 项目标。东京则提出适宜生活的城市、非常方便的城市、安全城市、引领世纪潮流城市等 7 项目标。巴黎则提出成为 21 世纪可持续发展，具有国际竞争力，能创造财富和就业，不再有郊区概念的绿色环保大都市的目标。

巴黎——20 世纪 90 年代中期发展起来的第三代城市交通规划“交通出行规划”是更加综合的政策工具，其措施对象拓展到慢行交通领域，并将重点放在步行和非机动车交通、小客车交通、公共交通三者之间的互补整合联系上，从寻求交通系统的技术解决方案过渡到关心城市机动化服务的整体组织和品质。

东京——首先是提高轨道交通等公共交通服务水平。1983 年成立日本国铁改革委员会，1986 年 12 月颁布了《日本国有铁路改革法》，为有效地发挥骨干运输方式作用，鼓励日本国有铁路私有化，采取 PPP 等多种融资模式，激励私营铁路发展，提供机场和新干线至广大外围地区的方便通道。不同私铁、地铁间相互换乘实行优惠政策。其次是合理与高效使用机动车，包括鼓励合乘、激励少开车、控制乱停车，如提高城市城际和快速道路收费率，出台了一些相应的辅助政策增加私车养路费、停车费、燃料税等，商业区停车费每小时 600～1 500 日元。同时政府各部门内部严格限制公务车数量，发放交通补贴鼓励乘坐轨道交通等。

伦敦——更强调环境、安全和行人的利益，促进公共交通优先发展，不鼓励增加交通容量。同时为减少大城市中心城区的交通流量，对进入中心城区的机动车进行限制，如某些路段、某些时间段不允许通过机动车；对进入中心城区必经的关键路段征收昂贵的费用，以限制车流量。

3.1.2 全球城市未来交通政策展望

尽管欧洲发达国家在 20 世纪下半叶的城市化水平已经达到一个相当高的水平，但近 20 年来城市化进程并没有因此停止，加上机动化趋势依然在持续增长，新一轮的交通危机日渐凸显，国际大都市纷纷制定新一轮的交通发展战略，关注 2030 年及更远的交通发展。主要特征包括 3 个方面：

(1) 关注未来的城市发展，交通如何适应人口、经济的增长，注重交通公平，再城市化的城市更新；

(2) 在全球化趋势中提升城市地位和在区域中的竞争力；

(3) 愈发关注个体机动化带来的各种社会问题，如交通拥堵、安全、能源、环境等问题。

1. 发展愿景及目标

4 个国际大都市交通政策的发展愿景和主线均依据既有交通系统日益无法适应人口、经济快速发展的现实情况，为支撑其作为全球城市功能的发挥，要打造世界一流的交通系统。“世界一流”“国际竞争力”成为描述发展愿景的关键词。

2. 理念及价值取向

国际大都市交通发展理念均从“车、路”发展主体逐步转变为以“人、环境”为主体的可持续发展，高度关注交通环境、安全、公平、宜居等交通内涵的提升。

控制性目标或指标体系的选择主要从可持续发展的 3 个维度上设置。总体可概括为“高效、低碳、安全、快捷、舒适、公平”这 6 个特征或指标(表 3-1)。

表 3-1　国际大都市交通政策发展指标体系

特征	相关指标
高效	公共交通比例、小客车交通量削减量或比例、货运交通方式比例
低碳	CO_2 排放量和削减比例、NO_x、噪声、新能源车比例
安全	死伤总人数、公共交通运营安全指标，受伤率、限速
快捷	公共交通车运行车速、公共交通设施覆盖率及可达性、信息服务、不同区域交通出行的可达性指标
舒适	公共交通拥挤程度
公平	减少社区分割。为残疾人、老年人提供更好的出行选择

在经济维度上，重视交通系统的效率提升，以有限的投入和设施扩容，消化交通增量或缓解交通拥堵。

在环境维度上，在全球性气候、环境的可持续目标体系下，均提出低碳、节能减排的发展目标，鼓励更健康的生活方式，包括减少对小客车的依赖，改善步行和自行车环境，并以技术为先导，提高燃料效率，减少废气排放。

在社会维度上，均提出为市民提出安全、快捷、舒适、公平的交通服务。建立一个更公平、更具有亲和力的社会。包括减少交通造成的社区分割；加强规划，采用先进技术，减少出行需要；为残疾人提供更好的出行选择等。

3. 发展途径及手段

在交通发展途径及解决手段上逐步从寻求交通系统的技术解决方案过渡到提升城市机动化服务的整体组织和品质。更加强调与交通系统外部因素，如用地、产业、经济等因素的整合发展。如表 3-2 所列。

(1) 强调不同交通模式的互补和整合来应对交通拥堵问题。第一，突出加强道路功能优化调整，通过提升和保障公共交通设施的可达性、运行速度、舒适性等服务水平，保障公共交通的吸引力和效率。无论是纽约、巴黎、伦敦还是东京均拥有完备的轨道交通系统，但都不约而同地提出要重构道路功能，大力发展地面快速公共交通系统。第二，他们意识到单纯限制小客车交通与大都市地区日益增长的机动性需求有矛盾，不能获得市民的认同和支持，更多地强调对个体机动交通的使用限制管理。第三，高度重视慢行交通系统的建设发展，并提升到构筑多模式交通、减少排放、促进健康等功能。第四，加强货运交通模式的多式联运发展。

(2) 更加强调交通与用地、产业整合。无论是日本的紧凑型城市,还是巴黎的绿色街区,都是强调通过公共交通设施与用地的整合,从源头上削减交通出行需求,引导方式结构转型。伦敦为平衡高峰平峰交通流量,要求交通系统统筹考虑土地使用及岗位设置总体方案。

(3) 注重经济投入的可持续性。充分考虑政府的财政支付能力,在经济维度上,以有限的投入和设施扩容,提升系统效率。如日本鼓励交通设施的私有化,纽约曾计划通过交通拥堵费来补贴交通发展资金缺口。

表 3-2　各大城市的发展目标、实现途径与指标表

方向	目标	伦敦	巴黎	东京
经济	战略目标 1	高效	高效	高效
	模式/途径	提高交通供给	利用轨道交通统筹区域发展	向轨道交通站点聚集
	指标体系	减缓交通拥堵	减少交通出行	减少通勤出行时耗
社会	战略目标 2	舒适、安全、便捷、易达	舒适、安全、便捷、易达	舒适、安全、便捷、易达
	模式/途径	提高公共交通服务水平、美化街道,建立和睦的邻里关系及社会环境等	因地制宜构建有轨无轨电车等	完善轨道交通站点接驳设施,枢纽站点换乘设施等服务设施以及机动车有效管理
	指标体系	公共交通拥挤度、道路拥挤度	公共交通比例	立体交叉改造数、无障碍车站数
环境	战略目标 3	低碳、可持续	低碳	低碳
	模式/途径	降低交通对气候变化的影响	建设林荫大道	向紧凑型城市转型
	指标体系	碳排放	慢行交通供给使用	生态城镇的个数、高效利用车站地区面积率

3.1.3 上海交通发展阶段判断

当前上海仍处于社会经济和交通需求的快速发展阶段,与国际大都市在 20 世纪 60—70 年代的发展情况类似,即正处于社会转型、经济快速发展、都市圈拓展、机动化持续增长的发展阶段。但也面临全球化、区域一体化、资源约束、老龄化等更高的发展要求。

上海用 20～30 年的时间,走完了国际大都市半个世纪的第 1 阶段的发展历程,初步建成了一体化的交通体系,但仍处于初级阶段。未来 10～20 年是重要战略机遇期,需合并走完国际大都市后两个阶段的发展历程。

1. 区域多中心统筹发展是应对城市蔓延发展的唯一出路

从国际大都市的城市发展进程看，大多经历了单中心都市区蔓延发展阶段、多中心都市圈结构发展阶段和更大范围的区域网络化发展阶段等三个阶段。

在第二次世界大战前后，各大城市都试图通过绿带控制和发展卫星城控制城市和人口蔓延发展模式，但最终都没有取得成功。规划者逐步认识到在城市化加速、经济人口快速增长的背景下，城市建设用地继续扩大是必然的趋势，必须在更大的范围内协调地区的整体发展。各大城市的大区域规划都在距离中心区的 30～40 km 距离地区建设功能集全、适宜居住的反磁力新城镇，形成多中心结构模式，阻止城市的蔓延，缓解交通压力。这个过程大多经历了 20～30 年。

2. 机动化是城市化发展的必然趋势，多模式交通体系的构建是实现机动化有序发展的重要途径

小客车是经济发展和生活水平提高的需要和必然结果，以小客车为核心的个体机动化进程则可能经历一个长达 40～50 年的时间阶段。为应对小客车的挑战，都经历过适应型或跟随型的交通基础设施发展阶段，即为缓解小客车造成的交通拥堵，快速推进城市轨道交通网络的建设。但最终都形成了交通引导城市发展和多模式交通体系的发展理念和共识。

在城市快速扩展时期，机动车拥有和使用主要集中在城市化地区，以满足小客车出行理念的交通基础设施建设，无法缓解城市交通拥堵。

伴随郊区化的进程，机动车在更大的范围内得到了发展，并且通过各种综合交通政策的调节，在不同的空间范围形成了相对合理的使用模式。如都市圈范畴之间强调快速轨道交通的通达，而且是新城与中心城核心区域的直接连通；中心城范围强调公共交通的发展，在轨道网络成型后，道路功能重构成为主要抓手，有轨电车、快速公共交通等方式的发展成为主要的发展手段；对于小客车普遍强调基于使用管理控制等多种调控手段。

在城市化和机动化的稳定发展阶段，交通政策的重点依然在维护和提高公共交通服务水平，加强交通需求管理，同时慢行交通出现了回归的迹象。

3. 多元协同、可持续发展是未来上海交通发展必由之路

交通发展问题越来越无法在交通系统本身得到解决，必须进一步加强与用地、产业、经济等外部要素的整合，才能从系统上缓解交通问题，因此必须坚持多元协同发展。

未来上海的交通发展越来越面临资源短缺、需求增长、交通环境、能耗、安全、公平等多元发展目标的统筹要求，必须坚持可持续发展的理念。

3.2 一体化交通理念的选择和继承

3.2.1 一体化交通理念的提出

保守党执政时期的英国交通政策以往的主题是私有化、竞争和放松管制，20 世纪末，英国的交通运输体系暴露出很多问题，如公共汽车和铁路运输服务呈下降趋势，交通拥挤和环境污染加剧，机动车保有量增加，公众丧失交通选择权等，交通状况亟待改变。

为了改善交通，1998 年 7 月，英国政府颁布了《解决交通问题的新手段：方便所有出行者》(*A New Deal for Transport*: *Better for Everyone*)的交通政策白皮书。这是英国交通部 20 年来第一份交通白皮书，它试图解决诸如道路交通增长、拥挤、地方空气质量、社会排挤、气候变化和城市扩张等问题。

该报告首次提出了一体化交通的概念，一体化交通就是这版白皮书解决交通问题的新手段。一体化交通的内涵包括：不同交通方式内部和之间的一体化，即更好地发挥不同交通方式的优点，方便人们的选择和换乘衔接；交通与环境的一体化，即使得交通发展和环境保护相协调；交通与土地使用规划的一体化，即在国家、区域和地方层面均应实现交通和规划的同步编制，以支撑可持续的交通出行选择，减少不必要的交通出行；交通与教育、健康、福利等政策的一体化，即让交通管理更公平、更包容。

该报告涉及三个重要的观点，即目标和价值理念上追求可持续发展，减少出行对小客车的依赖；应对手段上注重系统的整合，包括设施体系的整合以及运营组织的整合；管理保障上注重综合性管理机构的统筹管理，并强化社会参与。具体来说：

1）以追求可持续的交通发展为目标

要减少出行对小客车的依赖，着重构建现代的综合运输系统，倡导公交优先，改善步行和自行车环境。交通系统的发展应该和社会、经济、环境等外部要素充分整合。可持续交通的政策目标和框架体系如表 3-3 所列。

表 3-3　可持续交通的政策目标和框架体系

政策目标	基本框架
更健康的生活	• 减少交通污染 • 提高空气质量 • 鼓励更健康的生活方式，减少对小客车的依赖，改善步行和自行车环境 • 减少交通噪声和震动 • 为企业员工和公共场所的工作人员改善交通安全
提供更多的就业机会，推动经济强有力地发展	• 提高各种交通方式出行的可靠性，促进商业和经济的增长 • 改善和国际市场的接轨 • 支持改造城市和乡村地区，让这些地区充满活力 • 提高交通运输系统的使用效率 • 推动英国交通运输业的可持续发展

（续表）

政策目标	基本框架
创造更好的环境	• 降低道路交通量的增长 • 对气候的改变采取应对措施 • 把交通用地控制在最小化，保护野生动物 • 限制交通产生的视觉危害 • 减少不可再生的原料/能源的消耗 • 在投资决策和运输价格方面，充分考虑环境的影响 • 改变出行习惯，加强大众的交通意识和环保意识
建立一个更公平、更具有亲和力的社会	• 改善公交，服务大众，使上班或享受其他的日常生活设施更方便，尤其是低收入者 • 减少交通造成的社区分割 • 加强规划，采用先进技术，减少出行需要 • 为残疾人提供更好的出行选择 • 降低交通运输系统的犯罪率，减少人们对犯罪的恐惧感 • 为交通运输行业的工作人员创造更好的条件
建立现代的综合运输系统	• 提高公众利益 • 改善公交，提供更加简便、可靠的接驳服务 • 改善不同运输方式之间的换乘 • 改善公交网 • 鼓励“通票”服务 • 提供更好的出行信息 • 保证发车频率和服务的可靠性 • 让乘客能更多地发表对公交的意见或建议
改变交通出行习惯	• 鼓励步行、公交 • 减少对小客车的依赖，提供可替代方式作为选择

2）以充分整合的交通体系来破解交通顽疾

要为出行提供更多元的选择、更加无缝衔接的交通方式链，根据不同区域的交通背景差别，引导不同交通方式的合理使用和衔接。交通体系整合的政策目标和框架体系如表 3-4 所列。

表 3-4　交通体系整合的政策目标和框架体系

政策目标	基本框架
更多的出行选择	• 步行更方便 • 骑自行车更方便 • 提高巴士的服务数量和质量 • 改善铁路运输 • 为机动车使用者创造更好的条件 • 货运 • 机场集疏运 • 摩托车的作用

（续表）

政策目标	基本框架
更加整合的公共交通	· 追求无缝式的交通 · 票价和票务 · 通过技术实行整合 · 换乘 · 客运信息 · 改善出租车 · 消除出行的恐惧感 · 提供残疾人专用设施，为所有人提供方便
更好的街道	· 道路的整合 · 适宜居住的城镇中心 · 高品质的居住环境 · 安宁的乡村
更好的使用骨干网络	· 整合 · 投资策略 · 综合交通网 · 核心路网 · 更好地使用交通设施 · 为道路使用者提供帮助 · 公路局负责路网的营运 · 提高信息服务 · 重视地方环境 · 加强开发建设的管理 · 货运的可持续发展 · 提高效率 · 建立良好的货运合作伙伴关系 · 货车择道行驶 · 航空货运的可持续发展 · 海运的可持续发展 · 发展沿海水运和内河航运
加强机场和港口的整合	· 综合机场 · 机场政策 · 地区机场的作用 · 作为换乘枢纽的机场 · 地方的交通衔接 · 国内的交通衔接 · 港口的整合 · 贯穿欧洲的运输网
更加安全的交通出行环境	· 道路交通安全 · 检讨速度政策 · 摩托车安全 · 巴士和长途客运安全 · 驾驶时间 · 铁路安全 · 海运安全

3）以独立的机构来组织交通新政的实施，并加强公众的参与

在新政实施前，英国公共交通私有化运营已经基本成形，工党政府更关注国家在提供、规范公共服务方面的职能，尽量弥补私有化运营的不足，力图建立新福利国家。布莱尔政府在重视市场竞争的同时，更多着力于合作，强调政府必须与市场、社会、公民形成默契的合作。交通综合管理体制机制整合的政策目标和框架体系如表3-5所列。

表 3-5　　交通综合管理体制机制整合的政策目标和框架体系

政策目标	基本框架
欧盟、国家、区域和地方4个层面管理体制机制完善	• 积极实施欧盟制订的各项交通战略与计划，同时继续发挥英国的作用，促进欧盟交通的可持续发展 • 英国采取的措施包括：成立一个新的独立机构，即综合运输委员会(Commissith for Integrated Transport, CfIT)；保证交通方面的公共开支是用于交通新政的实施；成立一个新的铁路管理机构，负责制订明确的、有序的、战略性的铁路发展计划；调整票价；对乘客负责，提高铁路服务水平；重视乘客提出的对铁路系统的真实意见；明确铁路管理处在基础设施投资中的作用，以及协调与车辆出租公司的关系；提供额外基金，用于支持基础设施投资基金计划和铁路乘客合作计划；增加资金用于干线路网的维护和保养；通过协商国际航空服务协定，提高民航乘客和货主的利益；撤销港口私有化 • 地区可以采取的措施包括：英格兰地区交通与规划的整合；制订区域交通战略；未来15年投资地铁700万英镑，保留地铁系统的公有制和公共负责制 • 地方的措施包括：制订地方的交通规划；提供有效的地方巴士服务；减少与社会的阻断；制订地方具体的规划方案和投资计划；投资用以增加地方铁路服务等
强调共同职责	• 为技术革新和设计建立的合作伙伴关系，如加快车辆技术改进步伐 • 支持机动车使用者的合作伙伴关系，如为驾车者制定绿色驾车指南 • 和运输企业合作，如督促运输企业能保证他们提供服务的支持交通新政的实施 • 和商界合作，如为加入交通新政的年轻人节约交通费等 • 和地方合作伙伴关系，如加强与地方政府的合作，改善地区交通 • 个人、家庭和社会的共同职责，如个人可以制订绿色交通计划；支持地方铁路建设；提高交通意识，扩大信息选择

英国政府颁布《解决交通问题的新手段：方便所有出行者》的交通政策白皮书，虽然在政策背景、目的、阶段等方面与上海交通发展存在较大的差异，但其白皮书中所提及的三大理念，却给上海交通发展带来较多的启示和借鉴。

3.2.2　上海一体化交通的内涵

一体化交通的发展理念在上海交通白皮书中得到了借鉴和发展，上海交通也一直将一体化交通作为引导自身发展的愿景和准绳。

1. “2002 版白皮书”强化一体化综合交通体系的建设

在“2002 版白皮书”中首次系统性地阐述了上海一体化交通的体系内涵，将构筑国际大都市一体化交通作为上海城市交通发展战略的总体目标，指出要以优质、高效、整合的巨型交通体系，适应不断增长的交通需求，全面提升城市综合竞争力。同时就一体化交通的基本特征、阶段目标、内外关联、基本任务以及重大政策进行了系统化的阐述。

1）主要内容

（1）明确提出了上海一体化交通的价值取向，即具备人性化、捷运化、信息化和生态化四大基本特征（图 3-2）。人性化指以满足人的交通需求为主要出发点，捷运化指以快速大容量公共交通为运输主体，信息化指广泛应用交通信息技术，生态化指创造宜人的交通活动空间。四大基本特征符合供需平衡、可持续发展的交通政策价值取向，具有较好的指导作用。

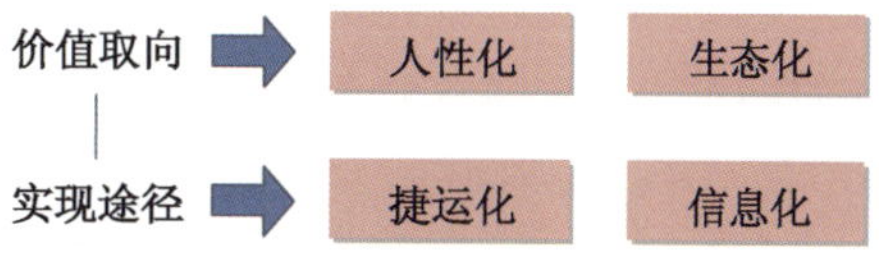

图 3-2 “2002 版白皮书”一体化特征

（2）明确了一体化交通的阶段控制目标要求，即一体化交通将提供“畅达、安全、舒适、清洁”的交通服务。“畅达”，要满足市民选择最合适的交通方式便捷地完成出行，中心城绝大多数市民出行在 1 小时之内完成；“安全”，要降低交通事故率，全年交通事故万车死亡率在万分之五以内；“舒适”，要为市民出行提供宽松、良好的乘车条件；“清洁”，要减少交通污染，全市机动车氮氧化物年排放量在 3.5 万吨以下。

（3）明确了一体化交通内外要素关联的主要要求。

从交通与外部要素的关联看，要实现交通与土地使用互相结合，交通与经济互相结合，交通与经济互相适应，交通与环境互相协调，交通与社会互相促进，以及城市交通与对外交通紧密衔接。

从交通的内部要素关联看，表现在三个方面：①设施平衡，在保持轨道和道路快速平衡发展的同时，重视换乘、停车和管理设施的建设；②运行协调，所有交通方式彼此协调，紧密衔接，安全运行；③管理统一，交通各相关部门协同运作，共享信息资源，实现高效管理。

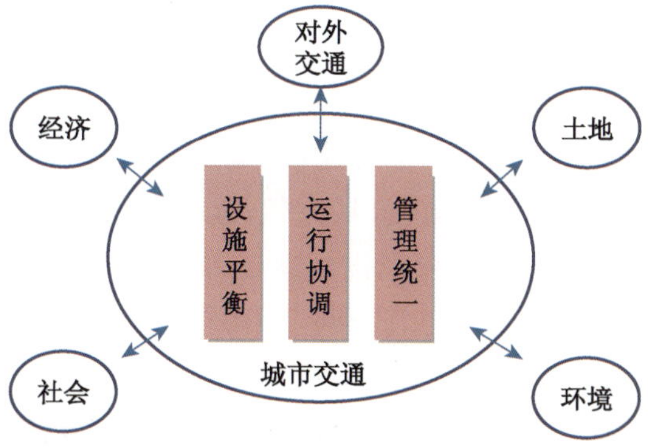

图 3-3 一体化交通的内外关联

一体化交通的内外关联如图 3-3 所示。

（4）明确了一体化交通的主要政策措施，即四大主要任务和三大核心政策。四大主要任务即要求建成协调运营的公共客运服务系统，功能完善的综合道路运行系统，多式联运的交通衔接系统，以及建成统一、协调和高效的运输管理系统。三大核心政策，即公共交通优先政策、交通区域差别政策、道路车辆协调政策。

2）对一体化交通的认识

20 世纪 90 年代初，交通设施建设历史欠账多是当时交通的主要问题，供求平衡理念适时而出。供求平衡理念是指以适度超前的交通设施建设，满足交通需求增长。通过各种手段调节需求有序增长和均衡需求时空分布。供求平衡发展理念要求交通规划与土地使用布局、经济和社会发展紧密结合，并且动态滚动编制，始终对城市交通发展保持前瞻性和指导性。同时要求通过制定合理的定价与收费政策，平衡各项交通设施的建设与使用以及各种交通方式之间的需求与供应。在供求平衡发展理念的指导下，90 年代初，上海城市交通建设由偿还历史欠账转向适度超前，在高强度交通投资力度的支撑下，交通设施容量得到迅速扩充，交通设施功能得到显著提升，长期积累的乘车难和道路拥挤等矛盾得到了明显的缓解。

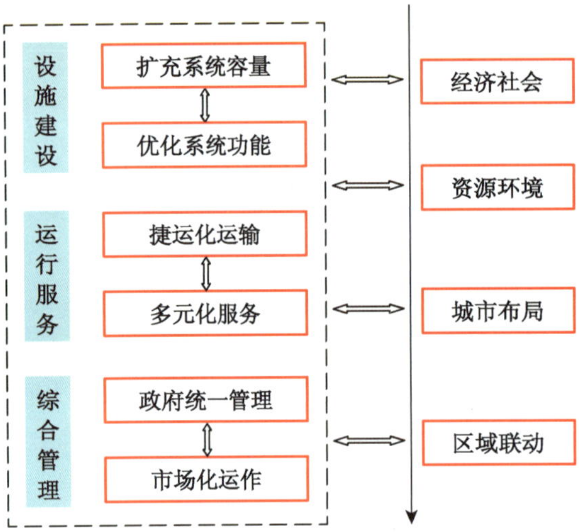

图 3-4　综合交通体系的发展原则

一体化交通体系内涵的提出与当时上海交通的发展阶段、发展特征相适应。随着上海城市交通设施规模的扩大，各系统关联性不强的矛盾日益突出，如各类交通设施之间连接不紧密，各种方式之间无法协调运作以及各部门之间难以形成管理合力等。促使子系统整合发展成为 21 世纪上海城市交通发展的首要任务，“2002 版白皮书”中所提出的一体化交通理念，体现了从供求平衡到全面整合的理念更新。这种整合包括两个方面（图 3-4）：

（1）交通体系内部的全面整合，包括设施平衡、运行协调和管理统一三个方面。

“设施平衡”：是指在保持轨道和道路快速平衡发展的同时，重视换乘、停车和管理设施的建设。突出枢纽设施的关键作用，通过管理设施发挥设施系统整体效益。强调在加强重大交通设施建设的同时，更加注重设施组合功能的改善，具体表现在：既要坚持道路和公路建设，不断扩充路网容量，又要重视“微循环”系统建设；既要加快建设轨道交通，发挥城市交通骨干作用，又要重视地面公交同步优化，从时效性、经济性、舒适性和便捷性等方面全面提升公交吸引力；既要加强枢纽和停车设施建设，提高交通换乘效率，又要合理布局枢纽和停车设施，引导需求均衡分布，与公交网络相协调。

“运行协调”：是指所有交通方式彼此协调，紧密衔接，安全运行，强调公交内部、公交与个体交通、客运与货运分层整合。强调在确立公共交通主体地位的同时，以多元化的服务充分满足多样化的交通需求。在建设优质高效的公共交通系统优先满足通勤出行需要的同时，要为其他不同目的的出行需求提供多种选择的交通服务，保留各种交通方式合理的运行空间。

“管理统一”：是指交通各相关部门协同运作，共享信息资源，实现高效管理。要充分发挥政府、市场、公众的各种作用和组合优势，对城市交通的规划、投资、建设、运营和收费等进行综合协调。强调在加强政府管理职能的同时，加强法制建设，完善市场化运作机制。推进以“政企分开”为核心的交通管理体制和经营机制改革，以形成一体化城市交通综合管理体制与运行机制为目标，强化法制环境的营造和市场化运作机制的完善，在交通投融资体制和价格体制的改革上取得新的进展。

（2）交通体系与外部整合，强调交通与经济社会、资源环境、城市空间布局和区域联动协调发展。交通发展要为经济社会高速发展提供支撑，但也要适应经济和财政的承受能力。交通发展还要从本市资源环境的实际条件出发，最大限度地减少交通资源消耗及对环境的影响。既要依托交通建设引导城市空间布局有序拓展，引导郊区城镇快速发展，又要以交通设施容量为约束控制中心城土地使用开发强度。

3）执行情况

交通白皮书充分预见到上海作为一个成长中的世界级特大城市的发展未来，在城市发展总体规划设定的城镇体系发展思路的指导下，首先还是强调通过交通建设拉开城市发展框架，完善交通设施体系，增加供给规模，快速弥补交通供给短缺。其次，在机动化发展的大背景下，坚持公交优先发展与个体机动化交通调控并举，积极培育集约化的交通发展模式。再者，根据不同区域的交通供给和需求政策，在设施供给、车辆发展、停放车等领域设定区域差别化的交通政策发展导向。最后，进一步明确交通与规划、环境、社会经济等方面的关联要求，并加强城市交通与对外交通的衔接整合。

从实施情况看：捷运化、信息化等一体化交通体系的特征初步显现。轨道交通快速发展，中心城初步建设以快速大容量公共交通为骨干的运输方式。上海交通综合信息平台初步建成，实现了道路交通、公共交通、对外交通综合信息平台在一个平台上的汇聚整合、综合处理、提供发布、共享交换，并初步形成面向政府决策管理和公众出行的交通信息服务能力。

但交通服务距离人性化、生态化的特征标准仍有较大差距。随着机动化交通的快速发展，慢行交通的路权常常受到蚕食，非机动车的骑行安全性下降，人行道由于时常受到经营占道、违法停放等行为的影响，步行交通空间舒适度不高。此外，还存在公交换乘组织步行距离过长、过街交通行人与车辆流线交织等问题，与人性化存在较大差距，轨道交通高峰期局部区段非常拥挤，很多站点实施限流入站措施，道路交通拥堵现象仍较为严重，人性化、生态化特征仍不明显。

交通体系的内部关联性不断提高。2005 年开始，上海进行了交通管理体制的改革，为全面综合协调全市交通的建设、规划、运营和管理职责提供了抓手。10 多年来，通过投资结构的控制引导，实现了道路交通、轨道交通、交通枢纽和其他交通设施的均衡发展，通过小客车发展调控政策和公交优先政策，促进了各种交通方式的有效衔接。

但与人口、用地、环境、投资、社会等外部条件的关联性仍有待提高，主要体现在：①交通与人口及土地使用互动性仍不够，在宏观层面的人口分布现状与规划的城镇布局体系还需进一步协调，城市发展依然延续圈层式的蔓延式拓展状况，不断增加向心交通压力，微观层面的交通规划研究需要与用地开发模式进一步衔接。②环境方面，虽然机动车尾气排放标准在持续提高，但由于机动车交通的快速发展，导致氮氧化合物排放量持续增长，特别是高架道路沿线的主要大气污染物浓度呈现上升态势。③经济可持续发展方面，由于交通基础设的公益性特征，自身缺乏足够的造血功能来消化政府性融资的还本付息，最终增加了政府的财政支持压力。④社会参与方面，本市各区（县）、街道（镇）积极推进交通文明建设工作，强化交通安全宣传与普及工作，大力发展上海市交通文明志愿者队伍，取得了一定成效，但市民交通文明意识不强，交通违法现象仍较为普遍。

2. "2013 版白皮书"进一步强化海空枢纽和绿色交通之都的功能建设

"2002 版白皮书"较好地指导了上海综合交通发展，上海交通发展已经进入了新的发展阶段，而"十八大"以来，国家制订的一系列新的发展战略，对于交通白皮书政策重点的调整指明了方向。

1）党和国家把新型城镇化作为新的发展战略提出来

城镇化并不是一个新鲜事物，改革开放以来，特别是 21 世纪以来，它一直是党和国家发展的一个重要领域。新型城镇化和城市群以及城乡一体化战略是相辅相成的，新型城镇化不是替代城市群战略，而是定位在解决城市群战略中未解决好的问题，如城市群城镇间的通勤问题和城市群以外城镇的发展保护问题。新型城镇化也必要涉及市域尺度的城乡一体化发展问题，长期以来，城乡二元发展的问题依然比较突出。就上海的发展而言，上海位于"两横三纵"城市化战略格局中沿海通道纵轴和沿长江通道横轴两条国家城镇发展走廊的交汇处，国家战略要求上海继续发挥在全国的带动和示范作用。

第二轮城市总体规划以外环为分界的市郊差异发展模式事实上已经被近郊的蔓延发展所突破，而上海的城市建设用地面积已经接近全市总面积的 40%。在空间资源有限的情况下，如何更好地发展上海作为国家战略节点的服务和辐射作用，既要面向国际打造全球城市网络节点，又要加大对长三角城市群的服务和辐射作用，是一个在新时期必须上升到战略高度探讨的问题。

2）党和国家把生态文明上升到国家战略提出来

党的"十八大"报告把生态文明建设纳入社会主义现代化建设的总体布局，进一步强调了生态文明建设的地位和作用，把生态文明建设放在突出地位，融入经济建设、政治建设、文化建设、社会建设各方面和全过程。从 1992 年《联合国气候变化框架公约》

通过算起，国际气候谈判已有 24 年历史，科学论证指出如果任由全球气温上升 2 ℃以上，人类将面临灾难性的后果。1997 年达成的《京都议定书》提出了共同但有区别的责任原则，并对发达国家减排做了强制性要求，导致美国和加拿大相继退出协议，欧盟成了《京都议定书》主要的参与者。2009 年的哥本哈根会议，世界上最大的排放国中国和曾经最大的排放国美国未能领导世界达成任何有效减排协定，使得气候大会这样的多边机制面临名存实亡的尴尬境地。2009 年后，中国深陷严重雾霾等环境危机，经济发展亦开始放缓，政府随后倡导发展模式转型。而在世界范围内，新能源投资比例越来越高，低碳技术成为新的技术和产业增长点，这与奥巴马总统任期内美国政府在气候议题上的转变正相契合。主动减排成为中国实现可持续发展的客观要求。2014 年，中美通过双边谈判达成历史性的减排协定，各自承诺了 2030 年之前的减排目标。

交通能耗和污染是城市能耗和污染的重要组成部分。根据上海 $PM_{2.5}$ 的源解析结果看，交通源对本地污染排放的贡献接近 30%，随着社会经济的转型，工业、建筑所占的能耗和排放比例将进一步下降，交通对能源和排放的贡献将持续加大。

从上述发展背景和发展要求的变化看，“2002 版白皮书”的视角是基于规划约束的城乡差别发展，显然不能适应新的发展要求。“2002 版白皮书”所提及的清洁发展，仅仅局限于尾气排放治理，也显然与新的发展要求不适应。

基于新的发展形势，“2013 版白皮书”认为上海仍处于向国际化大都市发展的战略机遇期，因此“2002 版白皮书”关于构筑国际大都市一体化交通的战略主线必须坚持和延续，但一体化交通的内涵亟待进一步提升，重点从内部关联的整合，到更大范围的外部整合，即从中心城进一步拓展到市域、区域以及全球城市节点网络，再到更大领域的外部整合，并将绿色低碳发展贯穿到交通发展的全过程。因此，“2013 版白皮书”对于发展愿景的描述，在进一步坚持一体化交通理念基础上，重点强调两个载体的建设，即面向对外交通的全球枢纽城市和面向城市交通的绿色交通之都。

3.3 交通发展愿景和阶段控制性目标

3.3.1 发展愿景

发展愿景是对未来发展预期的定位和总体描述，在具体愿景制定时，要充分考虑发展阶段的变化和差异，充分考虑国际交通发展的新形势、新进展以及国家的宏观战略要求，体现时代特征。

从国际标杆城市发展愿景来看，“世界一流”“国际竞争力”成为描述发展愿景的关键词，愿景的提出均是依据既有交通系统日益无法适应人口、经济快速发展的现实情况，为支撑其作为全球城市功能的发挥而制定。

从国家发展要求看，上海的发展愿景必须和国家战略对上海的发展要求相适应（表 3-6），体现在新型城镇化和生态文明建设上的推进作用。

表 3-6　　重要文件关于上海未来城市发展愿景的描述

重要文件	具体描述
上海市国民经济和社会发展“十二五”规划(2011)	根据国家对上海的战略定位和要求，到2020年上海要基本建成与我国经济实力和国际地位相适应、具有全球资源配置能力的国际经济、金融、贸易、航运中心，基本建成经济繁荣、社会和谐、环境优美的社会主义现代化国际大都市，为建设具有较强国际竞争力的长三角世界级城市群作出贡献
上海第十次党代会(2012)	未来5年是上海推进“四个率先”、建设“四个中心”的关键5年，也是创新驱动、转型发展的攻坚阶段。面对复杂多变的国内外大环境、大背景，面对上海转型发展遇到的新情况、新问题，我们一定要切实增强责任感和使命感，紧紧抓住国际金融危机背景下人民币国际化进程加快、世界产业结构调整加速、新一轮科技革命正在孕育突破的机遇，紧紧抓住我国科学发展主题下转方式、调结构、扩内需的机遇，紧紧抓住长三角世界级城市群加快形成、上海改革开放先行先试、国家重大项目落户和后世博的机遇，积极应对各种风险和挑战，乘势而上，奋勇率先，以百折不挠的决心和勇气，坚定不移地推动科学发展，在新的更高的起点上实现新的跨越
《全国主体功能区规划》	优化上海核心城市的功能，建设国际经济、金融、贸易、航运中心和国际大都市，加快发展现代化服务业和先进制造业，强化创新能力和现代服务功能，率先形成服务经济为主的产业结构，增强辐射带动长江三角洲其他地区、长江流域和全国发展的能力
《长江三角洲地区区域规划》	以上海为发展核心，优化提升上海核心城市的功能，充分发挥国际经济、金融、贸易、航运中心作用，大力发展现代服务业和先进制造业，加快形成以服务业为主的产业结构，进一步增强创新能力，促进区域整体优势的发挥和国际竞争力的提升
2040上海总规指导意见	在2020年基本建成“四个中心”和社会主义现代化国际大都市的基础上，努力建设成为具有全球资源配置能力、较强国际竞争力和影响力的全球城市，为打造中国经济升级版、实现中华民族伟大复兴的中国梦作出应有贡献

上海两轮交通白皮书发展愿景的描述充分体现了时代发展要求，“2002版白皮书”将上海交通发展阶段定位为“一体化交通体系构筑阶段”，重点是通过适度超前推进交通基础设施建设，缓解供需矛盾，支撑城市发展。而“2013版白皮书”将上海交通发展阶段定位为“一体化交通体系发展和提升阶段”，重点是发挥上海对国家城镇体系及长三角城市群发展的辐射带动作用，交通发展也更加关注交通设施功能的完善、出行品质的提升和发展的可持续性。

3.3.2　控制性目标

控制性目标是对发展愿景的阶段性发展要求的细化。控制性目标的选取应遵循以下原则：

1. 要体现发展导向

“2002版白皮书”设置了“畅达、安全、舒适、清洁”四类指标，更多地体现对交通效率和服务水平的考量。而“2013版白皮书”设置了“安全、畅达、高效、绿色、文明”五类发展指标，除去交通效率、服务水平外，更加注重对交通发展模式的考量，更加注重对环境、社会等外部发展要素的考量。

如“2013 版白皮书”明确提出了绿色交通模式的发展预期，全市公共交通、步行、自行车等绿色交通出行比例不低于 80%，中心城公共交通出行比例（不含步行）达到 60%。单位客货运输量碳排放强度明显下降。全社会交通文明意识明显提升等。两轮白皮书均明确提出安全交通的发展导向，万车死亡率从“2002 版白皮书”的 5 人/万车下降到“2013 版白皮书”的 2.63 人/万车。

国内外其他城市在交通政策编制中，也根据总体发展战略要求设定了相应的目标体系（表 3-7）。

表 3-7　　国内外城市战略和政策报告发展目标

相关报告	具体提法
深圳白皮书(2011 版)	开放(对外交通客货吞吐量、时空通达目标)、畅达(车速)、可靠(公共交通准点率)、公平(公共交通方式结构)、安全(交通事故死亡率)和低碳(污染物排放)
广州白皮书(2012 版)	开放(区域通达时间)、畅达(车速、轨道里程、公共交通线网密度)、低碳(尾气排放合格率，噪声)、智慧(信息化水平、智能信息服务覆盖面)、公平(公共交通分担率)、安全(万车死亡率、事故率)
北京交通发展纲要(2012—2030 年)	公平(市区和近郊区交通出行的可选择交通方式数量、无障碍设施比例、相对落后地区能够 1 h 到达城市主要功能区的人口比例)、效率(市区通勤时间、交通指数)、绿色(中心城短距离出行中自行车比例、交通领域 CO_2，$PM_{2.5}$ 排放)、安全(万车死亡率、基础设施完好率)
大巴黎地区交通出行规划	小客车交通量车公里削减量、公共交通出行比例、慢行交通出行比例、货运多式联运提升比例、区内小客车限速指标
纽约城市规划 2030	减少道路拥堵——公共交通运行速度、削减车公里、缩小出行人·小时； 发展多模式交通——交通方式结构、公共交通人均使用强度、公共交通站点覆盖率及慢行交通可达性； 低碳环保——氮氧化合物及颗粒物减排比例和规模、新能源车比例
伦敦市长交通战略 2031	时空可达性指标； 交通系统服务水平——交通方式结构；道路交通服务水平——车速、交通延误；公共交通服务水平——可靠性；货物配送效率；慢行出行比例； 公平——支持全域的交通投资、交通服务标准； 安全——道路死亡或受伤总人数(KSI)，公共交通运营安全指标，受伤率； 环境——碳排放削减量及各方式结构

2. 要市民可感知

白皮书作为市政府在交通发展方面对市民的承诺，应提出一些市民可感知的具体目标。除去一些关于总量、结构等专业性、系统性的目标外，出行时间、舒适度、道路车速、交通污染程度等具体可感知的交通服务类目标应该纳入控制性目标，而这些目标往往是一些综合性的目标，必须通过设施建设、运输管理、交通管理等综合性手段才能实现。

如两轮白皮书均将出行时间有效控制作为控制性目标。“2002 版白皮书”提出中心城绝大多数市民出行时间在 1 小时之内完成（图 3-5）；“2013 版白皮书”则提出依托公共交通，中心城内居民上下班平均出行时间在 45 min 以内（图 3-6），新城与中心城之间平均出行时间控制在60 min以内，长三角主要城市与上海中心城之间平均出行时间在 90 min 以内。

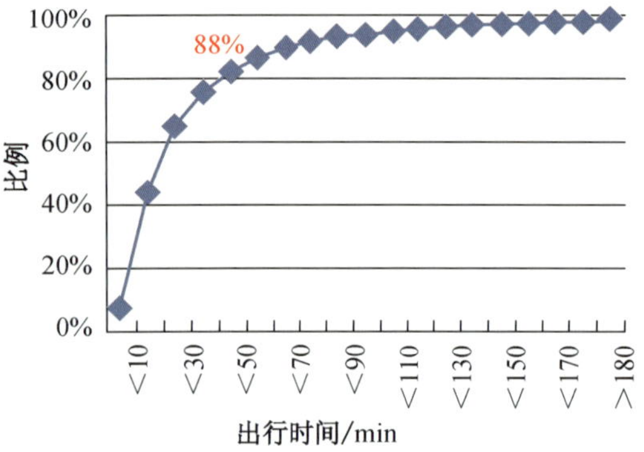

图 3-5　上海市交通出行时间分布

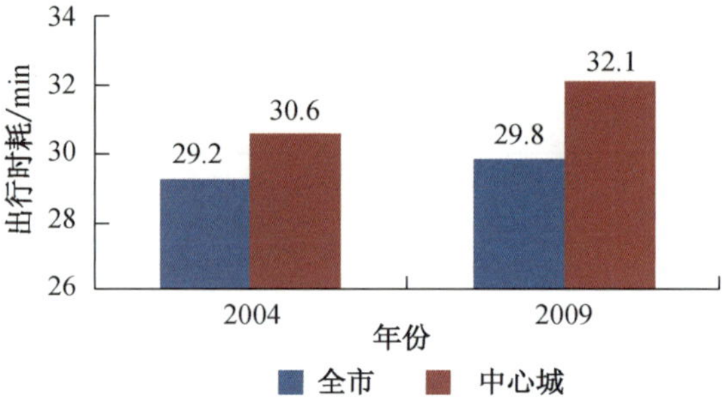

图 3-6　上海市人员平均出行时耗变化

与道路交通拥堵相关的道路车速也是市民可感知的具体目标，“2013 版白皮书”指出拥挤路段的公交优先道高峰时段运行车速高于相邻车道社会车辆的运行车速，中心城快速路高峰时段的平均车速高于 40 km/h。

公共交通运力的高峰拥挤情况也是市民可感知的具体目标，“2002 版白皮书”要求为市民出行提供宽松、良好的乘车条件。

控制性目标的可感知性是交通政策能否得到社会认可和市民拥护的重要前提。如大伦敦首任市长利文斯通在竞选前就将解决困扰伦敦多年的交通问题作为其施政纲领之一，提出要对进入伦敦中心区的车辆征收交通拥堵费，得到了公众的认可和理解。利文斯通市长就任后，即开始推行拥堵收费，并取得了良好的效果。又如首尔的公交体系改革，20 世纪末，首尔由于人口和机动车保有量的持续增长，城市道路拥堵日益严重，社会经济发展受到严重制约，首尔公交系统承受着道路拥堵、公交运营体制落后和线路运营混乱之苦，直接导致公交运营恶化、公交乘客数量下降、运营收入减少以及政府财政补贴日益加剧的问题。2002 年，时任首尔市长李明博上任后，以缓解交通拥堵、提高公交服务水平，打造世界水平的公交为目标，获得市民认可，此后大刀阔斧地对包括公交线网体系重构、公交收费机制改革等在内公交系统进行改革，大大改善了首尔公交系统的服务水平，使得首尔的城市面貌焕然一新。

控制性目标的选取还应处理好与具体行动计划的关系。二者有相关性，即控制性目标的实现需要通过政府具体的举措和方案实现，而举措和方案的具体计划性目标不一定上升到总体目标层面，可以在具体行动方案中得到落实和体现，因为这是针对政府职能部门的自身需求。

3.4 重大交通发展战略的选择

重大交通发展战略是指导一定时间交通发展的思路和基本原则，以战略原则或战略任务等形式表现。“2002 版白皮书”提出了“公交优先、区域差别和路车平衡”三大核心战略原则。“2013 版白皮书”提出了“强化交通与城乡空间统筹发展、强化公共交通优先发展，更加注重小客车需求管理，更加注重绿色发展，更加注重精细管理”五大核心战略。形式上看，两轮交通白皮书对于重大战略的选择存在差异，但深入来看，二者一脉相承(图 3-7)。

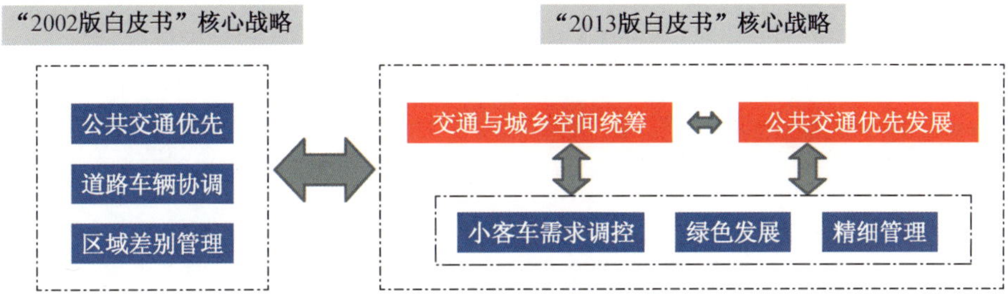

图 3-7 两轮交通白皮书战略框架

1. 新增交通与城乡空间统筹发展战略

“2002 版白皮书”在城市总体规划编制出台后编制，在交通发展的行动上，已经充分考虑交通与城乡空间发展的关系，因此未明确提出交通与城市用地的协调发展。而“2013 版白皮书”的编制处于城市发展已经突破既有总体规划，但新一轮总体规划尚未编制的特殊时期，城市蔓延发展的态势使得交通发展和环境均面临较大挑战，因此有必要将其上升至顶层，其中的核心思想也延续了“2002 版白皮书”关于区域差别管理政策的内涵，当然新的交通政策区划需要根据市域城镇体系发展要求进行动态调整。

2. 公共交通优先发展是城市交通发展将长期坚持的政策

“2002 版白皮书”的公共交通优先发展政策重点推进了轨道交通的快速成网，“2013 版白皮书”仍将继续坚持这一点，但重点将转向公共交通体系的完善，通过不断强化轨道交通骨干作用，加快提升公共汽(电)车服务水平，并加强与各类交通方式的衔接，进一步提高公共交通的吸引力。

3. 加强小客车需求管理是对道路车辆平衡政策的优化调整

“2002 版白皮书”强调道路设施建设与车辆拥有管理的同步推进，但目前路网容量的扩容空间不大，而小客车又相对快速进入家庭的大背景下，路车矛盾的优化必须强调小客车拥有和使用的同步管理，对机动车周转量进行政策调控，以保障一定的道路交通服务水平。

4. 绿色低碳发展和精细化管理则是对既有政策体系的创新

“2013 版白皮书”面临的环境可持续发展问题和综合管理问题，较“2002 版白皮书”严峻得多，因此也将其上升到战略架构中。

4 重大交通政策发展演变

本章全面系统地梳理回顾了上海重大交通政策的内涵、发展演变、成效及存在的问题。

4.1 交通设施与城乡统筹

4.1.1 政策概要

交通基础设施是城市运行的载体和硬件基础。本章主要从市域骨架交通体系的构建、交通规划机制以及交通资金保障 3 个方面，详细介绍上海交通基础设施的发展过程。

1. 关于交通基础设施对市域城镇体系的支撑

不同发展阶段、不同功能结构的设施供给政策将直接影响城市空间体系布局和交通系统发展模式。上海从 1992 年开始通过连续的 3 个"三年大变样"行动，初步建成了包括郊区高速公路，中心城"申字型"快速路，"三横三纵"主干路网，1 号、2 号、3 号轨道交通线路等一大批骨干交通基础设施，城市交通面貌发生了巨大的变化，初步缓解了长期累积的交通矛盾。但既有设施水平与国际大都市仍有较大差距，"2002 版白皮书"强调构筑"枢纽型、功能性、网络化"的交通基础设施体系，进一步加快由欠账式的发展向引导性的发展转型，进而提出了系统性的交通基础设施建设发展计划，重点强化了轨道交通、枢纽等设施对浦东跨江和集中城市化区域拓展的支撑，并强化公路对市域城镇体系的支撑。

经过 10 年发展，上海交通基础设施供给能力和体系化程度已有了巨大的飞跃。但面对国家新型城镇化以及"一带一路"等新的发展战略，已突破城市总体规划的城市空间形态布局、人口规模以及日益变化的出行特征，既有交通设施在辐射能力、功能层次等方面的不适应，设施体系在功能上的缺陷也日益影响未来的交通发展。鉴于新的发展形势，新一轮白皮书提出了面向全球城市构建都市圈以及市域综合交通体系的设施建设政策导向。

2. 关于交通规划与城乡规划的统筹

加强交通规划与城乡规划的统筹是两轮白皮书始终坚持的重要政策理念，但两轮白皮书编制时，城乡规划和综合交通规划的管理职能发生了变化，相关的政策重点也发生了变化。"2002 版白皮书"编制时，综合交通规划与总体规划同步编制，相关交通政策与用地布局的互动关系，已经在两个规划同步编制中得到了相互反馈。"2002 版白皮书"关于交通规划与城乡规划的统筹管理，重点是编制交通专项规划、加强交通信息的采集分析调查、建立交通影响分析评价机制等技术性的要求。

从 2005 年上海综合交通管理体制改革开始，交通大部门管理需求进一步提升，特别是 2014 年上海大交委体制的改革，进一步强化了交通主管部门在综合交通规划上的相关职能，如何进一步加强交通规划与城乡规划的统筹管理就显得更加重要。“2013版白皮书”除了从交通层面对城乡空间布局发展提出了反馈意见，更重要的是在机制层面提出了各层次城乡规划与交通规划的统筹协调要求，并就总规、单元规划、控制性详细规划等各个层面的统筹提出了具体导向。

3. 加强交通投资保障

交通投资管理是建设一体化交通的决定性环节。计划经济体制下，城市交通基础设施一直被放在“配套”“辅助”的地位，建设投入严重不足，投资渠道单一，制约了交通设施的发展，城市交通设施建设已严重滞后于上海经济社会发展的需求。

“2002版白皮书”预判到未来上海城市交通投资需求量大，为了确保资金落实到位，必须进一步深化城市交通投融资体制和机制的改革，构筑社会投资、企业自筹、政府投资等多主体投资的格局。总体看来，公路、港口、机场、城市道路等大量的交通基础设施建设均通过市场化的方式取得了快速的发展。

经历了持续高强度的投资建设，大量的基础设施已经进入集中养护和大修阶段，“2013版白皮书”开始重点关注交通基础设施的维护保养相关的政策要求。此外，在“2013版白皮书”编制时期，国家宏观政策环境发生了较大变化。国家大力推进政府与社会资本合作(PPP)的模式，新一轮白皮书更加注重通过市场以及其他间接的手段(如用地综合开发反哺等)来实现资金可持续的发展。

4.1.2 超前构建市域骨架交通体系

99版上海城市总体规划确立的“1966”城镇体系给市域统筹发展注入了新的活力。为支撑城市空间布局的优化，引导人口向郊区转移，“十五”和“十一五”期间，形成了两个工作重点。

1. 为了构筑一个强大的中心，强化浦东、浦西的一体化发展，“2002版白皮书”在中心城范围强化快速路和轨道交通网络的同步建设

1) 加强中心城快速路网建设，强化跨江连通，支撑浦东、浦西一体化发展

上海中心城路网密度较高，但功能层次不清晰，缺乏骨架路网，道路网络总体容量仍显不足，在《上海市城市总体规划(1999—2020)》《上海市中心城分区规划(2004—2020)》的基础上，先后编制了《上海市骨干道路网深化规划》《上海市综合交通体系规划(2010—2020)》等一系列专项规划，明确了中心城干道网的规划规模和实施进度，有力贯彻执行了“2002版白皮书”制定的政策。中心城在既有内环(浦西段)、延安路高架、南北高架的基础上，先后建成了中环线、沪闵、逸仙、共和新路、五洲大道等快速路，并对内环浦东段进行了快速化改造，快速路总里程超过179 km(不含外环)，形成了较完善的中心城快速路体系。卢浦大桥、外环线隧道、复兴东路隧道、大连路隧道等越江桥隧工程的建成，全面支撑了“2002版白皮书”中关于越江通道的发展目标。

2）重视次级道路网络的集散功能建设完善

除去骨架设施建设外，“2002 版白皮书”还充分重视次级道路网络的集散作用，提出推进构建“以快速路、主干路为骨架，次干路和支路为基础”的道路网络，并制定了“持续建设中心城的干道网络、改善低等级道路的通达性、改善交叉口的通行条件”等政策重点。滚动编制中心城“瓶颈、堵头、错位”路段改造计划，使上海城市支次道路面貌得到了进一步改善，市民出行更为便捷。2014 年，中心城道路网密度达 5.2 km/km^2，中心城道路网密度达 8.4 km/km^2，达到国标要求。高快速路(含外环)、主干道、次干道、支路所承载车公里数比例分别为 38.5%，29%，12.1%，20.4%，道路容量与路面状况改善明显。

3）成网推进轨道交通基本网络建设

在 2002 年编制完成的《轨道交通基本网络规划》基础上，相关职能部门于 2003—2004 年联合组织编制了《轨道交通近期建设计划(2005—2012)》，计划在 2012 年之前建成 13 条、510 km 的轨道交通网络。同时，围绕轨道交通近期建设规划开展了一系列轨道交通选线规划、轨道交通重要节点规划、轨道交通各专业系统规划(如停车场/车辆段、主变电站、控制中心等)，确保轨道交通用地控制。围绕轨道交通站点的客运枢纽建设，也大大增强了换乘便利性和多样性，提升了公共交通的吸引力。

至 2015 年，上海轨道交通运营线网长度(含磁浮)达 606 km，较 2000 年的 65.5 km 增长 8 倍，中心城轨道站点 600 m 半径覆盖近 50%的人口和岗位(图 4-1 和图 4-2)。

图 4-1　中心城主要干道网(2015)

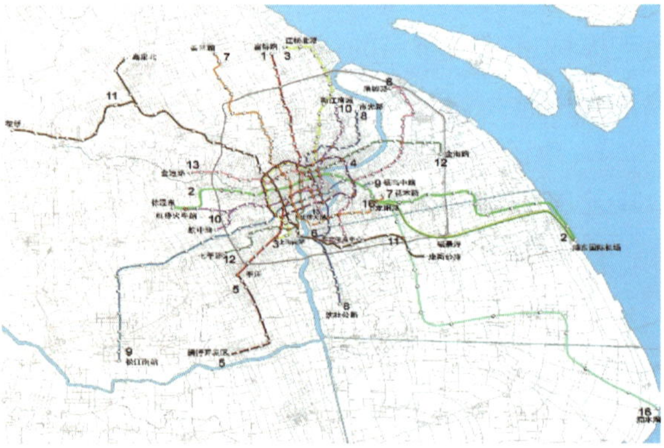

图 4-2　轨道交通网络(2015)

2. 加快了以高等级干线公路为核心的郊区路网体系建设，加强放射性快速轨道交通对新城和重点新市镇的连通，强化交通系统对郊区城镇体系的支撑

1）加快郊区高等级公路网络的建设

在《上海市城市总体规划(1999—2020)》提出的“15 min 进入、30 min 互通、60 min 抵达”高速公路网建设目标基础上，陆续编制了《上海市骨干道路网深化规划》《上海市

综合交通体系规划（2010—2020）》和《上海市国省道布局规划（2011—2020）》等一系列干线公路规划。10余年来，上海在高速公路、干线公路等骨干路网建设上取得了飞跃式的发展（表4-1），在市域范围形成“两环、九射、一纵、一横、两联”高速公路网格局，基本实现“15—30—60”路网可达性目标，形成以公路体系建设引导郊区城镇体系布局发展的模式。实现每个郊区新城与中心城均有高速公路和干线公路（图4-3）组成的多通道联系（图4-4）、重点镇与郊区新城有公路连通，郊区新城间也有高速公路相连通。但相对于高速公路，干线公路建设相对滞后，技术等级仍明显偏低。

图4-3 上海干线公路网（2015年）

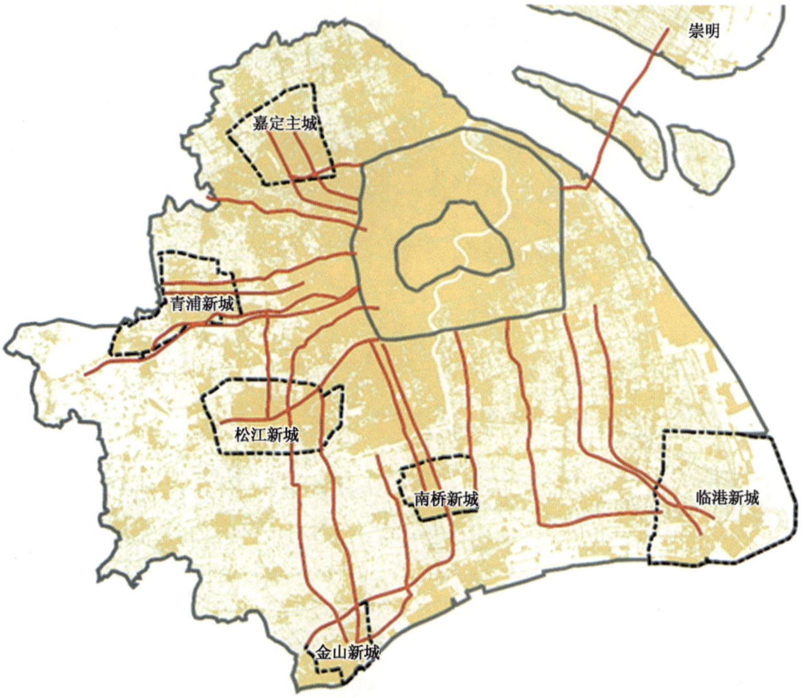

图4-4 新城至中心城多通道布局

表 4-1　　公路发展情况

指标	2000 年	2015 年
全市公路网里程/km	5 894	13 195
高速公路里程/km	190	825
与江浙联系的高速公路通道/条	2	9

2）推进市域轨道网络体系的建设

上海规划建设 3 个层次的轨道交通网络，即市域快速铁(R 线)、市区地铁(M 线)和区际轻轨(L 线)，满足不同乘客和不同区域服务的需求。其中市域快速铁路是实现郊区新城与中心城快速联系的重要轨道交通方式，在制式上，不光采用城市快速轨道，还充分利用既有的铁路资源，将国铁纳入城市轨道交通。根据当时国家批准的上海市城市总体规划和城市轨道交通线网规划，上海轨道交通网络由 17 条线路组成，线网总长约 810 km，其中市域快速线 4 条，市区地铁线 8 条，市区轻轨线 5 条。中心城线网长度 492 km，线网密度 0.745 km/km^2，如图 4-5 所示。

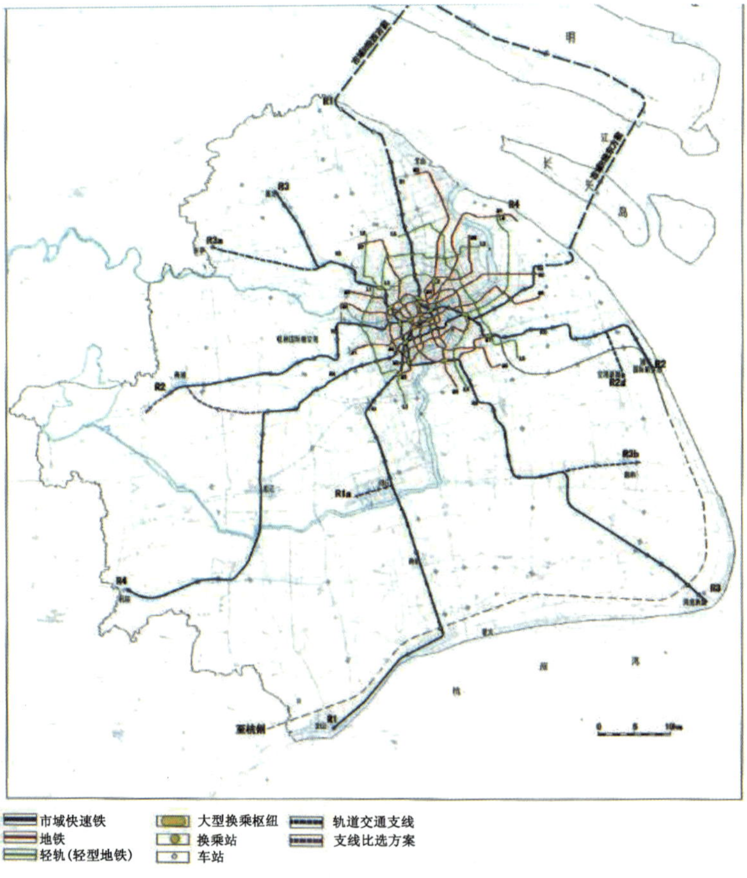

图 4-5　“2002 版白皮书”远景轨道交通网络规划(市域)

"2002版白皮书"颁布的10年间，上海轨道交通加速建设进程，但从轨道交通的功能上看，与原规划相比，具体实施的轨道交通线路在形态上发生了两大变化。

(1) 原规划的4条R线断点形成两条独立运营线路。例如，原R1线在莘庄站断点为1号线和5号线；原R2线在虹桥火车站断点为2号线和规划17号线，并在浦东广兰路站采用分段运营；原R3线在罗山路站断点为11号线和16号线。

(2) 线路制式的趋同，未实现多功能层次的轨道交通线网规划。尽管上海市轨道交通线网规划提出了3种模式，但从实施结果看，中心城区R线、M线、L线的平均站间距比较接近、列车运行速度基本相同(一般为30～40 km/h)，即原规划的R线、L线在中心城区基本等同于M线。由于R1线、R2线本身是M线的功能和制式，延伸至郊区后导致其运行速度难以提升；R3线、R4线的市区段实际上也兼顾了M线的功能，同时采用了常规地铁制式，因此也难以提升其运行速度。

此外，市郊铁路的发展直到2012年才真正取得突破。2012年9月底，全国第一条由铁路改建而成为城市服务的市郊铁路——金山铁路支线(图4-6)通车，金山卫直达上海南站仅需32 min。与传统铁路不同，金山铁路承担的是城市客运而不是对外客运，但其客流效益并不高，主要表现在以下几方面。

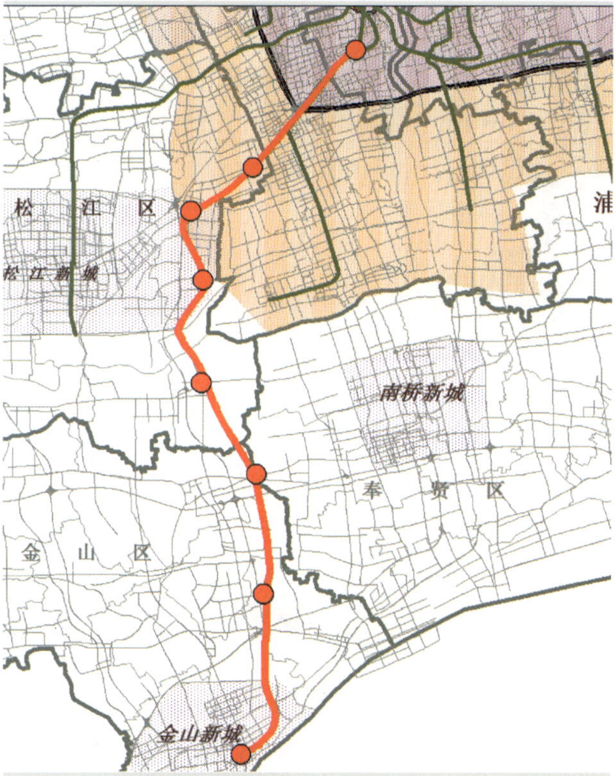

图4-6　金山铁路支线走向示意图

(1) 客流规模明显小于其他市郊轨道交通。金山铁路开通近1年后，日均客流约2万人次，与2号线川沙段、9号线松江段、11号线嘉定支线段等上海市郊轨道相比，其客流规模和客流强度均不高，其对比数据见表4-2。这主要因为金山铁路沿线所在城镇人口规模本身并不高，且基本是传统老城镇，对中心城的居住和岗位吸引力低，同时沿线土地开发没跟上，难以带来大量的客流。

表4-2　　金山铁路和其他轨道交通(郊区段)开通1年后客流规模

线路	区间	长度/km	车站数	工作日客流/万人次
上海2号线川沙段	广兰路(不含)—海天三路	21	7	5.6
上海9号线松江段	松江新城—中春路(不含)	21	6	14.5
上海11号线嘉定支线	嘉定北—桃浦新村(不含)	20	6	6.2
金山铁路	金山卫—上海南(不含)	56	7	2.0

(2) 列车满载率低。现状金山铁路每日开行列车36对，共72列，平均发车间隔为20～25 min，但运能还有较大富余，工作日利用率(约37%)最低，双休日(约45%)其次，节假日最高，但总体能力利用率均不足50%。

(3) 综合交通体系中客流分担率较低。目前金山至中心城双向日均客流约为4万人次，其中，金山铁路分担约1.1万人次，占近30%；公交车分担约1万人次，占约25%；社会客车分担约2万人次，占近50%。与小客车相比，金山铁路出行时耗和可达性优势不明显。

“2013版白皮书”意识到既有规划在实际运营和对市域城镇体系发展的支撑上存在一定不足，在持续推进基本网络建设的同时开始重新审视发展和规划问题，明确了后续发展政策导向。

(1) 持续加强轨道交通建设，加快形成多层次的轨道交通网络。

对中心城，继续大力推进轨道交通建设，提高中心城轨道交通网络密度和站点覆盖率，加强轨道交通对重点发展地区和规划人口导入地区的服务和支撑。

对郊区，轨道交通的建设重点将由单一功能的中心城区地铁(轻轨)系统，向与市域城镇体系以及长三角区域城镇体系相关的多层次轨道交通网络建设转型。随着国务院发布《关于改革铁路投融资体制加快推进铁路建设的意见》(2013年33号文)，铁路的建设体制出现了转变，铁路设施对市域城镇体系的支撑作用得到了重视和操作层面的突破。除此之外，中运量系统也将承担尚无轨道交通覆盖的客流走廊的骨干运输功能。

(2) 完善郊区公路体系功能。

目前，上海市已形成825 km高速公路网络，但依然存在局部区域发展不平衡、对外通道能力不足、局部路网车流负荷大等问题，需要进一步完善其网络结构，同时加大郊区的一般干线公路建设，分担高速公路运行压力。完善与江浙两省的对接通道，重点是与毗邻地区相联系的县乡公路建设。优化道路使用功能，促进与城市协调发展，将高速公路收费站外移并实行弹性收费，减少集卡车辆对城市交通的影响。

(3) 强化郊区新城、新市镇内部交通体系的建设。

随着城市化发展，中心城建设用地不断向外蔓延，原先近郊地区已经与中心城连绵发展，这一地区的公路与城市发展逐渐不相适应。同时，郊区部分公路穿越了新城与部分新市镇的集中发展区域，也出现了道路标准与交通需求特征不匹配的情况，因此应重点强化郊区新城路网体系的建设。

郊区新城、新市镇的人口规模和客流强度远低于中心城，需要打造一种有别于地铁和传统公交的骨架公交体系，因此中运量公交是未来上海公共交通系统中重要的交通方式。因地制宜地设置中运量公交系统，通过网络协调、枢纽衔接，为城市不同地区提供较大容量、高效、舒适、可靠的公交服务，形成中运量与轨道、公交一体化的公共交通系统，具有重要意义。其基本网络布局规划概念如图 4-7 所示。

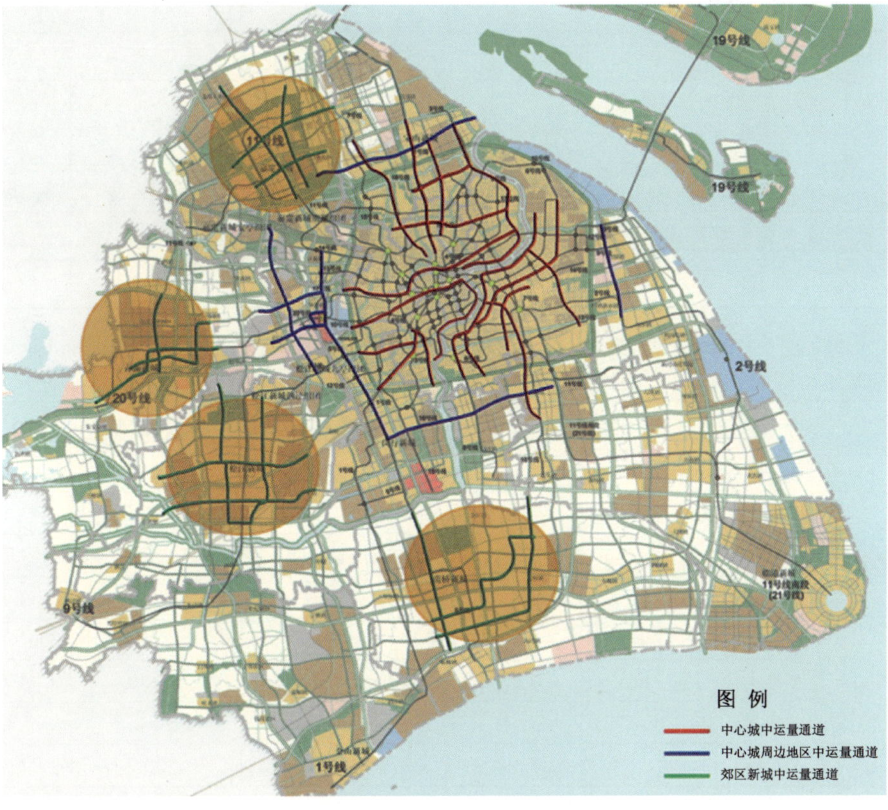

图 4-7　上海市中运量公交基本网络布局规划概念

上海与国际城市轨道及道路网络对标

中心城口径轨道交通设施比较

指标		大伦敦	纽约市	东京区部	上海
区域面积/km^2		1 579	757	622	664
轨道线网/km	地铁、轻轨	437	390	306	376
	区域铁路	788	167	439	—
	合计	1 225	557	807	376
轨道线网密度/($km \cdot km^{-2}$)		0.78	0.74	1.36	0.57
年份		2005	2000	2009	2015

都市圈口径轨道交通线网比较

指标		伦敦都市区	纽约都市规划区	东京交通圈	上海市域
区域面积/km^2		10 385	6 320	6 450	6 780
轨道线网/km	地铁、轻轨	479	420	358	588
	区域铁路(国铁、私铁、通勤铁)	1 711	725	1 697	56
	合计	2 190	1 145	2 055	644
市域轨道交通主要通道数		19	15	18	3
年份		2005	1995	2003	2015

中心城口径道路系统比较

指标			大伦敦	纽约市	东京区部	上海
区域面积/km^2			1 579	762	622	664
道路总长/km			14 676	10 000	11 817	3 547
路网密度/($km \cdot km^{-2}$)			9.3	12.5	19.2	5.4
干道系统	总长/km		1 780	—	1 500	1 310
	其中	高快速路/km	60	226	200	306(含外环)
		地面干道/km	1 720	—	1 300	1 004
	干道密度/($km \cdot km^{-2}$)		1.1	—	2.4	2.0
年份			2005	2005	2003	2014

4.1.3 加强公共交通设施与用地的整合

以公共交通为导向的城市发展(TOD)模式自 1993 年由美国学者卡尔索普

(Calthorpe)教授提出后，引起了全球规划学者的广泛关注，现已被视为缓解交通拥挤和城市无序蔓延、降低城市能源消耗、促进城市可持续发展的理念，其核心发展愿景是在大容量公共交通沿线形成高密度的土地发展模式，并配合土地混合使用和宜人的步行环境设计，营造出人性化的就业居住空间。各区域容积率比对如图 4-8 所示。

上海轨道交通网络的发展，确实对轨道交通周边的地块开发起到了拉动作用(图 4-9)，根据 2014 年第五次综合交通大调查，轨道交通站点周边的平均容积率均高于其他区域的平均水平。

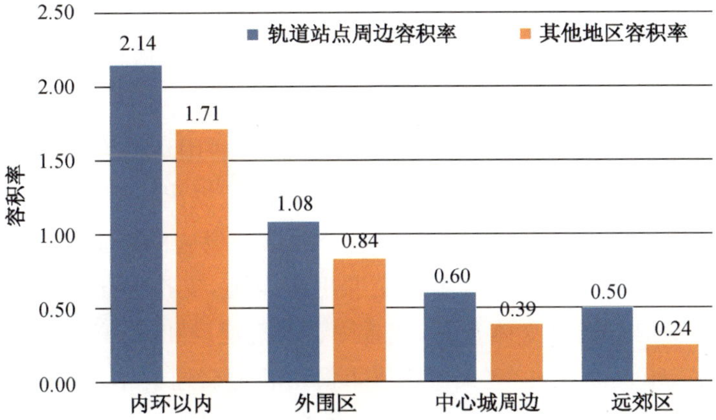

图 4-8　各区域容积率比对[①]

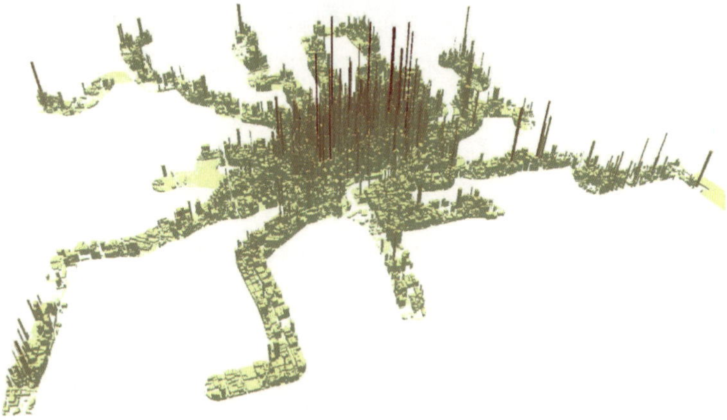

图 4-9　2013 年轨道沿线 1 km 建筑容积率分布

从用地类型看，中心城以内站点与商业办公类用地结合紧密，但中心城以外站点周边用地以住宅开发为主，对商业办公类引导相对较弱。从中心城以外轨道交通站点 1 km半径范围各类用地比例变化情况来看，与 2008 年相比，站点周边住宅用地的比例从 53%增长到了 57%，而商业服务和行政商务办公用地仅从 9%增长到了 12%。此外，

① 中心城轨道站点周边按 600 m 范围计算，中心城外轨道站点周边按 1 000 m 范围计算。

特别是外围区和郊区的车站,微观层面与用地的整合程度还不高,并没有充分实现轨道交通车站与城市建筑物的有机结合和共同开发。

从 TOD 开发技术标准来看,上海目前已有《上海市城市规划管理技术规定》(2004)、《上海市控制性详细规划技术标准》(2011)等技术标准和规范,且其中已经体现了区域差别、混合用地引导、结合公共交通服务水平的开发强度修正等发展原则。但具体操作与既有的规章制度存在矛盾,公共交通枢纽的综合开发要转变用地性质,与现有土地审批制度不符,规划部门严格控制非直接交通功能设施的同步开发利用,公共交通枢纽场站的土地容积率不到 0.5。

2012 年国务院 64 号文《关于城市优先发展公共交通的指导意见》明确指出要加强公共交通用地的综合开发,指出对现有公共交通设施用地,支持原土地使用者在符合规划且不改变用途的前提下进行立体开发,并将公共交通用地综合开发的收益用于公共交通基础设施建设和弥补运营亏损。"2013 版白皮书"提出以客运交通枢纽为载体,进一步整合用地开发与交通功能。对新建客运交通枢纽设施的地上、地下空间,按照市场化原则推进土地综合开发。对现有客运交通枢纽设施,支持原土地使用者在符合规划且不改变用途的前提下进行立体开发,收益用于设施建设和弥补运营亏损。

2014 年 4 月,市发改委发布《关于推进上海市轨道交通场站及周边土地综合开发利用的实施意见》(后简称《意见》),明确要求轨道交通场站周边不小于 500 m 范围纳入规范统筹,并在控详规划中予以明确,同时要求组建综合开发主体和开发收益优先用于轨道交通建设和运营维护。该《意见》的颁布为创新土地节约集约利用方式,促进公共交通与城市建设协调发展,进一步完善本市轨道交通投资建设机制提供了制度保障。申通集团已于 2014 年投资了上海轨道交通上盖物业股权投资基金合伙企业(有限合伙)项目,并积极探索其他形式,参与轨道交通上盖物业开发,将公共交通用地综合开发的收益用于公共交通基础设施建设和弥补运营亏损。

目前,上海市规划有 36 处轨道交通车辆基地,其地块占地面积在 10 万～70 万 m^2,其中车辆基地有位于中心城中外环线区域的,也有位于外围郊区新城、新市镇区域的,各车辆基地间区位差别较大,整体情况较为复杂,交通用地的综合开发有利于反哺设施建设运营。上海已开始对轨道交通车辆基地及周边土地综合开发利用进行尝试,目前金桥、吴中路、莘庄上盖(图 4-10)等 3 个项目(表 4-3)正在建设中,将为交通设施的综合用地开发积累经验。

表 4-3　　上盖开发项目情况

项目	轨道交通线路	用地面积/万 m^2	上盖业态
金桥车辆基地	9,12,14	6	一期保障房基地
吴中路停车场	10	23	商业、办公、博物馆、酒店
莘庄上盖项目	1,5	11.8	商业、办公、住宅、酒店

图 4-10 莘庄轨道交通上盖布局效果示意图

4.1.4 交通规划与城乡规划统筹

1. 加强综合交通规划及交通专项规划规范管理

城乡规划是法定规划，有其固有的体系，从国家层面看包括总体规划和控制性详细规划，虽然上海创设了分区规划和单元规划的层级，但所有的意图最终仍必须在控详规划中落实。而交通规划不是法定规划，交通规划体系包括系统性规划和项目性规划，因此两个规划体系难以相互对应。由此带来操作的不便，具体表现为：一方面，城市总体规划修编时间较长，交通系统性规划难以列入城市总体规划的内容，二者难以衔接；另一方面，交通专项规划和城市控制性详细规划存在矛盾。虽然交通专项规划可以对应城市控制性详细规划，但常常出现有交通专项规划却无城市控制性详细规划，或有城市控制性详细规划而没有交通专项规划的尴尬境地，使二者都无法很好地执行。二者融合难度较大，短期内协调机制的规范是统筹的重点，有利于规范管理。

白皮书中强调"结合城市总体规划修编，同步修编综合交通体系规划"，更主要是希望规范综合交通规划的编制，真正让交通主管部门可以充分介入规划主管部门的编制。2015 年市交通委员会会同市规划国土资源局制定了《交通基础设施专项规划编制审批操作管理办法》，进一步规范了交通基础设施专项规划的编制和审批要求、流程。通过该种方式，市交通主管部门可以及时掌握市、区（县）的交通基础设施专项情况，在和市、区（县）工作的对接中，能够根据编制计划的轻重缓急决定是否列进年度编制计划，并统筹、协调和平衡相关的安排及工作进度。

2. 探索单元层面交通规划导则机制，为控规调整和编制提供前期储备

在市域综合交通体系规划的总体指导下，开展针对不同区域范围、层面的交通规划研究，实现交通与土地使用的双向反馈是必要的。2011 年 3 月发布的《上海市控制性详

细规划成果规范》中，明确要求“对于交通复杂的地区，需单独编制交通研究或评估报告”，并给出了交通研究分析报告的研究深度和成果要求，这为完善地区规划编制阶段的交通规划研究标准打下了基础。

白皮书编制初期开展了区域或控制性详细规划层面的交通影响评价制度研究，但最终未能实现。目前进行的区域层面的交评，并不是以控制性详细规划的单元为依据。在目前城乡规划中单元规划已经弱化的背景下，操作性上确实存在一定问题。自 2013 年以来，单元层面的交通规划导则是一项折中的政策，交通主管部门针对不同的用地特征，已经持续了多个单元交通规划导则研究，案例研究的数量和类型持续丰富(表 4-4)。研究成果已成为交通管理部门实施精细化管理和决策的主要参考资料，同时对于规划部门而言，可以作为控详规划交通专项编制的参考依据。

表 4-4　　单元导则用地特征类型分类

特征分类	试点单元
中心城区用地成熟区域	徐汇风貌保护区
处于半开发状态的城区区域	新江湾城、虹桥商务区北片、外高桥自由贸易试验区及外高桥新市镇地区
新开发地区	世博及周边地区、国际旅游度假区核心区及发展功能区
功能转换区域	宝山工业园区、桃浦南大地区、宝山上港十四区—国际邮轮码头区

3. 持续推进项目层面的交通影响评价制度建设

随着控制性详细规划的编制和批复成为地块出让的先决条件，建设项目选址阶段前的交通影响评价日益减少，更多的是在方案设计、初步设计甚至施工图阶段开展的，面向项目的交通影响评价。因此，在既有城市规划法律体系下，项目功能定位、开发业态和容量已经确定的情况下，交通影响评价的主要目的在于评估既有交通供给设施的适应性，并通过优化区域交通组织、项目交通设施配置及组织，降低对区域综合交通系统的影响，满足项目集散交通要求。

交通影响评价制度的作用更多的在于规范管理，目前在实际管理中确实存在诸多的问题，如交评工作的具体启动阶段，交评报告本身编、报、评、批等环节的具体管理要求，交评审查意见在控详规划和建设项目审批中的时序安排等都缺乏明确规定，管理程序较为混乱。目前，交通委已经发布了《上海市建设项目交通影响评价管理办法》，进一步明确了交评的管理部门、技术保障、影响评估启动阀值、开展阶段、编制主体和具体编制单位要求、报告编制要求，报审主体及程序、评审要求。同时地方标准《上海市建设项目交通影响评价技术标准》的出台也为交通影响评价报告的编制提供了依据。

4.1.5　建设管养资金保障

“2002 版白皮书”预判到未来上海城市交通投资需求量大，为了确保资金落实到位，必须进一步深化城市交通投融资体制和机制的改革，构筑社会投资、企业自筹、政府投资等多主体投资的格局。具体政策如下：

1. 积极采用市场化融资手段①

上海市政建设的历史欠账很多，由于财源有限，市政府尝试用市场化运作的手法和要求来开展政府投资，以平台公司向国内外金融机构贷款，支持城市建设。1987年上海久事公司正式成立，标志着政府投资体制改革的一大进步，并直接促进南浦大桥、地铁一号线、虹桥机场改造等重大项目的建设推进。

为改革城建资金使用管理体制，1988年，上海成立了城市建设基金会，由城建基金会负责上海城市维护和建设资金管理，打破了城建资金由财政运作的格局，实行事权与财权的统一，在全国开了先例。城建基金会与市财政适当分工，各类政策性收费资金，如公路养路费、排水费、黄浦江大桥过桥费等，建设项目投资包干结余上缴等，集中用于建设一些大的项目。1992年上海市成立上海市城市建设投资总公司，由市政府授权，作为对城市建设和维护资金进行筹措、使用、管理的城市建设专业投资、开发单位，按"自借、自用、自还"原则进行运作，由此上海市第一家也是全国第一家专业从事城市基础设施投资建设的投资公司问世。上海城投成立后，以规费、建费为杠杆，以政府信用为背景、以公司为法人来募集资金，以支持公共设施建设。作为上海的第二家投融资平台公司，在城建资金的筹措上，除了城建规费、财政资金、银行借款、市场债券股票之外，还有重要的一项，那就是土地收入——土地有偿使用和批租收入、房产收益用于城市建设部分。1997年上海探索实施举债建设的新路子，上海市城市建设投资总公司为内环线道路一期工程和沪宁高速公路上海段建设发行市政建设债券，向国内外金融机构融资借贷，如向世界银行、亚洲开发银行等国际金融组织贷款。

上海申办世博成功后，上海城市建设进入新一轮密集建设期。资料显示，仅2006—2009年的4年间，上海的"重大工程建设投资"总额高达近6 000亿元，年均1 500亿元。其中，轨道交通建设成为首要任务。从1998年起，上海对政府投资领域逐步进行分类界定，明确政府投资主要收缩集中于非竞争性的公益性项目，退出一般竞争性领域，并确定将有盈利的基础设施项目逐步推向市场，进行公开招商，实现社会化融资。这一阶段，上海投融资体制改革的重大突破，就是对以轨道交通为重点的城市基础设施建设投融资体制进行改革，实现了投资、建设、运营、监管"四分开"。2000年4月，上海久事公司携手上海城投，投资组建申通地铁集团，注册资本金260亿元，两家出资比例分别为66.77%和33.23%。2004年6月，申通轨道交通投资公司与申通公司地铁建设总公司、地铁营运公司等进行资产重组，成立了申通地铁集团公司，改善了建设与运营管理的衔接。此后的虹桥商务区建设、航运中心建设也均采取了类似的建设融资模式。

2. 创新投融资渠道

在举债搞交通建设的同时，上海还积极探索其他多种方式广开建设资金来源渠道。

① 来自《东方早报》2011年6月30日，上海地方融资平台24年发展脉络图。

从 20 世纪 90 年代中后期起，上海投融资平台进入以资本、资产运作为重点，市场化、社会化融资为补充的新阶段。上海久事、上海城投等上海投融资平台公司借鉴国际上通行的 BOT 方法（建设—经营—转让），推出了出让基础设施特许经营权的融资新举措，即出让业已建成的道路、桥梁、隧道等基础设施的部分特许经营权，迅速收回投资，转而变成新一轮建设的投入资金。首先是盘活市政基础设施存量资产。1995 年，上海将两桥一隧股权资产转让给外资企业，引进巨额资金投入城市建设中。随后又将沪嘉、沪宁高速公路专营权向社会资本出让，引入社会资金投入城市建设。其次，一些重大交通基础设施实行特许经营方式，如越江设施通过 BOT 等特许经营方式由国内外企业来投资建设和经营管理。最后，集中开展高速公路建设社会招商，在政府的统一规划和管理下，采用项目投资主体多元化并实行项目法人责任制的建设和运营模式。“十五”期间共使用社会资金近 350 亿元，完成了 A12（嘉浏高速公路）、A4（莘奉金高速公路西段和南北段）和 A9（沪青平高速公路中段）的建设，新增高速公路里程近 480 km，基本完成“15—30—60”高速公路网的建设目标。

总体而言，以久事、城投、申通等为代表的一批基础设施投资公司的建立和运行，打破了单一财政投资的局面，开创了上海城建投融资的新路（表 4-5）。BOT、出让基础设施特许经营权的融资新举措进一步拓宽了融资渠道。

表 4-5　　上海交通基础设施融资平台

政府融资平台	简　　介	交通基础设施投资对象
久事	上海久事公司系国有投资经营控股公司，是上海市人民政府为组织实施国务院国函〔1986〕94 号文件于 1987 年批准组建的，也是政府投融资体制改革和创新的产物。目前注册资本为 252.7 亿元，资信等级 AAA 级。 2005 年下半年，市政府为深化城市交通管理体制改革，将上海交通投资（集团）有限公司、上海巴士实业（集团）股份有限公司、上海强生集团有限公司、上海五汽冠忠公共交通有限公司和上海现代交通建设发展有限公司等五家公交骨干企业的党政隶属关系和资产关系先后划转至上海久事公司	公交枢纽、公交
城投	上海城投（集团）有限公司（上海城投）的前身是成立于 1992 年的上海市城市建设投资开发总公司，于 2014 年改制为有限责任公司，由上海市国有资产监督管理委员会全资拥有。上海城投旗下持有 3 家专业集团公司、2 家上市公司、若干核心企业，是专业从事城市基础设施投资、建设、运营管理的国有特大型企业集团，注册资本 500 亿元，从业人员 17 000 多人。聚焦路桥、水务、环境、不动产 4 大业务板块	公路、城市道路、内河航道和港口
申通	上海申通地铁集团有限公司（以下简称“申通集团”）成立于 2000 年 4 月，是上海承担轨道交通投资、建设和运营管理职能的大型企业集团，目前注册资本 387 亿元	轨道交通
同盛	上海同盛投资（集团）有限公司是上海市港口和航道建设的投融资主体，肩负着建设、开发洋山深水港和本市内河航道两大重任	外港及航道

据统计，“2002版白皮书”颁布的10年间，交通基础设施投资占GDP总量的7%，交通融资平台有效筹措了交通基础设施的资金需求，而超前的交通基础设施投资力度(图4-11)则有力支撑了交通基础设施的建设和发展。

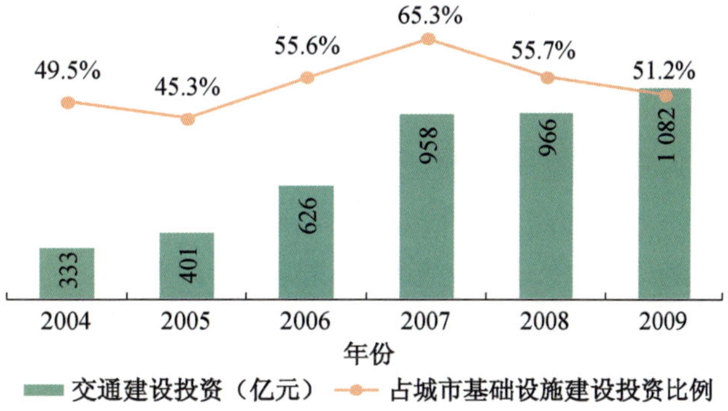

图4-11 世博会筹备阶段全市交通建设投资增长情况

以高速公路、城市道路、轨道交通为代表的骨干交通基础设施在经历了大规模的快速建设和使用后，逐步进入大修养护阶段。因此，“2013版白皮书”的交通投资政策除了进一步延续市场化、多元化的建设投资政策外，要求加大交通基础设施的维护资金投入。

城市道路的养护保养经费来源于城市维护资金。目前，城市道路规模5 000 km，每年用于维护保养的费用约7亿元。包括高架、苏州河桥梁、越江桥隧在内的市管道路由项目公司来负责养护，区管道路包括区直管和行业管理(主要是镇、乡道路)，费用来源于区财政，养护情况总体与区财政情况相关。

经营性高速公路项目，公司是维护主体，2013年出台了《上海市高速公路管理办法》，进一步规范了高速公路养护管理，明确高速公路经营者应当根据高速公路及其附属设施的技术状况和使用情况，按照国家和本市规定的养护标准和定额，落实养护所需经费，编制高速公路年度养护运行计划。政府还贷型高速公路道路，养护费用纳入财政预算内管理。不收费高速公路和国省道从燃油税里安排预算。

4.2 对外交通和航运中心

4.2.1 政策概要

对外交通是上海衔接国内外、服务长三角、支撑上海都市圈发展的重要载体，涉及航空、水运、铁路、公路等多种交通方式。虽然对外交通是上海交通体系重要的组成部分，但受管理体制、发展阶段等因素影响，两轮白皮书的政策重点有所差异。

“2002版白皮书”的政策视角主要着眼于城市交通，因此关于对外交通方面的政策主要是着眼于对外枢纽的建设、内外交通设施衔接转换以及市域内的公路网建设。

随着大部制改革不断深化，国家新型城镇化战略推进，上海国际航运中心建设和长三角世界级城市群建设加速推进，“2013版白皮书”对于对外交通政策的定位进一步提升，除去坚持2002版既有政策外，开始从注重节点(对外交通枢纽)的处理，到强调对外交通网络和运营的综合管理，并在上海自贸区建设发展的背景下，重视航运中心软环境建设的政策导向。同时开始探讨对外交通设施，特别是铁路设施在市域城镇体系与都市圈城镇体系中的作用。下文就海空枢纽节点、陆域综合运输网络、都市圈和毗邻地区交通联系等方面的政策进行展开。

4.2.2 强化海空枢纽节点建设

海空枢纽是上海 4 个中心建设的重要载体，"2002 版白皮书"编制之初，就高度关注机场、港口等对外交通基础设施的建设发展。就其发展阶段和重点来看，经历了 2 个阶段：一是机场、港口等枢纽基础设施以及集疏运体系的建设完善；二是机场、港口功能提升和转型发展的提升阶段。

1. 建设国际航空枢纽港

改革开放后，民航脱离军委，并逐步属地化管理。1994 年，上海虹桥机场划归上海市政府管理。为适应经济社会发展，加快浦东地区建设，上海市委、市政府经过反复研究、论证，并报国务院批准，决定在浦东新建一个具有国际水准的航空枢纽机场。1999 年，浦东国际机场投入运营，上海机场"一市两场"格局初步建立。2000 年，上海机场实现旅客吞吐量 1 768 万人次（虹桥 1 214 万人次，浦东机场 554 万人次），货邮吞吐量 88 万吨，但机场客货吞吐能力相比国际同类城市依然偏低（表 4-6）。

表 4-6　上海机场与亚洲地区其他城市机场的旅客吞吐量对比（2000 年）

城市	东京	汉城	香港	曼谷	新加坡	北京	上海
吞吐量/万人次	5 640	3 673	3 275	2 962	2 862	2 166	1 768

注：汉城，韩国首都旧称，2005 年 1 月，韩国政府宣布其中文译名正式更改为"首尔"。

"2002 版白皮书"定位为城市交通白皮书，在航空方面并未对其功能定位和发展提出相关政策，只是强调推进机场枢纽建设，并加强与市内交通方式的衔接。"十五"期间编制的《上海航空枢纽战略规划》根据国家对上海机场的总体定位，结合上海的区域地理位置及市场资源的综合分析，明确了上海航空枢纽功能定位，即集本地运量集散功能、门户枢纽功能（国内到国际中转、国际到国内中转）、国内中转功能和国际中转功能为一体的大型复合枢纽。其中"本地集散枢纽"是基本功能，"中国门户枢纽"是核心功能，"国际中转枢纽"和"国内中转枢纽"是潜在功能，"国际货运枢纽"则是突出功能。为满足 2008 年奥运会和 2010 年世博会的需求，实现航空枢纽战略的各阶段目标，上海加大了枢纽设施、陆侧集疏运体系、航空运输服务网络等方面的建设发展力度，主要体现在以下四个方面：

（1）持续加快机场建设和改造，提升机场吞吐能力。加大机场跑道、航站楼、卫星厅、货运等航空枢纽基础设施的建设。至 2012 年，虹桥、浦东两场共计拥有 5 条跑道，4 座候机楼，设计年旅客吞吐能力 1 亿人，年货运吞吐能力 520 万吨，较 2000 年有显著提升。

（2）完善机场集疏运体系。上海航空枢纽是一个空中航线网络和地面集散体系有机构成的完整的综合系统，陆侧需要建成由公路交通、轨道交通、铁路交通等多层次、全方位的综合交通系统。经过多年的建设发展，虹桥机场和浦东机场已经形成了与高速公路、城市快速路、轨道交通、长途客运等方式的连通，浦东机场还建设有磁悬浮直达龙阳路。虹桥枢纽的建设更是实现了航空与高速铁路的衔接。

(3) 加大基地航空公司和航线网络建设。积极培育东航、上航、春秋、吉祥等基地航空公司，以上海为中心构筑枢纽网络，不断提升机场枢纽中转功能，打造枢纽航班波。为促进航线网络的发展，上海出台航空枢纽建设专项扶持资金管理办法，对新辟中远程国际航线、复航和加密中远程国际航线、航班实施补贴，对提高旅客中转率实施补贴。

(4) 推进航空货运发展，强化浦东机场国际航空货运枢纽地位。加快货运基础设施建设，加强机场货运集疏运通道组织管理。建设上海浦东空港保税物流园区，延伸地面服务。大力支持国际大型航空货运公司落户浦东机场、建设亚洲转运中心。优化口岸监管服务流程与信息系统，完善通关服务。鼓励货运航空公司和物流集成商发展航空货运，开辟货运航线。

“2013 版白皮书”总体延续了《上海航空枢纽战略规划》对航空发展的总体思路，除了进一步完善设施、拓展航线网络等任务外，面对上海航空枢纽建设中存在的问题以及新的发展形势，制定了以下政策。

(1) 建设两场快速联络线。虽然浦东、虹桥两场已经建成了相对完善的陆侧综合交通体系，但两场间的快速轨道交通联系，对长三角的服务能力依然存在瓶颈，与国际其他航空枢纽存在显著差距。与浦东机场连通的 2 号线为传统城市轨道模式，浦东机场至虹桥枢纽需要 2 h。浦东机场与龙阳路的磁悬浮受运力和技术制约，集疏运能力有限，发展前景不明朗。对长三角的辐射服务能力更是有待加强。“2013 版白皮书”指出浦东机场作为门户枢纽机场，不仅面向服务上海，同时也要服务长三角地区，提出要加快建设机场快线，形成直达两场的市域快速轨道交通联系。

(2) 发展更多形式的机场多式联运体系。推动空空、空铁、空陆的一体化融合发展，推进跨交通方式的购票、运营标准相互衔接，构建以上海为节点，多选择、便衔接的长三角互联互通、立体交通网。

(3) 依托自贸区平台，创新业态，提升国际中转枢纽功能。国际中转是上海枢纽的潜在功能之一，目前上海的航空客货运依然是以服务上海、长三角及国内其他地区的到发需求为主，真正的国际中转比例较少。2013 年 72 h 过境免签政策的实施，有利于方便过境旅客，进一步助推上海城市经济发展以及浦东机场的枢纽建设。同时，依托自贸区提出“增加浦东机场国际货运中转航班”相关政策，航空快递巨头 DHL 已经成为首家获准在浦东机场开展航空快件国际中转集拼业务的企业，这也是国内机场首次在这一领域开展的创新。所谓“航空快件国际中转集拼”，就是将境外货物经过国际航班运抵浦东机场，在机场飞行器区域内拆箱分拣，然后根据不同的目的地重新装箱，再次运送出境。而在自贸区政策落地前，国际快件转运业务操作模式为“机坪直转”，即只能在机坪采取整箱直转方式出运，不能拆箱；新的中转集拼业务可以帮助航空物流企业整合集装箱的装载能力，降低货物成本，正是考量国际航运中心的重要指标之一。相较于上海海运国际中转集拼业务的发展，由于大量集拼货物需要在洋山港和外高桥两个港区转运，大大降低了政策效率，浦东航空枢纽的航空中转集拼业务的发展更有优势。

国外枢纽机场轨道交通集疏运情况

机场	距离市中心/km	集疏运方式	至市中心时间/min
伦敦希斯罗机场	25	特快列车	15
伦敦盖特威克机场	44	特快列车	30
东京羽田机场	16	京急电铁	20
东京成田机场	70	成田特急	60
巴黎戴高乐机场	24	RER	30
香港国际机场	35	机场快线	24

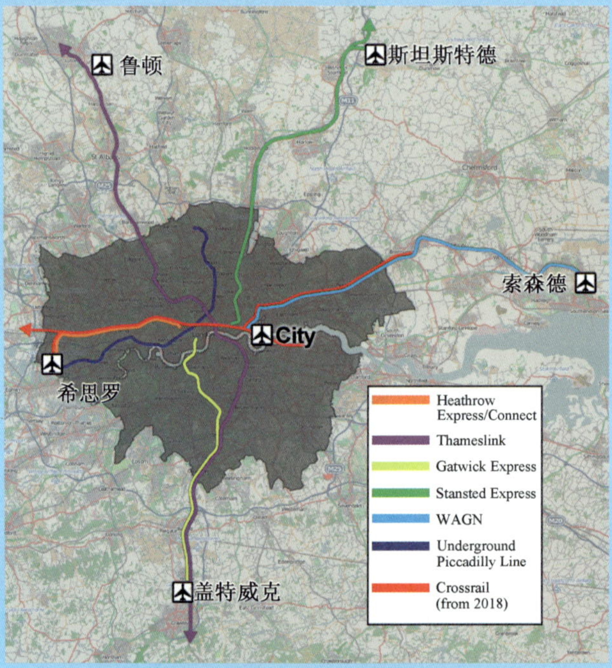

大伦敦通勤铁路与机场的关系

2. 建设国际航运枢纽港

随着浦东开发开放，外高桥港区建设，上海港逐步由黄浦江时代向海港时代转移。1996 年 1 月，国务院正式对外宣布建设上海国际航运中心。上海港务局确立了以“上海国际航运中心建设为中心，做好发展集装箱优势产业和老港区功能转换两篇文章”的发展思路，将加快建设东北亚国际集装箱枢纽港作为上海港口发展的主要目标。

“2002版白皮书”对港口发展的定位，主要还是集中在加快港口货运基础设施的建设，以及集疏运系统的完善。面对港口集疏运比例中公路占比过大的问题，提出要逐步改善集装箱车辆过江条件，加快“一环十射”高等级内河航道网络的建设，以及制定优惠政策扶持内河集装箱运输发展等政策导向：

(1) 加强港口建设，提升港口设施吞吐能力

1993—2001年，外高桥一至三期建成，新增集装箱设计年吞吐能力约200万TEU，2000年上海港集装箱完成561.3万TEU，晋升至世界第6位。鉴于集装箱码头能力与需求存在很大缺口，上海港务局在“十五”期间开工建设外高桥四期、五期工程和配套内支线码头工程，到“十五”期末，上港集团在外高桥港区形成大型集装箱泊位12个、多用途泊位4个和支线泊位4个，实现了外高桥港区集装箱业务规模化运营。

与此同时，上海国际航运中心深水港建设取得了重大突破。在中央的直接领导下和江苏、浙江两省的支持下，经过400多位中外专家4年多时间的充分论证和前期工程准备，2002年6月，由上海市深水港建设指挥部和同盛集团组织实施的洋山深水港区一期工程开工建设，2005年12月竣工试运行，建成大型集装箱泊位5个，新增年吞吐能力220万TEU。工程开创了在远离陆域建设现代化深水大港的先例。2006年12月，建成洋山深水港区二期工程，形成大型集装箱泊位4个，新增年吞吐能力210万TEU。2007年12月和2008年12月又先后建成洋山深水港区三期第一阶段工程和第二阶段工程，先后形成大型集装箱泊位4个和3个，合计新增年吞吐能力500万TEU。至2008年年底，洋山深水港区已形成集装箱码头长5 600 m、大型泊位16个，设计年吞吐能力930万TEU。目前，已形成宝山罗泾、外高桥、洋山深水港区三大港区。集装箱设计年吞吐能力2 002万TEU(2013年交通运输部核定上海港集装箱吞吐能力2 880万TEU，见表4-7)。

表4-7　上海港集装箱核定吞吐能力

港区		核定通过能力/(万TEU·年$^{-1}$)
长江口内港区	外高桥港区一至五期	1 195
	外高桥六期	210
	SCT	245
	其他	30
	小计	1 680
洋山港区	洋山一、二期	650
	洋山三期	550
	小计	1 200
合计		2 880

（2）完善港口集疏运体系

通过公路网络建设、内河航道建设以及长江战略的实施，进一步优化港口集疏运体系，具体内容在货运交通政策中有描述，不再展开。

港口设施和集疏运体系的建设大大促进了港口货物和集装箱吞吐量的增长，上海港货物吞吐量连续突破 3 亿、4 亿、5 亿、6 亿、7 亿吨大关。集装箱吞吐量自 2010 年以来稳居世界第一，2015 年上海港集装箱吞吐量达到 3 654 万 TEU（图 4-12）。

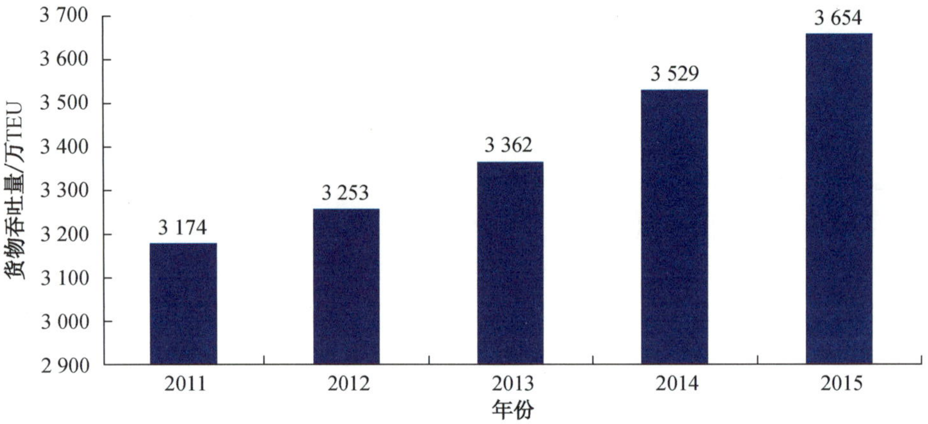

图 4-12　集装箱吞吐量增长情况

随着国际航运中心建设的不断推进，上海港已跃居世界第一大港，年集装箱吞吐量超过 3 000 万 TEU。虽然水水中转有了长足的发展，但通过公路疏港压力仍然巨大，尤其是港口附近的城市道路形势十分严峻。面对新的发展形势和要求，“2013 版白皮书”制定以下政策：

（1）进一步挖掘既有设施潜力，按照规划推进既有港口设施的发展建设。持续推进外高桥、洋山港口设施的建设，持续提升水水中转比例。

（2）强调要建设综合交通集疏运体系，特别是要进一步提升内河和铁路对集装箱的集疏运功能。首先继续推进内河航运设施建设，基本建成“连接苏浙、对接海港”的内河高等级航道网框架，推进内河船舶标准化，培育内河集装箱运输市场，加快外高桥、洋山港长江集装箱支线泊位建设。其次，积极培育海铁联运，目前铁路与港口缺乏紧密衔接，海铁联运通道尚未形成，造成海铁联运发展滞后，要结合沪通铁路建设，启动外高桥集装箱货运场站建设，同时研究铁路集装箱货运场站建设，研究制定鼓励海铁联运发展的相关政策。

（3）促进航运中心的转型发展，更加关注基础航运服务转型升级与高端航运服务加速发展。2009 年，国务院发布《关于推进上海加快发展现代服务业和先进制造业建设国际金融中心和国际航运中心的意见》（国发〔2009〕19 号），更加强调了高端航运服务业的发展。多年来，上海大力发展各类航运服务机构、拓展航运服务产业链、完善航运服务功能、丰富航运金融产品、发展航运信息服务功能，已形成了基本健全的航运服务体系，其发展速度甚至超过了航运货运量和港口吞吐量的发展速度，衍生航运服务水平已在全国处于领先地位（表 4-8）。

表 4-8　上海航运服务业发展情况

分类	指　标	2014 年	2015 年
融资服务	金融机构对上海航运产业的授信总额/亿元	2 216.34	2 448.65
	其中：贷款余额/亿元	1 055.93	1 166.87
	租赁余额/亿元	192.35	287.84
	获得境内保税地区设立项目公司开展融资租赁业务的公司数量	3	4
	其中：上述公司在上海自贸区内设立的单船融资租赁项目公司数量	21	25
	上述公司在上海自贸区内的船舶租赁金额/亿元	32.25	58.27
保险服务	在沪经营航运保险直保业务财产保险公司数量	49	54
	其中：保险分公司数量	40	42
	航运保险运营（营运）中心数量	7	10
	经营船舶险业务的公司数量	33	39
	经营货运险业务的公司数量	45	53
	船舶险、货运险总保费/亿元	40.2	38.33
	其中：船舶险保费/亿元	24.01	24.49
	货运险保费/亿元	16.19	13.84
	船舶险、货运险保费占全国比例	26.69%	26.76%
	其中：船舶险保费占全国比例	43.56%	44.45%
	货运险保费占全国比例	16.96%	15.7%
海事仲裁	中国海事仲裁委员会上海分会全年受理案件数量/件	99	101
	上海国际航运仲裁院梳理航运案件数量/件	260	320

注：数据来源《上海国际航运中心建设蓝皮书（2016）》。

3. 区域协同联动发展政策

受上海用地资源的制约，未来关于港口和机场的发展，必然要在更大的区域范围内寻找空间，加强长三角港口、机场群分工合作，在更大的范围内统筹资源，形成合力。

4.2.3 强化陆域综合运输网络建设

2000 年上海对外旅客发送量为 5 200 万人次，铁路和公路是对外客运的主要方式，随着长三角经济一体化的发展，区域交通联系需求持续增强。但受建设管理体制影响，高速公路先于高速铁路迎来黄金发展期。“2002 版白皮书”的主要政策是针对公路网络，提出了“15—30—60”的公路网络建设计划及长途客运网络布局优化思路。随着高速公路网络的基本建成,"2013 版白皮书"的主要政策导向是公路系统的功能优化和网络完善。铁路方面,受体制影响,铁路长期以来被定位为是城市对外交通联系(城市之间的点对点联系)的方式,在总规编制过程中,铁路部门做铁路枢纽总图规划,城市规划部门做城市总体规划和城市综合交通规划,导致铁路规划与城市交通规划相互脱离,铁路与城市发展的协调性、铁路与其他交通系统之间的衔接存在问题。"2002 版白皮书"关于铁路的政策主要是加强铁路枢纽与城市交通网络的衔接。随着铁路建设管理机制的改革,"2013 版白皮书"着力强化铁路网络的完善及对城市交通的服务功能。

1. 完善高等级公路网络,注重与江浙两省路网衔接,促进公路长途客运转型发展

1) 完善高等级公路网络

公路网络的建设兼顾市域城镇体系发展以及对外交通联系功能。"2002 版白皮书"编制时,上海与江浙两省高等级快速联系通道严重不足,仅有沪宁、沪杭两条高速公路(沪宁高速公路于 1996 年通车,是长三角地区城际联系的第一条高速公路,沪杭高速公路于 1998 年通车)。为适应城际联系快速增长的态势,公路建设加大了与周边省市的网络对接,与江浙两省的对接通道达增加至 9 条,包括 G2 安亭、G15 沪浙、G15 朱桥、G40 沪苏、G50 沪苏、G60 枫泾、S26 沪常、S32 沪浙和 S36 枫泾。

"2013 版白皮书"对公路网络的政策定位是完善网络、优化功能,通过对高速公路网络的局部完善,分担高速公路运行压力。

2) 优化长途客运站布局,引导公路长途客运转型发展

公路长途客运是对外交通的重要联系方式。2000 年公路长途发送量 1 282 万人,占专业运输的 23%,但长途客运场站大多集中在中心区,对城市交通有一定影响。此外,长途客运站与城市交通缺乏一体衔接。"2002 版白皮书"的政策导向主要是长途客运设施的分散布局以及其与城市交通体系的衔接(表 4-9)。

表 4-9　　两轮白皮书关于公路发展政策导向的对比

项目	"2002 版白皮书"	"2013 版白皮书"
公路设施	• "15—30—60"高速公路网建设 • 提升郊区公路等级 • 加强与江浙路网衔接	• 建成 1 000 km 高速公路网(新建约 200 km) • 推进干线公路建设 • 加快与毗邻地区县乡道路建设,完善与江浙两省路网衔接
公路客运	• 优化客运站布局 • 加强与市内交通衔接	• 整合归并客运站 • 毗邻地区公交化改造 • 与铁路错位发展

随着高速铁路的快速发展以及私人小客车的普及,公路长途客运需求受到了较大的分流。受 2010 年世博会效益拉动,2010 年公路长途客运发送量达 3 634 万人次/年,此后长途客运量增速趋于稳定,2015 年为 3 766 万人次/年(图 4-13)。长途客运需求主

要集中在没有铁路联系的周边省市地区。“2013 版白皮书”的政策导向除了进一步规范长途客运场站布局外，开始关注长途客运的转型发展，以及如何调整定位和发展方向，避免与铁路恶性竞争（表 4-9）。

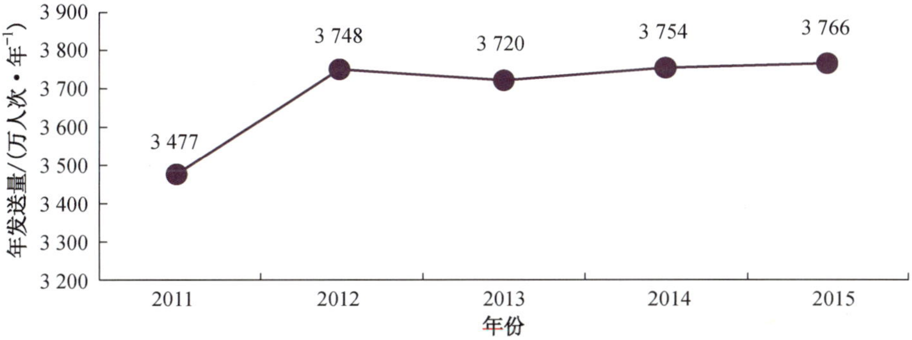

图 4-13　公路运输对外旅客年发送量

2. *加强铁路枢纽与城市交通的衔接，积极拓展上海铁路对外通道辐射扇面*

2002—2012 年是上海铁路发展最为迅速的 10 年，上海铁路对外形成“2 个方向、5 条线路”的通道格局。“三主三辅”的铁路客运枢纽布局形成。根据“2002 版白皮书”“加强铁路与市内交通衔接，规划建设综合换乘枢纽”的政策导向，上海站、上海南站和上海虹桥站都已有轨道交通衔接，且均进行了综合交通体系的配套设置（表 4-10）。

表 4-10　　铁路车站配套轨道交通线路情况

铁路车站	衔接地铁线路	铁路车站	衔接轨道交通线路
上海站	轨道交通 1,3,4 号线	上海虹桥站	轨道交通 2,10 号线
上海南站	轨道交通 1,3 号线		

但上海铁路系统依然存在以下突出问题：

（1）对外通道辐射面依然不足（图 4-14），既有通道铁路线路功能重复，高速铁路线路承担中长距离运输和短距离运输的双重功能（图 4-15），加重线路运输压力。

（2）铁路与城市轨道交通缺乏融合。虽然“2002 版白皮书”创新性地提出将国铁纳入城市轨道交通系统以服务城市客运发展，但事实上除了金山铁路支线开通运营外，市域范围内对既有铁路线路资源的利用还很不够。

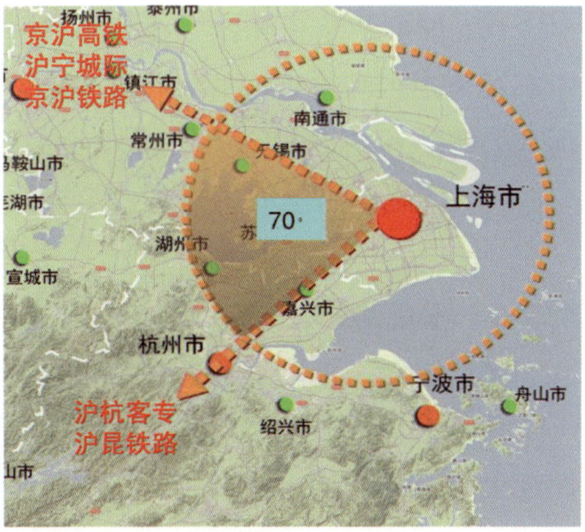

图 4-14　上海铁路对外通道辐射扇面尚未打开

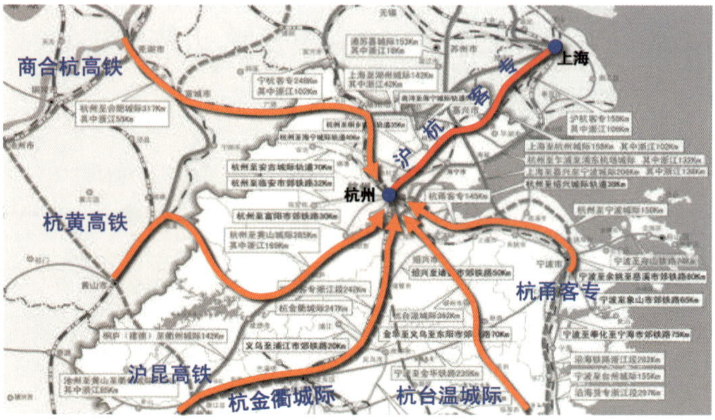

图 4-15　沪杭客专兼顾沪昆高铁和沪杭城际功能

(3) 铁路货运业务逐年下滑。2006 年建成芦潮港集装箱中心站，但由于港站分离，铁路多式联运发展始终滞后，铁路货运持续下滑，铁路货运面临转型发展的需要。

“2013 版白皮书”对铁路发展的政策导向是构筑多层次体系，促进铁路与城市融合发展，鼓励铁路与其他方式的多式联运：

(1) 铁路与公路均衡发展。“2013 版白皮书”提出铁路客运量占对外客运量的比例达到 50%。规划新增铁路通道，扩大上海铁路对外辐射扇面，解决现状尚未有铁路服务的沪通、沪湖、沪甬等方向主要依赖公路运输的问题，发挥铁路大运量、高速度、集约化的优势。

(2) 铁路要形成多层次体系。规划建设服务与长三角城际之间联系的铁路网。充分利用既有及规划铁路，形成市郊铁路网，增强铁路对城市交通的服务功能。

(3) 要优化铁路客货运枢纽布局。客运方面，目前铁路客运主枢纽均集中在浦西，浦东地区远离国家铁路运输大通道，缺乏铁路服务。加强浦东地区和郊区新城与长三角的联系。货运方面，结合城市用地发展和产业调整，逐步优化场站布局。

(4) 促进铁路与其他方式的多式联运发展。推进沪通铁路进入外高桥港区、芦潮港中心站与洋山深水港区的一体化运作。规划建设综合性货运枢纽，促进铁路与内河水运和公路货运的多式联运发展。

(5) 加强铁路沿线用地的综合开发，加强铁路对周边区域发展的带动作用。

4.2.4　重视都市圈和毗邻地区交通联系

随着上海经济社会的持续快速发展，上海都市圈形成 2 个圈层的城镇体系结构：第一层次是上海市域范围(距离市中心半径 25～50 km)；第二层次是上海市域范围以外，距离上海市中心 50～150 km 范围内的城市与城镇，但这一层次的城镇体系差异较大，有诸如杭州、苏州、宁波等区域中心城市，这些城市本身也会形成自己的都市圈(与上海都市圈会出现全部或部分重合)，也有昆山、绍兴、嘉兴、南通、湖州等中等规模的城市，还有太仓、常熟、平湖、启东、海门、吴江、南浔等县级市或相对独立市辖区，另外还有盛泽、乍浦、浏河、花桥等经济发达的城镇。

传统的对外交通将城市作为一个节点看待，着重处理核心城市节点间的交通联系。对类似上海都市圈第二圈层，特别是与上海毗邻的小型城镇关注不多，这些城镇在行政上不属于上海，自身产业、商业等相对健全，因此本身是独立的城市或城镇，对上海中心城没有过多的生活性依赖，更多以商务往来为主。随着长三角区域一体化的发展，这些城镇与上海的交往密切程度不断增加，对此类交通需求的规划管理也成为“2013 版白皮书”的关注对象。从发展情况看，除了私人小客车出行外，形成了毗邻地区公路客运公交化和轨道交通延伸两种发展思路：

1）毗邻地区公路客运公交化

2008 年国务院决定组建交通运输部，将原有建设部指导的城市客运职能划入新组建的交通运输部，改变了班车客运与城市客运的二元管理体制，也为改变城乡之间、部门之间分割道路运输市场的局面创造了条件。

为了解决毗邻城市与上海之间的日益增长的出行问题，突破传统省际客运之间的不便，上海与浙江、江苏两省的交通部门共同协商提出了介于长途客运和普通公交线之间的毗邻客运班线。毗邻公交班线采用“模拟线路公司”“公车公营”模式运行，实现统一营运、统一服务标准、统一车型标准、统一车辆标识、统一执行票价。目前，上海与毗邻城市之间的毗邻公交班线已经开通了 4 条，即嘉定北地铁站—太仓（朝阳汽车站）、美兰湖地铁站—浏河（汽车站）、枫泾（汽车站）—嘉善（客运中心）、崇明陈家镇公交枢纽站—启东客运新站等 4 条毗邻公交班线。其中嘉定—太仓线日均客流 3 000 人次，枫泾—嘉善线日均客流 850 人次，美兰湖—浏河线日均客流仅 240 人次。

2010 年，为了方便太仓居民换乘地铁 11 号线进入上海市区，上海嘉定与江苏太仓率先开通了毗邻公交太嘉线，太嘉线采用一站直达的快线模式，从太仓潮阳汽车站至地铁嘉定北站，票价 6 元，其中公交卡 7 折。太嘉线的运营间隔、运营时段均与地铁 11 号线实现完全对接。

2012 年 1 月，连接宝山区美兰湖地铁站与太仓浏河的毗邻公交化班线开通，该线票价 11 元，同样公交卡 7 折优惠，中途不设站，一站直达。该线全程时间 30 min，加上换乘时间和等候时间，换乘 11 号线到达上海市中心时间约 80 min。

同月，上海金山区枫泾镇至嘉善的跨省毗邻公交化班线“枫嘉线”开通，该线路共配备 6 辆车，每天开行 35 班次，发车间隔 10～25 min 不等，与太仓至上海的毗邻公交班线不同，枫嘉线中途设置了多个车站，票价按照乘行里程计算，全程票价 6 元。运营时间为嘉善首末班时间为 6:00—17:35，枫泾首末班时间为 6:45—18:30。该线全程运行时间约 35 min（其中嘉善城区至枫泾汽车站约 25 min）。

2013 年 1 月 1 日，“崇启城际巴士”开通，开创了苏中、苏北地区至上海公交的先例。崇启城际巴士由南通汽运集团和上海交运巴士公司共同组建。崇启城际巴士起讫站点分别为崇明陈家镇公交枢纽站和启东客运新站。目前，崇明陈家镇枢纽站始发时间从7:10到18:10、启东西站始发时间从6:40到17:40，均为每隔1小时1班。

在目前已成功试运行的基础上，未来一段时间内，上海市还将规划出多条省际公交线路，这将极大地推动长三角毗邻地区客运线路的资源整合，也大大提高线路规范营运的质量，为两地居民来往提供更多的方便。

毗邻地区公路客运公交化发展，为公路客运与铁路客运错位发展创造了空间。

2）轨道交通延伸对接

由于高速铁路主要服务中长距离国家干线联系，难以兼顾都市圈内毗邻地区的短距离城际交通联系，导致毗邻地区与上海特别是郊区新城之间的铁路（轨道）班次偏少，服务水准不高。目前，上海仅与昆山、嘉善两个毗邻城市之间有高速铁路和普通铁路相连，与其他毗邻城市之间仍然无铁路相连（图4-16和表4-11）。

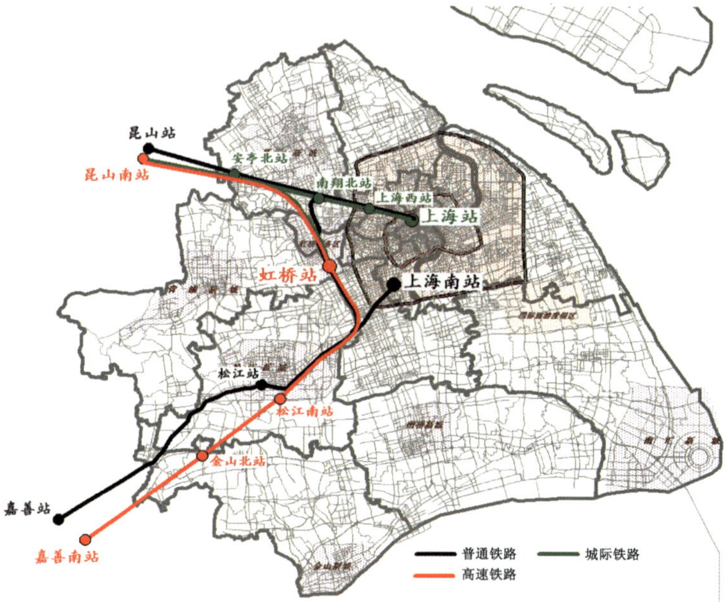

图4-16　上海与毗邻城市之间铁路通道分布

表4-11　嘉善南、昆山南与上海主要车站之间列车班次情况

发站	到站	日均班次
嘉善南	金山北	2趟车
	松江南	无
	虹桥站	24趟车
昆山南	安亭北	3趟车
	虹桥站	54趟车

2013 年 10 月 16 日，连接上海嘉定区安亭汽车城和江苏昆山花桥镇的轨道交通 11 号线开通，在花桥地区设置了 3 座车站，成为国内第一条跨省的城市轨道交通（图 4-17）。11 号线是普通城市轨道交通，运营速度市区一般为 33～35 km/h，郊区一般为 45～50 km/h，从花桥至上海市中心通过 11 号线的出行时耗超过 1 h，而且由于采用普通地铁车辆，高峰时段需要长时间站立，列车进入上海市区后还要面临高峰拥挤，舒适性较差。在票价、舒适度、通勤时间方面并不比社区班车更具优势（表 4-12）。从运营数据看，11 号线花桥段利用率仅 5%；乘客乘距是上海全网的 3 倍，高峰时段比例高于全市，服务长距离通勤出行，见表 4-13。

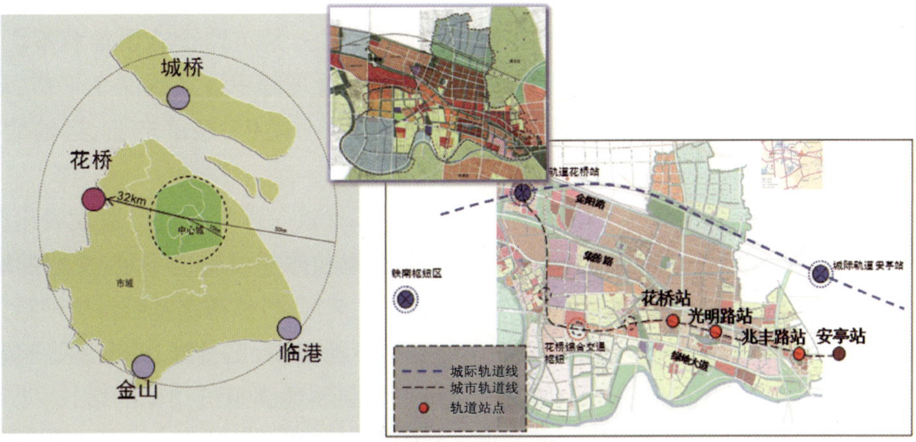

图 4-17　上海轨道交通 11 号线江苏花桥段区位

表 4-12　　花桥—人民广场不同交通方式出行成本比较

交通方式	可达性	发车间隔/min	至人民广场距离/km	运行时间/min	票价/元
轨道 11 号线	较好	高峰 8 平峰 12	46	75	7
社区班车	较好	高峰 10 平峰 30	43	60	7（巴士换轨道 2 号线）

表 4-13　　轨道交通 11 号线花桥段出行特征（2014 年）

特征指标		11 号线花桥段	上海轨交全网现状
客运效率特征	站点上客量/（万乘次・日$^{-1}$）	0.45（3 站平均）	2.4
	客运强度/（万乘次・千米$^{-1}$）	0.22	1.6
	利用率/（人千米・客位千米$^{-1}$）	5%	20%
乘客出行特征	乘客乘距/km	40	14
	高峰小时上客量比例	20%	15%

轨道 11 号线花桥段的建设成本约 30 亿元，年运营成本约 7 000 万元，开通后也确实拉动了花桥的用地开发，但就其交通出行服务水平而言，这种以城市轨道交通制式延长的发展模式显然是不适宜的。

总体而言，都市圈发展是城镇化发展的客观规律，传统的城市交通模式或对外交通模式都难以适应其发展要求，都市圈交通应该有一套功能相对独立的交通体系来支撑发展。

4.3 个体机动交通

4.3.1 政策概要

个体机动交通管理政策是白皮书最重要的政策之一，是道路设施供给政策之外，围绕车辆拥有和使用管理，通行组织管理以及静态停车管理等手段实现路车平衡、动静匹配的重要抓手。个体机动交通管理政策的制定涉及社会民生、经济产业、运输效率、环境保护等多个要素，社会影响广泛。

上海作为国内人口最多的城市，交通拥堵和停车问题一直与城市交通发展相伴。在改革开放前期，上海机动车拥有水平有限，但道路设施和停车设施也不足，交通拥堵相关问题就已经存在。从 20 世纪 90 年代浦东大开放开发至今，虽然道路基础设施网络供给显著增加，但随着小客车快速进入家庭，机动车保有量不断提高，出行难、停车难等问题依然长期存在。事实上，世界上没有一个城市一直可以无限制地满足机动车的增长，尤其是在机动化的发展过程中，道路供应与交通需求之间的平衡往往难以依靠自觉行为得到保持。

从两轮白皮书的政策导向看，坚持需求管理、效率挖潜、关注民生的基本思路是一脉相承的，具体体现为以下几个特征：

(1) 以小客车发展调控为核心对象。就道路交通的使用主体来看，在“2002 版白皮书”编制时，全市注册机动车保有量仅 100 万辆，其中摩托车占 52%，小客车不足 30%，其余车辆为大客、货车交通行业运输车辆。而到 2012 年，全市注册机动车保有量已经超过 262 万辆，小客车占比已经上升到 67%，摩托车下降到 17%，交通行业运输车辆占比不足 14%。“2002 版白皮书”已经充分预见到小客车进入家庭与社会经济和人民生活水平提高间的客观规律，一方面对小客车的发展预期进行了政策调控，另一方面也加强了对摩托车和交通行业运输车辆的管理。而“2013 版白皮书”面对小客车为主体的道路机动交通构成，自然将政策重点进一步放在小客车的发展调控上。但面对互联网电子商务和快速配送的爆发式增长，货运通行政策也成为“2013 版白皮书”的关注重点。

(2) 以集中城市化地区高峰时期的道路交通通畅为核心目标。机动车的迅速增长是引发道路交通承载力供不应求的主要原因。道路交通的运行状况与机动车拥有之间有一定的对应关系，但很大程度上还取决于机动车的使用情况。在道路供应相同的条件下，如果机动车出行强度较高且分布集中，即使较低的机动车拥有率，也会造成严重的交通拥堵；反之如果机动车的使用率较低、出行分布较为分散，就有可能容纳更多的机动车出行。中心城是人口、岗位和交通需求最为集中的区域，因此保障中心城道路交通的通畅始终是道路交通管理的重点。当然，随着城市区域的不断扩大，近郊区和郊区新城内部等集中城市化地区的道路交通拥堵问题也日益严峻，这也成为"2013版白皮书"的关注重点。

(3) 坚持精细化和效率优先的交通组织管理。两轮白皮书都非常重视交通组织管理对提升道路运行效率的作用，因为交通设施的供给是有限的，但通过加强交通系统管理，可以最大限度地挖掘道路交通设施供给潜力，消化不断增长的道路交通需求。此外，面向交通方式结构优化道路功能，为公交优先创造条件，也是缓解道路交通拥堵的重要抓手。

(4) 兼顾民生需求和需求调控，统筹看待停车问题。停车问题与城市化和机动化快速增长相伴相生。随着小客车快速进入家庭，居住地的车辆停放就成为刚性的民生需求，由于老旧小区的停车配建标准较低，难以满足日益增长的停车需求，两轮白皮书对于居住区的停车政策总体还是以适度满足为导向的。但两轮白皮书也充分意识到静态交通对于缓解交通拥堵的调控作用，对于非居住地的停车总体持"以静制动"的态度，严格控制路内停车，减少对动态交通的影响。在停车收费政策上，统筹考虑规范停车管理、提高停车设施利用率、促进停车产业化发展等相关因素。

4.3.2 车辆发展管理政策

1. "2002版白皮书"政策概况

"2002版白皮书"初步形成了对小客车、摩托车以及出租车、货运等行业运输车辆的发展管理政策框架。核心政策包括摩托车双限政策、非营业性客车额度拍卖政策、出租车(含租赁车)运营许可及额度总量控制政策、货车夜运政策等。政策调控的主要区域是道路交通矛盾突出的中心城，政策调控的手段主要是以通行权和运营准入为抓手的总量调控，具体政策介绍如下：

1) 限摩政策

在小客车普及前，摩托车是重要的个体机动化交通方式，但由于摩托车在交通安全、环境保护等方面存在诸多问题，上海从"十五"时期开始就对摩托车的拥有和使用实施限制发展的政策导向。

在车辆登记管理上，本市将摩托车分为两轮摩托车(排量50 cc① 以上)和轻便摩托车(排量50 cc及以下)。两轮摩托车主要以沪A和沪B牌照为主，具有全市域通行权。轻便摩托车以沪C、沪D、沪E牌照为主，主要在郊区使用。

为控制摩托车的发展，除特殊行业外，目前已不再发放沪A和沪B摩托车牌照，原有沪A和沪B牌照的两轮摩托车注销后不再更新，持有沪A、沪B摩托车牌照的单位和个人可以转换为小客车牌照。沪C、沪D、沪E也在2010年3月开始暂停上牌，摩托车的

① 1 cc=1 mL。

使用区域也在逐步压缩。各类摩托车拥有政策情况和分牌照现状见表 4-14 和表4-15。

表 4-14　　各类摩托车拥有政策情况

政策内容	市区牌照			郊区牌照	
	二轮摩托车		轻便摩托车	二轮摩托车	轻便摩托车
	单位	私人			
是否可以申请新牌照	×	×	×	×	√
是否可以“摩转汽”	√	√	×②	×	×
是否可以更新车辆	×①	√	√	√	√

注：① 特殊行业(如公安、电信、邮政)提出申请并经审批同意后可以更新；
② 牌照是通过拍卖获得的可以，其他不行。

表 4-15　　各类摩托车分牌照现状情况(2008 年 10 月)

摩托车类型	沪 A	沪 B	沪 C	沪 D	沪 E	合计
两轮摩托车(50 cc 以上)	43 151	582	22 055	2 408	362	68 558
轻便摩托车(50 cc 及以下)	5 351	0	358 012	233 349	322 550	919 262

从实际发展来看，两轮摩托车随着小客车的快速普及，总量已经快速萎缩，而轻型摩托车受电动自行车的快速发展，其保有量也在快速萎缩，截至 2014 年全市注册摩托车的保有量仅为 42.5 万辆，不足 2004 年高峰期的 1/3(图 4-18)。由于中心城对不同类型牌照摩托车均有道路行驶限制(图 4-19—图 4-21)，中心城摩托车使用量不高，全天约为 42 万标准车公里，仅占中心城道路使用总量的 1%。相比 2000 年，中心城使用量减少约一半，全市范围内摩托车(包括排量 50 cc 以下的轻便摩托车)引起的死亡人数减少 32%。中心城限制摩托车使用政策有力地保障了城市交通运转效率，对构建和谐的城市交通环境起到了积极作用。

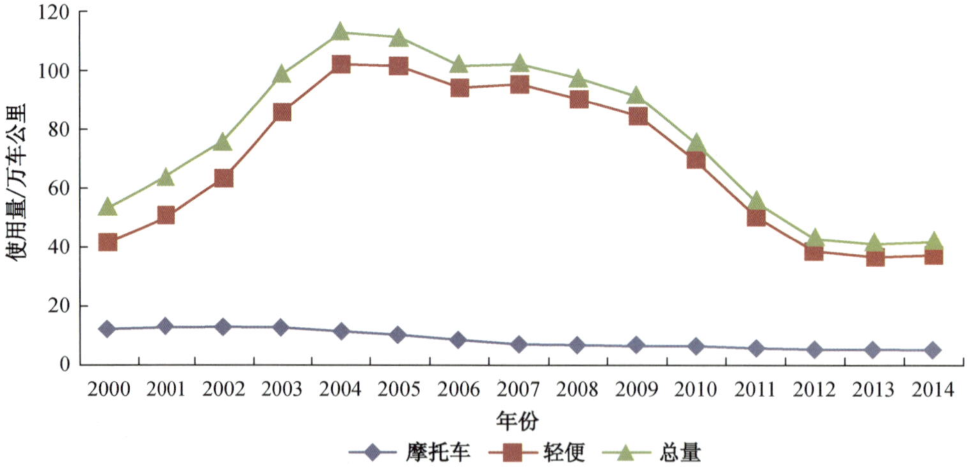

图 4-18　上海市注册摩托车拥有量变化趋势

图 4-19 沪 A、沪 B 禁行道路

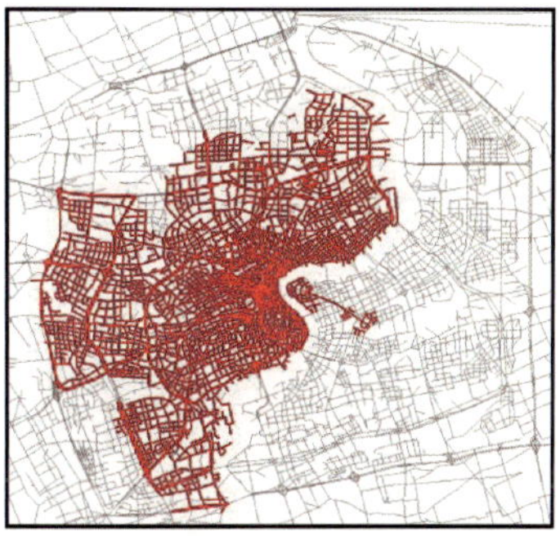

图 4-20 沪 C 两轮摩托禁行道路

图 4-21 沪 C、沪 D、沪 E 轻摩禁行道路

2）差别化的小客车发展政策

差别化的小客车发展政策形成了以中心城通行额度总量控制为核心的区域差别化发展机制，具有全域通行权的沪牌通过拍卖获取额度，在郊区范围行驶的沪 C 号牌直接获取，对于外省市号牌的小客车不得在高峰期使用本市高架系统。

（1）非营业性客车额度拍卖政策。

上海非营业性客车额度拍卖政策始于 1986 年，当时只适用于私车牌照，实行有底价、不公开拍卖。1997 年上海市人大常委会通过的《上海市道路交通管理条例》为本市非营业性客车额度拍卖政策提供了法律依据。该条例规定，本市对车辆号牌的发放实行总量调控。机动车号牌额度的发放量和发放办法由市计委会同市公安交通管理部门和其他有关部门提出，报市人民政府批准后实施。

1998 年年初，为刺激沪产汽车销售，上海推出针对沪产轿车的私车牌照，2 万元起拍，只能用于购买沪产轿车；而购买非沪产车，则须 10 万元起价参与竞拍。该政策实行 2 年后，2000 年上海取消了差别化的牌照拍卖政策，改为国产小客车上牌额度无底价、公开拍卖政策，每月举行 1 次。上海现行的车牌拍卖政策就是 2000 年开始的。2004 年 9 月，上海市将单位公车牌照也纳入私车牌照一起拍卖，上海单位公车牌照由过去的集团控购发放开始向公开的竞拍拍卖转换，将新增公车额度纳入拍卖管理。2008 年随着互联网技术的普及，实施网上投标信息公开拍卖。此后的拍卖机制延续至今，但拍卖发放额度呈现逐步增长态势，由“十五”期间的年均5万张发展到“十二五”期间的年均10万张。

(2) 有通行范围限制的郊区沪C号牌制度。

“2002版白皮书”明确了区域差别化的交通发展政策，对于外环线以外的郊区，鼓励小客车的拥有和使用，推动城市空间有序扩展。基于差别化政策，仅具有郊区通行权的郊区号牌无须通过额度拍卖的方式获取。近年来，随着郊区人口的快速导入，郊区号牌的增速非常迅猛，年均增幅已经接近市域沪牌的年度增长规模。

(3) 有通行范围限制的外省市号牌政策。

上海从2002年开始实施对外省市号牌车辆早晚高峰期快速路限行的政策，主要方式是交警在主要匝道口的现场执法管理。2011年开始在高峰时段对高架车辆进行牌照识别，提高了执法效率，起到了较好的作用。

3) 交通运输行业车辆总量控制政策

(1) 出租车总量控制政策。

出租车是本市客运交通的重要组成部分，也是道路交通资源的主要使用者。1995年上海人大常委会通过的《上海市出租汽车管理条例》明确本市的出租汽车应当与其他公共交通客运方式协调发展，出租汽车的数量、停车场(库)、营业站和调度网络等的发展规划和计划，由市交通局根据城市建设和社会、经济发展的实际情况编制，报市人民政府批准后实施。这一理念在白皮书中得到贯彻，白皮书总体坚持“合理控制出租车总量，加强运营车辆许可证管理，适度发展租赁车和郊区区域性出租车”的发展思路。“十一五”期间，出租车年均增长量控制在500辆左右，“十一五”期末，为保障世博交通，新增了1 500辆出租车。“十二五”期间，出租车的规模基本无增长。目前出租车的总量规模维持在5万辆左右。

租赁车业态也通过运营额度的发放控制，对租赁车的发展实施总量调控，相关企业通过申请、兼并等渠道增加额度资源。

(2) 货车夜运政策。

货运交通是城市交通的重要组成部分，为减少货运交通对白天客运交通的影响，长期以来对货车车辆的通行范围和时间进行了限制管理。

为保障中心城区交通，公安交警对货运车辆进行“发证限行”，由交警按企业货运车辆的5%配发通行证，并在严格按照各“条”(系统)、“块”(区县)的实际货运量确定通行证发放总量的基础上，对“与人民生活直接相关的物流运输、重大项目建设等特殊需求”(如快递、菜篮子)有一定的比例倾斜。目前，发放的可以日间进入中心城的货运额度约1万张。没有通行证的货车不得在每日7时至20时在限行区通行。此外，上海还曾经发放过沪BH专用号段的货运号牌，总额度共3 000张，此后未再增加。

2. “2013版白皮书”政策概况

“2013版白皮书”总体延续了2002版的政策导向，但伴随着社会经济的快速发展以及车辆发展形势的不同，其在坚持总量调控的基础上，出现一些新变化。

1）非营业性客车额度拍卖制度的政策进一步规范

2014年6月，市政府印发了《上海市非营业性客车额度拍卖管理规定》，一是明确了交通委对小客车额度的管理职能；二是在竞买人资格中增加需取得有效机动车驾驶证，提高了拍卖门槛；三是规定个人客车额度竞买人通过拍卖获取客车额度3年内，不得再次登记参加拍卖，进一步压缩了投机行为。2014年11月，《上海市在用非营业性客车额度管理试行办法》正式施行，具体落实了《上海市非营业性客车额度拍卖管理规定》中第14条关于逐步推进新增客车额度和在用车额度纳入统一管理的要求，将二手车额度纳入拍卖平台统一管理，实现政府对存量和增量小客车额度的统一管理。2014年度政策的实施，有效压缩了额度拍卖存在的投机空间，也控制了拍卖价格的快速增长。

2）外省市号牌小客车通行管理进一步加强

2015年4月15日起，本市高架道路外省市号牌小客车限行时间由早晚高峰各2个小时（7：30—9：30，16：30—18：30）延长到早晚高峰各3个小时（7：00—10：00，16：00—19：00）。根据道路交通的拥堵情况，外省市号牌限行的时间和空间还将动态调整。2016年4月15日，晚高峰限行时间调整为15：00—20：00，延长2小时。

3）为新能源车和小型快速车辆的规范发展提供通行条件

为加大新能源车的推广力度，根据《上海市新能源汽车推广应用实施方案（2013—2015）》，推广应用期内本市消费者在本市购买符合国家政策要求的新能源乘用车，免费发放新能源车专用牌照额度。新能源车的推广不仅仅在于促进能源结构的优化，还在于与之相配套的大数据采集和监测制度，为后续车联网、无人驾驶等新技术的发展提供载体，这都将为传统交通管理的转型升级带来契机。

为应对快递需求激增带来的小型配送车辆的需求的快速增长，支持城市物流配送的发展，对快递车型新增了一批通行额度。

4）以汽车共享为代表的汽车拥有和使用模式出现突破

“2013版白皮书”指出要引导汽车租赁、汽车共享等集约化交通模式的有序发展。特别是2013年以来，随着互联网技术和智能手机的快速发展，各种基于互联网的用车模式层出不穷。目前上海在汽车共享业务方面结合新能源汽车的推广已经有了一定的实践。未来电动汽车分时租赁服务有望覆盖上海市区多个重大交通枢纽、CBD商圈和人口密集的住宅小区。目前汽车分时租赁主要依据《上海市出租汽车管理条例》中关于租赁车的相关管理制度开展管理，相较拼车、约租车等业态在政策上基本无障碍。

3. 车辆发展政策的效果

既有以总量控制为核心的车辆发展政策取得了积极效果。

（1）中心城限制摩托车使用政策有力地保障了城市交通运转效率，对构建和谐的城市交通环境起到了积极作用。

（2）非营业性客车额度拍卖制度较好地控制了沪牌车辆的增长速度。自“2002版白皮书”颁布以来，小客车私车额度拍卖规模在5万～10万张/年，公车额度拍卖规模是1 000张/年，10年累计小客车额度新增在50万～100万辆，约削减了150万辆潜在增幅。

(3) 对出租车、租赁车、货车等营运车辆的总量控制也较好地减少了对社会交通运行的影响。

综合考虑外省市号牌等影响因素,2015 年上海小客车保有量约 400 万辆,千人保有率水平约 165 辆/千人,远低于北京、广州、深圳等同类城市的机动化发展水平。

但从长远看,以通行权额度和运营许可为抓手的车辆发展管控难度日益增大。

(1) 非营业性客车额度拍卖制度存在较大的政策缺口。目前,除去市域通行权的小客车通行额度需要通过拍卖获取外,郊区号牌、外省市号牌以及新能源号牌的增速都非常迅猛。郊区号牌从 2002 年的不到 1.5 万辆,增长到 2012 年的 48 万多辆,年均增长率超过 40%,是市区号牌增速的 6 倍以上。尤其在 2009—2012 年 3 年间,增长速度更快,增量接近每年 10 万辆,与市区号牌的发放量基本持平。外省市号牌增速也非常迅猛,根据对居住小区夜间停车调查,道路系统本地车流量和外地车流量跟踪调查,以及外地车辆保险购置等渠道的数据分析,2014 年常驻上海的外省市号牌小客车总量已达 114 万辆,近年来年均增速在 15 万～20 万辆。长期在沪外省市号牌小客车与本地号牌小客车使用强度、平均在沪天数、每周平均使用天数均差异不大,其实质是对拍牌政策的分流。新能源车在免费通行额度政策的支撑下,也呈现快速的增长态势,2015 年私人新能源车的增量约 2 万辆。新能源车对减排的效果明显,但产生的车辆停放、道路拥堵等问题无法回避。由此看来,有近 30 万辆的小客车增幅可以通过其他渠道进入道路系统,而通过拍卖手段控制的小客车增长规模仅 10 万张。三类车号牌使用情况见表 4-16。

表 4-16　　三类车号牌使用情况

号牌类型	2016 年		2014 年	
	出车率	出行强度	出车率	出行强度
市区号牌	0.83	32.4	0.8	29.8
外省市号牌	0.83	31.9	0.78	26
郊区号牌	0.83	31.8	0.82	28.4

(2) 拍卖政策本身的政策效率也在持续减弱。由于车牌额度供给规模基本没有增量,拍卖人数已快速增长到 15 万～16 万人/月,2015 年的中标率已经快速下降至不足 5%。“2013 版白皮书”根据拍卖政策存在的问题制定了优化拍牌流程、调整竞买人申请条件,储备有期限额度等配套,目前除有期限额度政策尚未实施外,其他政策均已经落实,但总体来看,“随着车辆总量累加,交通需求持续增长以及道路通行权的稀缺性导致车牌商品属性让位于投资属性”①,如何让额度拍卖政策真正回归通行管理值得思考。

(3) 以运营许可为核心的运营车辆总量控制已面临较大挑战。随着国家简政放权和“互联网+”战略的快速发展,约租车、拼车、共享等新型交通模式层出不穷,这些新型交通模

① 陈小鸿.小汽车拥有与使用管理政策与效果.中国城市交通发展论坛第 7 次研讨会交流材料.

式往往绕开传统的运营许可管制，使得以运营许可为抓手的总量控制政策无法有效实施。

(4) 分时租赁、汽车共享业务的发展对降低机动化出行总量、缓解拥堵或降低车辆保有量的效果仍待观察。一方面汽车共享有利于减少私人拥有车辆，有效降低私人汽车的使用频率，对缓解交通拥堵起到了一定的帮助作用。但另一方面汽车共享也有可能会使没有能力购买车辆的人群或原来使用公共交通、自行车、步行的人群转向汽车共享，提高出行的机动化水平，这种影响势必增加了机动车的交通出行需求。这种相互作用的结果较难判断。

国际城市小汽车发展管理政策

小客车发展管理政策主要包括拥有和使用管理两个方面，拥有调控政策可分为行政管制的增长总量控制和基于高额拥有成本的市场调节机制两类；使用调控可分为行政性的车辆号牌限行措施和基于价格机制的收费调控。

以新加坡为代表的机动车总量行政管制政策。在通行额度政策上，新加坡通过车辆配额制度(VQS)来限制每年可以销售和注册的汽车数量，有购车意向的居民必须通过竞拍获取认购权，认购权在10年内有效，且不可转让。

普遍采用的基于高额拥有成本的市场调节政策。除总量调控外，世界其他国家的机动车拥有控制主要通过在车辆购置、使用等消费环节的税费政策来进行调节。包括日本、欧洲、中国香港等国家和城市均实施较高的汽车消费税率，购置环节要征收消费税、关税、注册税，使用环节要征收排放税、燃油税以及较高的停车费，以此来抑制车辆的过度发展和使用。

此外，还有一些城市采取了个性化手段：

以日本为代表的自备车位政策。日本在小汽车发展起步阶段(千人保有量50辆)，就同步制定了拥有车自备车位政策，目的是规定所有拥车者在路外适当场所落实自备停车位，使自用车辆与公司用车不占用道路长时间停放，以此提高路外停车场的需求，促进民间投资兴建路外停车场。该政策实施近40年，“购车需自备车位”的概念已深入民心。

以欧洲城市为代表的拥堵收费政策。伦敦、罗马、斯德哥尔摩实行基于价格机制的拥堵费、排污费等使用调控措施，对城市特定区域进行交通需求管理和环境改善治理。

以德国为代表汽车共享模式。1948年，欧洲瑞士开始运作汽车共享，随后几十年，这种新型的汽车共享租赁方式正在欧美地区快速兴起。目前，汽车共享租赁在德国发展规模最大，几乎所有较大城市均有汽车共享组织，占欧洲汽车共享租赁市场的三分之一的份额。从汽车共享的使用人群看，50%加入汽车共享之前的用户拥有一辆私家车，37%的人加入汽车共享之后不再留用私家车，13%的人使用汽车共享服务而且留用私家车。

4.3.3 车辆通行管理政策

1. 车辆通行管理的相关政策

车辆通行管理政策的目标主要是减缓驶入中心城拥堵区域的车流规模，提高通行效率。主要政策包括通行权的管理和交通流组织管理，主要手段包括限行、经济手段为主的市场调节模式。总体来看，两轮白皮书的通行管理政策主要以行政性管理手段为主，市场机制的应用仍不充分，环保限行手段随着近年来空气污染治理需要在逐步加强。

1）通行权管理

通行权管理主要包括对小客车、摩托车、货车等车种的通行管理（表 4-17），已在上节进行了阐述，不详细展开。

表 4-17　　相关车种的通行管理政策汇总

车种	通行管理	
小客车	市区号牌	无约束，具有全市域全时段通行权
	郊区号牌	浦西不得驶入外环线，浦东禁止驶入在中环路（杨高南路立交桥至华夏高架路）、华夏高架路
	外省市号牌	工作日通勤高峰禁止在高架道路通行
出租车	空驶车辆不得驶入高架，沪 C 号牌限行政策基本同小客车（但外环可以行驶）	
摩托车	市区牌照（沪 A 和沪 B）郊区牌照（沪 C、沪 D、沪 E）外地摩托车（包括轻便摩托车）有不同的限行区域	
货车	外环线以内的货车持证入内，晚上 8 点以前禁止货车驶入外环线中心城，白天入城需要公安局核发的通行证	

2）仍在储备研究中的经济性收费通行权管理

拥堵收费政策在新加坡、伦敦、斯德哥尔摩等城市得到实施，取得了显著的成效。随着交通拥堵状况不断恶化，上海市政府对拥堵收费政策也予以关注，在两轮白皮书中都提出了政策储备，但始终没有执行。

上海在“2002 版白皮书”编制时，就开展过拥堵收费的研究，是我国较早开展拥堵收费研究的城市，该轮研究的重点是拥堵收费的必要性和实施时机的论证。“2002 版白皮书”明确提出“对机动车增长速度进行动态调整，着重通过道路拥堵收费、停车控制等手段调节机动车的使用”，并提出“经过综合评估，适时建设不停车道路电子收费系统”。

上海市于 2004 年开展了第二轮拥堵收费政策的研究，重点在于收费技术选取和收费区域设置。研究跟踪了各类收费技术，在当时情况下形成了 21 km^2 和44 km^2两个收费方案，并对项目效益、费用、政策和社会影响分析进行了初步分析和评价。

2006 年 8 月份，上海启动了第三轮交通拥堵收费研究，考虑通过拥堵收费政策来替代当时已经实施的小客车额度拍卖政策，由小客车的拥有管理向小客车的使用管理过渡。研究形成了多套拥堵收费区域的方案对收费费率、收费区域和收费技术等进行了较为全面的研究，并实地测试了采用牌照识别系统进行拥堵收费的可行性。当时临近上海世博会，还研究了世博交通与拥堵收费政策的衔接。

但是，上海推行拥堵收费存在以下几方面的困难。

(1) 拥堵收费的法律依据支撑不足。关于城市道路的收费政策，出现在《城市道路管理条例》第 19 条，其中明确了城市道路中利用贷款或者集资建设的大型桥梁、隧道等，可以在一定期限内向过往车辆收取通行费，用于偿还贷款或者集资款，不得挪作他用。也就是说对于在非贷款道路征收通行费没有法律支撑。而对于根据道路交通拥堵状况，交通管理部门可以采取的措施，在《道路交通安全法》第 39 条有所规定。其中明确"公安机关管理部门根据道路和交通流量的具体情况，可以对机动车、非机动车、行人采取疏导、限制通行、禁止通行等措施"，这其中不包括收费政策。从目前来看，我国实行拥堵收费还没有充足的法律支撑。

(2) 实施拥堵收费的民意基础和社会氛围较差。首先，对于拥堵收费与既有税费(如燃油税、小客车额度拍卖费)的关系，以及拥堵收费对于市民出行的公平性的影响，大量市民还难以被说服。其次，我国尚处于小客车普及阶段，市民还没有形成节制使用小客车、促进节能减排的自主意识。

(3) 对于城市决策层，"限牌"较"拥堵收费"更容易实施。上海、北京、广州、杭州、天津、深圳等城市陆续出台了本地小客车额度管控和外地车辆限行政策，更多城市在研究仿效。本地小客车额度管控和外地车辆限行的政策可操作性强，需要研究和考虑的问题相对较少，且因为有多个特大城市已经实施，对于跟随实施的城市管理者所需要承担的政治风险和社会风险相对较小。拥堵收费政策虽然在国外实施多年，但若在国内实施，仍需要研究法律依据、收费对象、收费道路(区域)、收费费率、收费技术、收费区域内部车辆管理、外地车辆收费办法、收费区和非收费区的商业影响、执法手段等一系列的问题。需要城市决策者具有更大的政治勇气、更周密的考虑和更强的执行能力。

(4) 实施拥堵收费的技术基础还有待改善。拥堵收费政策可采用车牌识别和电子标签两种技术。车牌识别技术存在一定的识别误差率，需要人工核对，系统维护成本高。电子标签技术误差小，系统运行成本低，但需要所有的车辆安装电子标签。目前我国尚未全面实施电子车牌，若采用车牌识别系统进行收费，收费系统运行成本会较高。按照伦敦的比例，可能有一半的拥堵收费收入用于收费系统自身的运行。若不久的将来，全面推行电子车牌，则可通过建设电子围栏实行拥堵收费，在技术上的可操作性将更强。

(5) 公共交通等替代交通方式还有较大的完善空间。拥堵收费需要改变人们的出行方式和出行行为，不是杜绝出行。因此，在实施拥堵收费政策的同时，需要提供良好的公共交通等替代方式。当前公共交通仍处于快速发展期间，公共交通服务水平尚不完善，公共交通的可达性、可靠性、舒适性等均有较大改善空间，诸多城市尚未形成实施拥堵收费政策所需的发达公共交通。

3）以环保为特征的通行管理政策不断升级

2006 年 2 月起，上海开始实施无环保标志的机动车限行政策，对于达不到国家第一阶段机动车排放标准的在用本地及外地车辆实施内环以内区域限行。2009 年 8 月，市政府发布《上海市政府关于对高污染车辆实施扩大限制通行范围的通告》，决定从 2009 年 8 月 1 日起全天在中环路范围内对高污染车辆实施限行措施。

随着道路移动源交通污染对 $PM_{2.5}$ 影响度的不断加大，交通污染减排的力度也在持续加大，在全面淘汰黄标车的基础上，不断扩大高污染车辆的限行范围。黄标车限行范围在 2015 年有了两次扩大，2015 年 4 月 1 日，上海市交通委、市环保局、市公安局联合下发《关于在 G1501 上海绕城高速范围内限行黄标车、在 S20 外环高速范围内限行国Ⅰ汽油车的通告》，10 月起，经市政府同意本市将无国家绿色环保检验标志的机动车限行范围拓展到全市，同时为了强化高污染货运机动车尾气排放治理，11 月 1 日起对国Ⅲ柴油货运车中环以内区域范围通行时间调减至 5 h。

4）交通组织管理政策

在长期的交通管理实践中，上海积累了一些行之有效的精细化管理手段。

（1）合理划分道路功能，实施了公交专用道、货车通道、机动车专用路和非机动车通道等多种路权管理政策，减少了不同交通流之间的干扰。

（2）加强路口渠化和标志标线施划水平，确保道路标志标线清晰连贯，路口充分渠化。同时不断创新交通组织手段，实施了单行道、可变车道、左转待转区、直行待转区、综合待转区、高架道路信号控制进出环岛、路口禁左、路段掉头等管理手段。

（3）强化电子动态管理手段，通过快速路监控系统、高速公路监控系统、停车诱导、动态交通信息指示牌、各类违法自动检测设备，提高了交通组织的现代化水平。

（4）形成了一套操作性的施工期交通组织机制，有效减少了施工对城市交通的影响。

2. 主要政策效果

10 年来，城市道路交通拥堵水平总体受控，交通运行秩序有了较大改观。面对有限的交通设施资源，坚持精细化管理，挖掘交通设施容量，保证了交通运行服务的整体水平；在全市汽车保有量增长近 5 倍、中心城路网容量扩容 0.65 倍的背景下，上海依然保持了道路交通服务水平总体受控（表 4-18）。

表 4-18　　道路交通服务水平变化

年份	汽车拥有量	中心城路网容量	服务水平
2000	50.7 万辆	577 万车公里/小时	主要干道高峰平均行程车速 15～18 km/h，中心城路网平均饱和度为 0.58
2015	400 万辆	953 万车公里/小时	浦西干道高峰平均行程车速 15 km/h，浦东主次干道 16～19 km/h。中心城路网平均饱和度为 0.69
增幅	4.7%	65%	服务水平相当

上海市小客车出行强度随拥有率提高而逐步降低，但小客车使用强度仍处于较高水平。根据第五次交通大调查，小客车平均每车每日出行次数由 2004 年的 2.72 车次下降到 2.20 车次。但使用强度(表 4-19)与伦敦相当，仍较东京高 68%(表4-20)。

表 4-19　　小客车运行指标分类统计(2004—2014 年)

指　　标	2004 年	2009 年	2014 年
日均出行次数/万车次	178	340	670
平均每车每次出行次数/车次	2.73	2.43	2.20
平均每车每次行驶里程/km	15.1	16.0	14.5
平均每车每日行驶里程/km	41	39	31.9

表 4-20　　汽车使用强度对比

城市	东京	伦敦	香港	洛杉矶	上海(2014)
车均周转量/(车公里・日$^{-1}$)	19	30	39	43	31.9

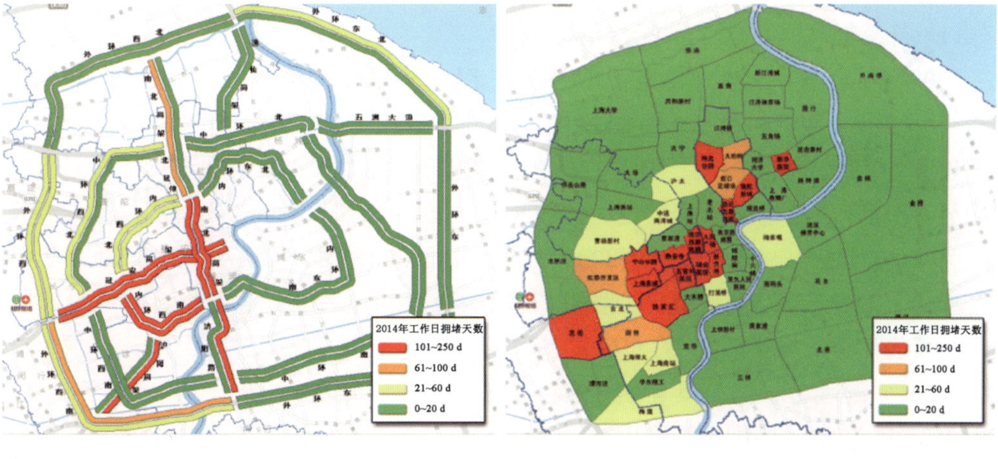

图 4-22　2014 年快速路常发性严重拥堵区域(左)和 2014 年地面道路常发性严重拥堵区域(右)

总体而言，通行管理提高了道路交通通行效率，但按照当斯定律，对于城市道路交通，新增的道路容量会诱发新的交通量，而交通需求总是倾向于超过交通供给。从长远看，随着机动车保有量总量的持续增长，限行政策的效果在逐步减弱，应该进一步加强以经济、环保等为抓手的交通需求管理，从源头调控车辆的出行需求。

4.3.4 车辆停放管理政策

停车政策具有双重性，一是要适应小康社会发展，满足小客车快速进入家庭的刚性的居住端停车需求；二是要进一步发展车辆停放政策对车辆使用的调控作用。实践证明，泊位总量控制政策，加上严格的路内停车管理以及市场化的收费政策是行之有效的动态交通需求调控手段，当然对于医院、学校等民生停车需求，当另行处理。停车政策的主要抓手在于设施供给和收费调节。两轮白皮书均坚持交通区域差别政策来指导停车设施规划、建设和管理。

1. 强调差异化的停车设施供给

两轮白皮书坚持"满足基本车位(居住地)、控制出行车位(工作地、公共活动)"的基本理念，在设施供给结构上强调以配建停车为主、公共停车为辅，严格控制路内停车。

1) 基本满足的居住端停车供给政策

10 年前，本市机动车(特别是私家车)总量增长势头初现，"2002 版白皮书"已经预见到机动车未来加速增长的趋势以及可能引发的停车难等问题。"2002 版白皮书"的政策目标是确保居住地自备车(专业运输部门以外的车辆)停车"一车一位"，计划到 2005 年，自备车拥有停车位的比例达到 70%；以后逐步提高到 100%。主要措施是提高调整停车配建标准，此外还包括支小道路夜间临时停放挖潜，以及鼓励周边公共停车位夜间向私家车开放等配套措施。随着小汽车快速进入家庭，居住区夜间停车矛盾仍在持续扩大，"2013 版白皮书"总体延续了 2002 版的发展思路。

(1) 持续提高居住区停车配建指标。

2006 年，上海市颁布实施了《建筑工程交通设计及停车库(场)设置标准》(DG/TJ 08-7—2006)，改版配建标准的大部分指标较 1990 年和 1996 年的配建指标均有了较大的提升(表 4-21)。随着 2006 版配建指标的实施，本市的住宅停车配建水平提高明显，配建车位总量增长幅度较大。根据相关推算，2004—2008 年中心城的居住配建水平为 0.34 车位/户(表 4-22)。2009 年本市中心城车位共 77 万个，相对 2000 年的 19 万个增长了 3 倍。但与小汽车快速进入家庭的速度相比，2006 版配建标准仍偏低，2009 年中心城居住类配建停车位 47.1 万个，夜间高峰停车需求却达到了 74.3 万个，缺口 27.2 万个，缺口比例达 37%。2013 年居住区夜间停车矛盾呈现进一步扩大到 49.3 万个。上海市于 2013 年对 2006 版配建标准进行了修编，并于 2014 年 9 月 1 日正式颁布实施了《建筑工程交通设计及停车库(场)设置标准》(DG/TJ 08-7—2014)。2015 年，中心城配建停车场车位 113.1 万个，较 2009 年增长了 1.4 倍，但车位缺口则扩大到 52%，依旧难以满足需求。

表 4-21　　2006 年上海市住宅停车配建标准

<table>
<tr><th colspan="2" rowspan="2">项目</th><th rowspan="2">指标单位</th><th colspan="3">泊位配建标准</th></tr>
<tr><th>内环内</th><th>内外环间</th><th>外环外</th></tr>
<tr><td rowspan="3">住宅</td><td>一类(平均每户建筑面积>150 m²或别墅)</td><td>车位/户</td><td>≥0.8</td><td>≥1.0</td><td>≥1.1</td></tr>
<tr><td>二类(100 m²≤平均每户建筑面积≤150 m²)</td><td>车位/户</td><td>≥0.5</td><td>≥0.6</td><td>≥0.7</td></tr>
<tr><td>三类(平均每户建筑面积<100 m²)</td><td>车位/户</td><td>≥0.3</td><td>≥0.4</td><td>≥0.5</td></tr>
</table>

表 4-22　　中心城各建成年代居住区平均原配置水平表

时间	1990 年前	1991—1995	1996—2000	2001—2004	2004—2008
车位/户	0.003	0.02	0.09	0.26	0.34

(2) 充分挖潜,增加停车供给。

相对于新建小区,老旧小区停车配建过低,且无法通过增加配建标准来增加车位供给,为缓解老旧小区的停车矛盾,小区内部场地资源挖潜成为提供停车供给的主要手段,主要包括利用内部进出通道、公共活动空间(庭院、广场、绿地等)、临时闲置用地、马路人行道停放车辆等方式(表 4-23)。根据第五次全市综合交通大调查,全市超过 4 成居住区停车通过小区内部挖潜、小区周边广场和道路解决。但随着小客车规模的持续快速增加,居住区内夜间停车供需矛盾进一步突出,中心城夜间居住类停车需求 133 万辆,相对 2009 年的 74.3 万辆增长了 80%,车位缺口比例由 37%扩大至 52%。

表 4-23　　2014 年居住类夜间停车停放方式

地区	居住配建	居住区内空地、道路、绿化带	居住区门前广场	居住区周边道路	非居住配建	合计
中心城	43%	36%	2%	9%	10%	100%
全市	56%	25%	2%	6%	9%	100%

从未来的发展思路来看,还是要积极引导车辆增长向用地资源相对宽松的郊区转移,中心城区不能无限制地增加停车供给,而更应该强调公共交通出行。

2) 适度从紧的工作地停车供给政策

20 世纪 90 年代前大量公建没有配建停车场或规模较小,从而导致中心城地区停车供应紧张,提高工作地公建停车配建标准仍是一个非常重要的举措。2006 年版的停车配建标准,对不同区域、功能、规模的公共建筑物设置了更为科学的配建标准。修订后的配建标准的实施,对中心城工作场地停车设施差别化的供给,起到了较好的引导作用,发挥了交通需求管理与调节的功能。如表 4-24 所列。

表 4-24　中心城商务办公停车需求水平(高峰停车需求/100 m^2 建筑面积)

时间 区域	1990 年前	1991—1995	1996—2000	2001—2004	2005—2007	2008—2009	合计
内环内	0.10	0.21	0.24	0.34	0.35	0.35	0.27
内外环间	0.07	0.15	0.24	0.27	0.42	0.66	0.30
中心城	0.08	0.18	0.24	0.31	0.38	0.49	0.28

虽然工作地停车配建标准在持续提高,但依然无法充分满足停车出行需求。第五次综合交通大调查数据显示,2014 年各区域非居住停车需求满足度低于 2009 年,中心城平均停车需求满足度为 76%,特别是内环内浦东非居类停车需求满足率降幅较大(图 4-23)。利用公共空间的停车挖潜也成为缓解工作地停车的主要措施。

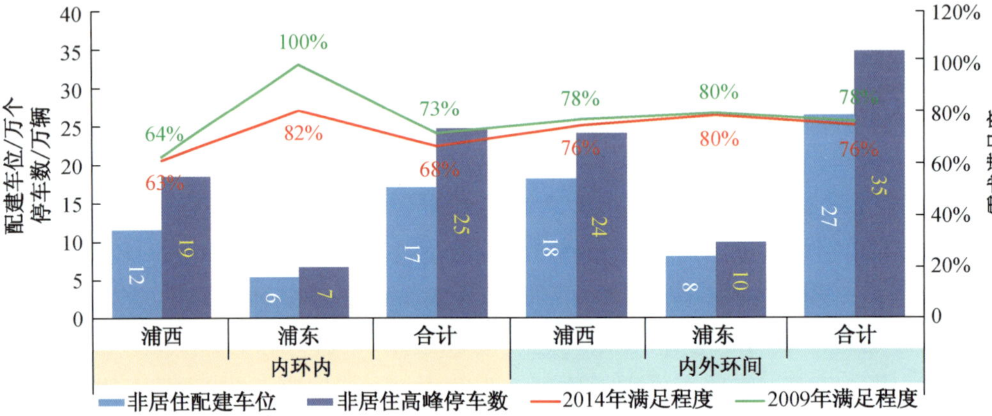

图 4-23　非居住类停车设施高峰供求情况依然紧张

从长远看,工作地停车供给更要兼顾道路容量的约束作用,“2013 版白皮书”充分借鉴国际城市发展经验,提出停车配建标准的上限设置要求。

3) 严格控制路内停车

由于路内停车占用道路资源,上海对路内停车始终持非常审慎的态度。路内停车由公安部门牵头,交通、市政道路、绿化市容、城管执法部门以及相关区县街道社区共同参加,综合考虑区域环境、道路宽度、交通流量、疏导能力和居民需求等因素,不断完善道路停车泊位的设置标准和审批程序。在选点上,对内环以内区域,以从严控制为主,有限满足市民短时和夜间停放需求以及学校、医院等高峰停放要求;对内环与中环间区域,以适度供应为主,视情提高道路停车泊位数量,适当满足停放需求;对中环与外环间区域,在不影响通行和安全的前提下,以解决实际需求为主,适度增设道路停放点。

2015 年,全市由交警部门审批道路停车位 6.45 万个,其中中心城 3.68 万个,约占中心城总车位供给的 3%。从路内车位允许的停放时间来分析,79%的路内车位允许全天停放,13%为允许白天停放,5%为允许在夜间停放,1%为只允许上、下学高峰停放(图 4-24)。

4）鼓励社会公共停车场的建设发展

两轮白皮书均提出要推进社会公共停车场的建设，鼓励通过使用路外公共停车场库来弥补配建停车场的不足。但实际上，受规划用地落实、收费、审批、营运成本等因素制约，社会公共停车的发展大大滞后于规划设想。近年来，政府主导、以轨道交通换乘为主要的功能停车换乘（P+R）设施得到了一定的发展（表 4-25）。

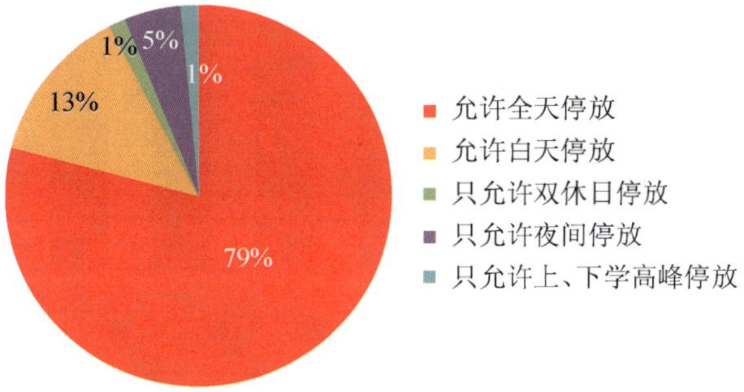

图 4-24　道路停车场允许停放时间比例图

表 4-25　上海轨道交通 P+R 停车换乘设施

序号	现有 P+R 停车场	总车位数/个	配套轨道线路
1	汶水路 P+R	370	1
2	沈杜公路 P+R	496	8
3	锦江乐园 P+R	72	1
4	大场镇 P+R	720	7
5	安亭 P+R	200	11
6	金山卫站 P+R	448	金山支线
7	美兰湖 P+R	455	7
8	南翔 P+R	180	11
9	松江大学城 P+R	331	9
10	淞虹路 P+R	292	2
合计		3 564	

上海停车换乘系统从初期的酝酿阶段发展到世博期间停车换乘的实施阶段，公共换乘停车场（库）的数量和规模不断增加。自 2010 年起，上海市为了加强对公共换乘停车场（库）的运营管理，维护运营秩序，保障公共换乘停车场（库）经营者和停车人的合法权益，根据《上海市停车场（库）管理办法》及相关法律、法规，制定了《上海市公共换乘停车场（库）运营管理规定》。《上海市公共换乘停车场（库）运营管理规定》提出停车换乘系统实行“低价收费、政府补贴”的政策法规，明确了公共停车换乘系统一定的公益性特征，并设计了认定条件、认定程序、收费标准、服务规范、补贴方法等制度，为停车换乘系统发展创造了良好的外部政策环境。2014 年，上海市已经建成并投入且享受政府补贴的公共换乘停车场共 10 个，可提供停车泊位 3 564 个。公共换乘停车场（库）的总收入由停车换乘业务收入、一般停车业务收入以及政府补贴收入 3 部分组成，其中停车换乘业务是公共换乘停车场的主要收入来源，占 70%左右，其次是政府补贴收入占 26%，一般停车业务收入所占比例最低为 4%（图 4-25）。

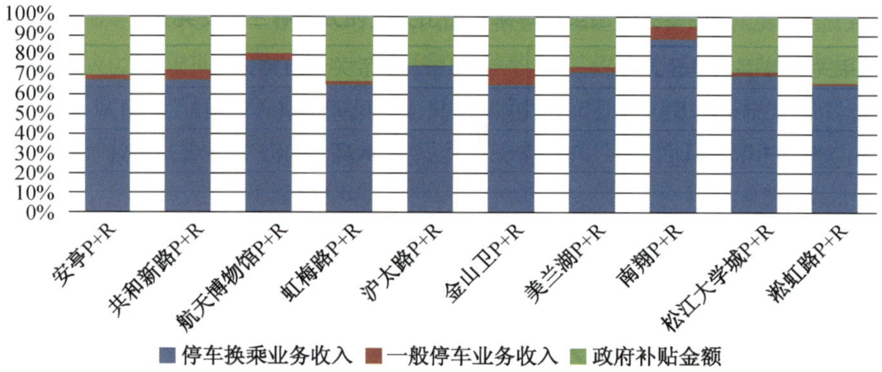

图 4-25　10 个公共换乘停车场(库)收入来源

2. 差异化的停车收费管理

(1) 停车收费标准的制定遵循差别化的原则，总体来看，中心城高于郊区、路内高于路外，白天高于夜间。

为了加强对上海市经营性停车场(库)的管理，规范服务收费行为，市政府于 1995 年颁布了《上海市收费停车场(库)计费规定》，并于 1995 年 8 月 1 日正式施行。该规定将全市的经营性停车场(库)按其所在的地段分为 6 级，每个等级的停车场(库)又按照其设施、设备状况分为 6 等。计费标准以第 6 级第 6 等停车场(库)每小时 1 元为基价，收费停车场(库)的地域等级差每上 1 级，每小时加收 1 元，等级级差每上 1 等，每小时加收 1 元。该规定中停放时间的确定标准为按小时计费，不足 1 小时的按 1 小时计费，超过 1 小时按 1 小时递进，超过 8～24 小时则按 8 小时计费，连续停放超过 24 小时，超过部分按上述标准重新计算。收费停车场(库)经营者执行上述收费标准时，允许下浮，即该标准规定了停车收费的最高限制。

为规范小区停车收费管理，上海市房地局于 2004 年 11 月 1 日实施《上海市住宅物业管理区域机动车停放管理暂行规定》，对小区车位管理中的收费等问题做出规定：建设单位按规划要求配置的停车设施向业主、使用人出租的，执行物价部门规定的收费标准。业主大会决定对车辆在全体共用部分停放收费的，参照物价部门规定的收费标准。住宅小区车辆停放包月的费用大致为地面 100～150 元/月，车库 200～600 元/月不等。

2006 年，为进一步规划和加强机动车停车管理，上海市发布《关于全面规范和加强机动车停车管理的实施意见》，上海市在内环线 110 km^2 以内全面实施规范和加强机动车停车管理，随后将逐步向内环以外区域推行，并按重点区域、内环线以内其他区域、内外环线间(含外环线外城镇)实施差别化管理。道路停车收费采用政府定价，白天按时、夜间按次，居民夜间停车可包月，白天重点区域第一小时达 15 元。公共停车场库在执行等级计费规定的基础上，最高不超过 10 元。推广集中式咪表，咪表按 15 min 计费。

(2) 在收费管理上，推进政府指导、市场运作的停车系统产业化，以促进停车业的良性循环发展。停车收费主要执行政府指导价，外商投资性质的停车场(库)收费实行市场调节价,其收费标准由企业自定。2015 年,国务院发布停车收费新政,逐步放开包括住宅小区、社会自建停车场库的收费管理,进一步发挥市场对停车发展的调节机制。

(3) 在收费模式上,积极推进信息化手段。为提高路内停车设施的周转量,“十五”期间上海开始步推广道路停车手持 POS 机(移动式咪表)。根据路内短时停车为主的功能采取了累进计费制的收费标准,具体为前 15 分钟 4 元,半个小时 8 元,第 1 个小时 15 元,超过 1 个小时,以半小时为单位缴费,每半个小时 10 元。

4.4 公共交通

4.4.1 政策概要

城市交通结构是反映交通发展模式的重要指标,就城市客运涉及的步行、自行车、公共交通和小客车这 4 种主要方式而言,针对不同出行距离、出行目的和经济社会水平,都有不同的适用范围和其客观的发展规律。上海和世界上所有大城市,包括最发达国家的城市,都无法做到使交通设施供给能力能够满足各自的需要而自由发展,因此必须依靠政策调节,目的是最经济合理地使用道路设施。对于上海这样的特大城市,将来必须以大容量轨道交通作为城市客运交通的骨干,以地面公交作为面上的补充,但是在相当长的时间内,地面公交依然是城市公共交通的主力。

从两轮白皮书的编制历程来看,在坚持公交优先的战略导向下,针对公共交通不同业态的发展要求和面临的问题,采取了差异性的政策导向。两轮白皮书政策差异的大背景是轨道交通是否形成网络,以及由此带来的地面公交功能的转型。

对于轨道交通,“2002 版白皮书”的政策重点是加快建成基本网络,增加运力,提高服务水平,强化以枢纽为核心的多式换乘。“2013 版白皮书”除了持续推进轨道交通建设外,更加关注提升以轨道交通为核心的公共交通出行链的整体服务品质,加强运营组织管理和安全保障。

对于地面公交,“2002 版白皮书”编制时,地面公交是城市公共交通的绝对主力。地面公交通过第一轮市场化改革,减轻了政府的负担,提高了企业的积极性,缓解了供需矛盾,但是公交发展逐步面临过度竞争、服务不规范等情况,因此“2002 版白皮书”对于公交发展的政策导向是提高公交系统的服务水平和运营效率,重点包括如何优化线网、加强场站和路权保障、更新车辆等。“2013 版白皮书”发布时,地面公交已经历了 3 轮改革,公交管理体制由最初改革前的政府主导,到充分市场化,再回归到政府主导,受到轨道交通、私人小客车快速发展、道路拥堵矛盾、公交体制僵化等因素影响,地面公交难以适应市场变化,客流量开始持续下降。因此,“2013 版白皮书”的政策重点是强调地面公交的转型和升级发展,要适应轨道交通网络化运营后对地面公交功能定位的影响,进一步优化地面公交网络。此外,对于地面公交骨干客流走廊要进行设施功能的升级,因地制宜地发展中运量公交系统,更好地发挥地面公交服务水平来改善道路交通。

4.4.2 优化地面公交线网功能层次

1. 公交体制机制改革回顾

1996 年，上海市启动了第一轮公交改革。首先撤销原来独家经营的上海公交总公司，打破垄断，将其下属的营运单位实行独立核算，自主经营。其次改革公交票制，取消已使用几十年的公交月票，实行普票，市区一般线路票价为每张 0.5 元，为企业实行独立核算创造了条件。最后，改革财政补贴机制。逐步取消市政府每年对公交 8 亿元的补贴，促进企业进入市场。同时财政对分流富余人员、购置车辆给予部分补贴，支持企业深化改革和发展再生产。补贴机制的改革，促使公交企业通过加强营运服务和提高管理效率来增加企业效益。1998 年起实施资产重组，大量引进包括上市公司在内的各种社会资金，全行业多元化投资、市场化运作程度大为提高。2000 年，上海市通过《上海市公共汽车和电车客运管理条例》，逐步确立了公交线路经营权的管理制度，将其作为行业市场准入和公共资源配置的基本制度。公交第一轮改革，使得企业从计划经济向市场经济转换。减轻了政府的负担，提高了企业的积极性，提高了服务水平。公交供求关系明显改善，公交运力从 1996 年的 2 万辆增长到 2000 年的 2.5 万辆，但客流规模从高峰的 1 500 万/日，下降到 700 万/日，“乘车难”矛盾得到有效缓解。

2001—2003 年，上海市针对公交行业开始了第二轮深化完善公交改革。经过第一轮改革，公交企业走向市场化，虽然在一定程度上减轻了政府财政的负担，但也淡化了公交行业的公益性。公交企业成为上市公司，以追求赢利为目的，并且企业过多，过度竞争。对于市民而言，出行费用较高、服务质量下降，客流少的路段和区域公交服务不足。对于企业员工而言，工资待遇低、工作强度大，行业缺乏凝聚力和吸引力。第二轮改革的具体措施包括：①整合公交营运企业，支持骨干公交企业与社会公交以及社会公交企业之间的兼并、重组和联合。建立健全激励和约束机制，规范内部分配制度，完善职工利益保障机制，努力提高职工收入水平。②加快基础设施建设和技术装备升级，包括编制线网调整总体规划，调整优化公交线网，加快枢纽建设，促进车辆升级换代等。③深化投融资体制改革。调整国有资产对公交营运企业的投资结构和比例，发挥交通投资(集团)公司在政府和企业之间的市场中间体作用，开展资产经营和资本运作，为公交基础设施建设提供资金保障。④最重要的是实施对公交的扶持政策，设立“公交专项”资金，包括车辆更新补贴，人员补贴、油价补贴以及信息化补贴，减轻企业负担。2001—2009 年，在第二轮公交改革的过程中，公交客运量经历了下滑和稳定回升的过程。2001 年为 735 万人次/日，至 2007 年下滑至 726 万人次/日。2007 年在公交优先三年行动计划的扶持下，公交客运量有所回升，至 2009 年增长到 741 万人次/日。

2009 年第三轮公交改革启动。面对世博会的发展要求和机遇，根据 2009 年国务院提出的公交行业“国有主导、多方参与、规模经营、有序竞争”的总体要求，2009 年 3 月 7 日市政府转发《进一步深化本市公交改革的方案》，按照相对区域经营、提高市场集中度、促进有序竞争的基本思路，稳步推进公交体制改革，营造浦西、浦东、郊区 3 大经营格局。浦西以久事公司为主体,正式成立巴士公交集团公司,并接管大众集团和强生所属公交,完成对多家小公司的收购兼并。浦东以浦东新区政府为主导,成立浦东公交公司。在郊区,依托区县政府,推进区域公交兼并重组,形成“一区一骨干”。经过第三轮改革后,进一步发挥了国有资本在公交投资、建设和营运管理中的主导和支撑作用,突出公交行业的公益性。政府扶持力度持续加大,2007—2008 年,公交行业补贴 22.52 亿元;2009—2010 年补贴约 67 亿元,约是前两年的 3 倍。2015 年公交优惠乘车日均客运量 321 万乘次,共补贴地面公交 56.9 亿元。

三轮公交改革的方针为两轮白皮书地面公交政策的制定提供了保障。

“2002 版白皮书”编制时,正值公交行业第二轮深化完善公交改革,虽然第一轮公交体制改革引入了市场机制,使得“乘车难”矛盾得到有效缓解,但由于公交行业的公益性有所淡化,公交企业追求赢利,服务水平有所不足。因此“2002 版白皮书”关于地面公交的政策导向是提高公交系统的服务水平和运营效率,继续发挥地面公交的主体作用。

“2013 版白皮书”发布时,轨道交通已经形成 12 条线 500 km 的网络规模,轨道交通的客运量持续快速增长,而地面公交的功能已经逐步下降,客运量自世博以来呈现逐年下降的态势。从国际城市的发展历程来看,轨道交通网络非常发达的城市,地面公交的客运量均不大,目前上海的公交客运量水平还是比较高的。但并不意味着轨道交通的发展可以取代地面公交,特别是在部分轨道交通拥挤的区段,以及轨道交通无法覆盖的区域,依然需要发挥地面公交相对灵活的作用。同时三轮地面公交改革,为地面公交线网的调整优化创造了体制优势。因此,“2013 版白皮书”公交政策的主要导向是结合地面公交功能的变化,重新理顺线网功能,同时适应郊区城镇体系的发展,加快构建郊区新城内部的公交网络体系。

2. *优化地面公交线网层次和功能*

一体化的运营管理体制为线网的整合优化创造了条件,但在具体的实施原则上,根据不同阶段要求有所差异。“2002 版白皮书”重点强化地面公交自身线网功能层次的完善,扭转线路重复系数多等问题,优化地面公交自身网络结构体系。“2013 版白皮书”重点加强与轨道交通网络的整合,并积极提升公交服务品质。下面就不同政策导向下的政策举措进行具体分析。

“2002 版白皮书”编制时,地面公交经历了第一次公交体制改革,供应能力得到了显著提高,但市场化运营模式以客流效益为主要目标,导致线网布局缺乏层次,大量线路集聚在人民广场和徐家汇等中心区域,线路重复系数过高,而冷僻线路无人问津。

2000 年上海颁布出台《上海市公共汽车和电车客运管理条例》,明确了公共汽电车线网优化调整的原则是加强与轨道交通等其他交通方式的有效衔接,并提高出行不便地区的线网密度。为此第一轮交通白皮书制定了分区域优化调整公交线网的原则。中心区,消减不合理的重复线路,降低车辆密度,增加与轨道交通接驳的线路;外围区,形成以重要枢纽为核心的外向辐射网;郊区,填补空白,形成以新城和轨道站点为核心的放射状线网格局。重点解决中心区人民广场和徐家汇等地区线路过密问题;整顿市区与郊区相连的线路。

2005年国务院办公厅转发建设部等部门关于优先发展城市公共交通意见的通知，提出要通过科学规划和建设，提高线网密度和站点覆盖率，优化运营结构，形成干支协调、结构合理、高效快捷并与城市规模、人口和经济发展相适应的公共交通系统。为贯彻国务院精神，2007年上海市政府发布了《上海市人民政府关于优先发展城市公共交通的意见》，制订了“三个一”的发展目标，即中心城两点间公共交通出行在1小时内完成，郊区新城一次乘车进入轨道交通网络，新市镇与所属的中心村之间一次乘车到达。在中心城区实现公共交通“一卡通”基本覆盖，推进轨道交通和地面公交之间的有效衔接和换乘。进一步突出轨道交通的主体作用，公交线网逐步形成与轨道相匹配的骨干线、区域线和驳运线。

此后的公交线网优化基本按照这个原则开展，在具体的线路调整上，以公交体制改革和线路经营权管理为抓手，在实施线路经营权管理的过程中，管理部门从公交行业公益性的特点出发，坚持扶大扶优的政策，鼓励和推动经营业绩、营运服务优良的企业，在有条件的区域和骨干道路上实行相对集中经营；在线网优化调整中，鼓励经营良好的、具有规模的骨干公交企业通过兼并、重组，逐步达到相对集中经营，对线路经营权评议考核不合格而被吊销线路经营权、不再授予线路经营权的线路，通过招投标的方式让行业内规范经营或品牌骨干公交企业接手经营。具体线路的调整流程为由公交公司、相关街镇开发区及人大代表等提出线网调整计划要求，由市级或区级运管属制订调整方案，然后上报区及市交通委，经过公示征求意见后，根据情况予以审批。

通过多年的努力，整个行业的经营格局得到了一定优化，线网功能布局也得到了优化。从各项指标来看，2001—2006年期间，地面公交线路平均长度保持稳定，从2008年起，公交线路的平均长度呈现出明显的下降趋势。全市地面公交线路平均重复系数持续下降，全市2009年线路平均重复系数为2.9，中心城地面公交平均重复系数为5.46，主干道线路平均重复系数为9.9。2009年中心城地面公交线网密度约为2.6 km/km^2，通过中心城内一批重复线路的归并、撤销、线路资源过度集中于中心城的状况有所改善，线路分布进一步优化（表4-26）。

表4-26　　地面公交线路分布变化(2009/2014)

线路分类		2009年		2014年	
		线路条数	比重	线路条数	比重
市区线路	中心区—中心区	36	3%	52	4%
	中心区—内外环	248	22%	230	17%
	内外环—内外环	110	10%	160	12%
	小　计	394	36%	442	32%
市通郊线路	中心区—郊区	125	11%	113	8%
	内外环—郊区	129	12%	157	12%
	小　计	254	23%	270	20%
郊区线路		457	41%	650	48%
总　计		1 105	100%	1 362	100%

随着轨道交通网络的逐步完善，地面公交的线网布局始终处在动态的调整变化中，但地面公交的基础性服务作用得到强化。根据第五次综合交通大调查，2014 年中心城地面公交站点 500 m 半径人口和岗位覆盖率已达到 97%和 94%。而随着郊区城市化的快速发展，市通郊线路、郊区内部线路有了较快的增长，中心城周边地区和远郊地面公交站点的覆盖面积、人口和岗位有了较大的提高。2014 年中心城周边地区地面公交站点 500 m 半径面积覆盖率 69%，500 m 半径人口和岗位覆盖率分别为 77%和 69%。

3. 发展中运量公交系统

中运量公交是一种介于轨道交通与常规公交之间的新型公共客运系统，既有接近轨道交通的快速和大容量的特点，同时又保持传统公共汽车便利性和经济性的特点。虽然中运量公交概念在“2013 版白皮书”提出，但上海早在 2003 年就开始了相关的研究工作，当时的主要定位是发展 BRT 制式的快速公交。特别是 2004 年首尔公交体系改革，大力推行路中式 BRT 建设后，上海进一步加大了对快速公交系统的研究。

1）制式选择

中运量公交系统主要考虑轻轨系统、快速公交和现代有轨电车 3 种载运工具，3 种制式可服务从高到低 3 个层次的客流需求，并且国产化条件成熟。

轻轨（C 型车）可适用于 1 万～3 万人/h 的单向客流需求，具有良好的通用性，具有与地铁相同的标准轨距（1 435 mm）的制式，与既有地铁线网共享性好，国产化条件成熟，但建设成本相对较高，噪声较大，对通道宽度要求较高，因此放在轨道网层面考虑更适合。上海中运量公交重点考虑快速公交和现代有轨电车两种制式。

快速公交和现代有轨电车各具优势。根据《快速公共汽车交通系统设计规范》（CJJ 136—2010），快速公交系统适用于 0.5 万～2.2 万人/h 单向客流需求走廊，在经济性、运能扩容能力、运营灵活性、与常规公交衔接方面具有优势，同时国产化技术成熟。现代有轨电车可以适用于 0.5 万～1.3 万人/h 单向客流需求走廊，在环境友好、交通品质、环保方面具有优势，但是建设投资较大，车辆昂贵，运能相对较低，在交叉口道路交通组织难度大。因此，后续政策应综合考虑客流规模、建设条件、环境和景观需求等因素，因地制宜地选择中运量类型。

2）发展思路

中运量公交是未来上海公共交通系统中重要的组成方式，因地制宜地设置中运量公交系统（在郊区新城、中心城有条件的道路、重点商务区和旅游区），通过网络协调、枢纽衔接，为城市不同地区提供较大容量、高效、舒适、可靠的公交服务，形成中运量与轨道、公交一体化的公共交通系统，具有重要意义。

（1）中心城，虽然存在大量的客流需求（图 4-26），但无论是快速公交还是现代有轨电车实施难度都较大。快速公交系统运能组织灵活，造价较低，适合布设在中心城的交通性走廊上，应首先提高公交专用道的运行效率，并优化既有公交线路。现代有轨电车运能有

图 4-26　中心城地面公交客流走廊(全日)

限，造价较高，仅适合布设在客流走廊规模较小、景观环境要求较高的地区，可以在城市滨江地区规划预留。

(2) 城市拓展区，客流需求增长潜力较大，近期应以建设快速公交为主，一方面适应放射线走廊的需求增长，另一方面引导切向交通联系，并预留轻轨规划的可能性。在虹桥商务区和国际旅游度假区内部，从高服务品质需求出发，可以考虑规划建设现代有轨电车。

(3) 郊区新城，中运量公交将作为公共交通的骨干，在新城建设中起到引导作用，应因地制宜地选择发展类型。在满足交通功能为主的地区和走廊上，宜选择快速公交。在预期规划客流增长较大的地区和走廊上，适宜先通过快速公交培育客流，并控制好通道条件，为远期发展轻轨创造条件。在旅游观光、服务品质要求较高的地区和走廊上，适宜规划建设现代有轨电车。

2013 年 9 月，《松江区现代有轨电车网络规划(2013—2020)》公示，共规划建设 6 条有轨电车线网，总长约 90 km，可与轨道交通 9 号线、12 号线及金山支线实现换乘。目前，T1 正线荣乐路段正在全面施工，T2 正线人民路段已试行通车。嘉定区有轨电车网络规划已基本形成，并在积极筹建中。南桥新城—东方体育中心快速公交专项规划已经获市政府正式批复，并已开始修建。中运量公交 71 路也已正式开通运行。

首尔地面公交改革

首尔市是韩国政治、经济、文化中心，市区总面积 605 km^2，人口 1 000 多万。2004 年首尔政府实施了系统性的地面公交系统改革。首尔市根据客流需求特征，将公交线路调整为干线、支线、循环线、远郊区线 4 种功能层次的公交系统。其中干线公交主要连接市中心区与郊区，确保运行速度和准点，以蓝色公交巴士车区分；支线公交主要为干线公交和地铁输送客流，满足地区性交通需求，以绿色公交巴士区分；循环线是市中心的区内线路，服务于商业出行和休闲购物，以黄色公交巴士区分；远郊区线主要是快速连接远郊区规划卫星城、新城与市区，吸引自驾车的通勤交通，以红色公交巴士区分。

首尔不同功能层次公交系统

为了确保公交运行快速、准点，首尔规划了公交优先道，其中中央公交优先道规划线路 16 条，总长度 191.2 km。目前已开通中央公交优先道 12 条共 114.3 km，主要为连接市中心与郊区的蓝色干线公交以及连接规划新城与市中心的红色远郊区线路服务。中央公交优先道用红色路面铺装，不设隔离设施，车站一般设置在路口。主要走廊上中央公交优先道实施后，公交车运营车速提高 30%～80%，其他道车辆也提高了 3%～8%。

首尔中央公交优先道

4.4.3 打造以轨道交通为核心的出行链

随着轨道交通客流规模的持续增长，轨道交通主体地位不断提高，打造轨道交通为核心的出行链就显得更加重要和迫切。

1. 优化轨道交通内部换乘

“2002 版白皮书”重点推进轨道交通换乘枢纽建设。随着网络化过程中换乘站的增加，换乘出行所占比例不断提高，换乘系数随之增加。2005 年，上海市轨道交通换乘系数仅为 1.17；2014 年轨道交通换乘系数已经达到 1.7，其中内部换乘客流比例达 41%。换乘客流的增长大大增加了换乘枢纽内部的客流组织压力。

轨道交通基本网络规划强调多线集中换乘的锚固作用，但多线换乘也加剧了客流规模过度集聚，例如人民广场站和世纪大道分别是 3 线和 4 线的换乘站，换乘客流规模已经达到 30 万～40 万人次/日，高峰换乘人流组织压力较大。

“2013 版白皮书”意识到轨道网络客流过度集聚存在的潜在风险，要求在后续的线路规划建设中将“多线集中换乘”的理念向“分散换乘”转型，避免人流过于集中。

2. 加强轨道交通站配套换乘组织和设施配套

轨道交通站配套的换乘设施是打造轨道交通出行链的基础。“2002 版白皮书”指出与轨道交通站配套的公共汽(电)车、出租车、非机动车停放设施，要同步规划、同步征地、同步施工、同步建成。事实上，目前轨道交通站点配套设施建设机制仍存在割裂，轨道交通站点和公交车站的建设主体和资金来源各不相同，导致与轨道交通衔接的公交车站、非机动车停车点、出租车候客站点，以及其他配套设施难以同步完成。相对来说，郊区放射性线路的轨道交通换乘设施相对完善，而中心城区由于受到用地等条件约束，配套设施很难实施落地，公交、出租等接驳功能主要利用路内设施资源实现。

随着轨道交通网络的不断完善，轨道交通吸引力持续增加，2014 年工作日轨道交通进站量已经达到 500 万人次/日，轨道交通外部换乘衔接的便利性和重要性进一步突出。“2013 版白皮书”进一步强调了以轨道交通站点为核心的换乘接驳组织的设施保障。2014 年全市交通大调查数据显示，随着轨道交通网络的不断加密，轨道交通的直达性增强，市民通过步行接驳轨道交通的比例在持续上升，2014 年已经达到 76.5%，其他方式在接驳结构中的比例在下降，但接驳总量增加，对配套设施的需求没有下降，如表 4-27所列。“2013 版白皮书”的政策导向总体符合居民轨道交通出行特征的变化，具体政策导向包括：

表 4-27　　轨道交通站点进站方式结构

年份	公交	班车	出租	个体机动	非机动车	步行	合计
2014	16.0%	1.0%	1.5%	2.3%	2.7%	76.5%	100.0%
2009	25.0%	2.0%	3.4%	3.2%	4.9%	61.5%	100.0%

(1) 加强步行接驳。

对轨道交通周边 1 km 的步行通达性和出行环境进行提升，以适应步行接驳需求。可借鉴香港特别行政区《结构设计指引规范》的保障政策，在部分步行连廊系统上配备上盖及相关设施，并保证上盖设施的连续性。

(2) 增加配套公交换乘设施，在 2 km 范围内开设“最后一公里”公交。

在轨道交通新线开通运营时，交通主管部门将及时调整和配套公交线路，包括对公交线路中途站点的调整，以及与轨道交通功能重复线路的调整等。2011 年开始提倡社区巴士引入大型居住社区、开发区。大力发展轨道站周边接驳公交，实现运营时间、运营间隔与轨道交通全面对接。

2011 年上海交通主管部分发布了《“最后一公里”公交线路客运服务规范(试行)》，规定了“最后一公里”公交线路的规划、运营、管理要点。“最后一公里”巴士线路长度原则在 5 km 以下；票价统一为 1 元；营运时间和发车间隔相对灵活，可根据客流实际情况确定；要求站点间距 400 m 以内，首末站尽可能利用现有设施；参照其他日常公交线路，按照相关规定享受各项市级财政扶持政策。

从 2011 年 3 月浦东开设第一条“最后一公里”公交线路 1001 路以来，最后 1 km 线路得到了积极的推进。2012 年新辟线路 41 条，2013 年新辟线路 24 条，调整 11 条，2014 年“最后一公里”已经达到 152 条，渐成网络，与轨道交通的衔接不断增强。

从营运成本来看，“最后一公里”公交线路的每百公里运营成本要低于上海市常规公交线路百公里运营成本(表 4-28)，在现有的运营组织模式、车型选择条件下，“最后一公里”公交线路具有较为明显的成本优势。从营运收入来看，由于驳运公交线路均采取 1 元的单一票价制，因此企业的日均营收、百公里营收均与日均客运量、百公里客运量等数据相近。

表 4-28 驳运公交线路的运营成本

线路类别	百公里成本/元	线路类别	百公里成本/元
宝山社区巴士	550	巴士“最后一公里”线路	757.2
浦东“最后一公里”线路	507.4	一般公交线路	950

(3) 增加配套停车设施。

非机动车停车位指标根据新修订的停车场(库)设计标准配置，一般站按远期高峰小时每百位旅客配置 10 个非机动车停车位。上海公共租赁自行车的功能定位也主要是围绕轨道交通换乘组织展开的。

与小汽车的换乘组织也在两轮白皮书期间进行了试点，大致经历了两个阶段：

2005—2010 年是导入期，随着公共交通服务水平逐步提高以及郊区人口的持续导入，日常通勤停车换乘需求逐步产生。2010 年世博会期间，为保障世博交通组织，规划了两层次 8 处 P+R 停车换乘设施，有效发挥了对自驾游客的截留换乘作用，停车换乘理念逐步被人们所接受。世博会后，一些换乘设施得到保留，继续发挥对日常交通的换乘组织作用。2010—2015 年是成长期，这个时期轨道交通 500 km 基本网络建成，公共交通吸引力和服务水平大幅提高，为引导私家车的换乘组织，又增设了一些停车换乘设施。

相对于公交和非机动车接驳组织，小汽车换乘并非高效的接驳组织模式，对轨道客流的接驳功能非常有限。其发展定位是为市民增加一种出行选择方式，但受制于用地资源制约，对于小汽车 P+R，应统筹考虑在整个交通换乘系统中的功能定位后适度发展。

4.4.4 提升公共交通运营服务水平

优质的公交运营服务是提高公共交通吸引力的重要保障。公共交通服务水平主要涉及运行速度、可靠性、舒适度等考核指标。总体而言，地面公交和轨道交通在运营服务水平上的薄弱点不相同，地面公交的主要问题在于可靠性，而轨道交通的主要问题在于高峰过度拥挤，这是两轮白皮书的政策关注对象。

1. 加强公交路权保障，提高运行车速

两轮白皮书均提出加强公交路权保障的要求，2000 年上海颁布出台《上海市公共汽车和电车客运管理条例》，明确了对公共汽车和电车客运在资金投入、规划用地、设施建设、场站维护、道路通行等方面给予扶持。“十五”和“十一五”期间，公交专用道得到了较快的发展，特别是 2010 年世博会的召开，进一步加速了公交专用道的建设速度。截至 2012 年，上海市已有 30 余个路段建成了 161.8 km 的公交专用道，基本形成了以“三纵三横”主干道为骨架的公交专用道网络系统，其中浦西外环以内主要干道已铺设完成，基本形成公交专用道骨干网络，浦东新区也初步形成由张杨路、龙阳路、成山路、东方路、浦建路等主要横纵公交客流走廊组成的公交专用道骨干网络。上海历年公交专用道建设情况见表 4-29。

表 4-29　　上海历年公交专用道建设情况

年份	年内新建/km	累计长度/km
1998—2005		15.1
2006	21.7	36.8
2007	31.7	68
2008	4.6	86.2
2009	22.8	109

（续表）

年份	年内新建/km	累计长度/km
2010	48.3	161.8
2015	145.1	306.9

在小客车快速发展、道路交通压力日益严重的情况下，公交车车辆运行延误，行车不畅现象非常普遍，十分有必要发挥公交专用道的作用，提高公交车辆运行的可靠性。“2013版白皮书”提出大力推进公交优先道建设，力争形成500 km规模的目标。

上海公交专用道的选择以单向3车道的路段为主，形式主要是时段性、路侧式、软隔离、开放式的。公交优先的时间为早高峰7:00—10:00，晚高峰16:00—19:00。公交专用道上高峰小时20%～30%的车流量，承担了断面60%～80%的客流量。公交专用道建成后，公共汽电车行程车速得到提升。

但是公交专用道也面临路网、布局等方面的约束。受制于路网条件制约，特别是中心城路网密度较高、路口间距较短，右转车辆与公交流线交织仍较严重，导致公交专用道上公交车平均行程车速提高幅度有限。此外，公交专用道布局分散，在规模和形态上不成系统，降低了公交专用道的使用效果。

2. 加强时刻表管理制度

与轨道交通相比，地面公交的运行受道路交通状况影响，往往无法保证准点运行。《上海市公共汽车和电车客运管理条例》规定公共汽电车站牌应当标明首末班车时间，对于营运班次间隔在30 min以上的线路，应当标明每一班车辆途经所在站点的时间。2013年上海市政府关于贯彻《国务院关于城市优先发展公共交通的指导意见》的意见中提出，“公共汽电车高峰时段平均发车间隔中心城不超过8 min，郊区新城不超过10 min”。

2013年开始公交汽电车信息化有了积极的进展，“上海公交”手机APP数据已覆盖全市公共交通线网，实现1 377公交线路16 000余辆公交车的到站信息预报。在公交站亭利用显示屏实时发布车辆预计到达信息，同时在公交站点还设置了二维码标识，实现手机扫描即可知晓经停公交车的信息，进一步提高了乘客使用地面公交的便利性。

3. 持续增加轨道交通运力，缓解高峰拥挤

随着轨道交通客流规模的持续增多，客流拥挤现象持续增加。根据第五次综合交通大调查的统计，2014年早高峰小时(8:00—9:00)客流较2009年增加90%，平峰(10:00—15:00)客流增加120%。2014年早高峰全网拥挤断面长度为96 km，较2009年的54 km增加了78%；早高峰全网进站客流占全日进站客流总量的13%，全网拥挤里程比例超过17%(图4-27)。拥挤断面位置逐步外移，特别是9号线和11号线在外

环线以外的进城断面已经开始拥挤。因此，持续增加轨道交通运力缓解高峰拥挤始终是两轮白皮书的关注重点。

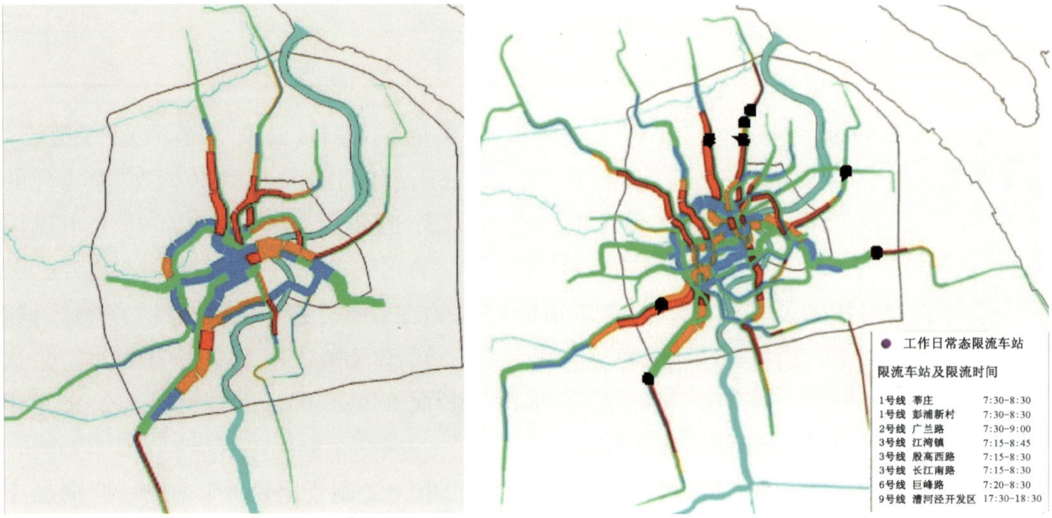

图 4-27　2009 年和 2014 年工作日轨道网高峰拥挤度

4.4.5　公益性的票价和补贴政策

关于公共交通的票价，白皮书的政策导向有三方面：①公益性的票价定位和相应的补贴机制；②逐步理顺公交、轨道、出租车、轮渡的票价结构，建立合理的公共交通票价体系及其比价关系；③适时推出优惠票价，对常乘客、换乘和特殊群体适时优惠。

1. 票制和优惠政策

票制是票价制式的简称，是票价水平和比价关系的表现形式和调节手段，是一种整体结构上的安排。票制分为以收费结构区分的公共交通票制、以乘客类型区分的公共交通票制、以需求频次区分的公共交通票制。定价原则目前主要有两种：一种是政府不补贴企业情况下的公共交通定价原则，另一种是政府补贴企业情况下的公共交通定价原则。不论采取何种原则，公共交通企业提供既定的服务，成本可以认为是一定的，要使企业可持续发展，其成本必须得到补偿。根据我国的《城市公共交通条例》，我国城市公共交通定价以“低价、补贴”为原则。公共交通服务作为社会公众的一项日常需求，其价格具有较强的社会敏感性，低价策略不仅可以促进公共交通实现普遍服务的目标，而且有利于引导公众出行选择公交方式，提高公共交通的分担率。

目前，上海地面公交采用普票制，按线路类型分为市区常规、市区专线、郊区常规和郊区专线，按计价方式分为单一票价和多级票价。目前，部分专线线路逐渐向常规线路归并，实施单一票价的计价方式（表 4-30）。

表 4-30　　上海地面公交现行票制结构

区域		市区线路		郊区线路	
线路性质		市区常规	市区专线	郊区常规	郊区专线
票制		单一票价	多级票价	多级票价	多级票价
车型	普通大客	13 km 以下:1 元 13 km 以上:1.5 元	起价:1 元 费率:0.12～0.15 元/人公里 进级:0.5 元	起价:1 元 费率:0.12 元/人公里 进级:0.5 元	起价:1 元 费率:0.12～0.15 元/人公里 进级:0.5 元
	轻型客车	—	起价:1 元 费率:0.2～0.25 元/人公里 进级:1 元	—	起价:1 元 费率:0.20～0.25 元/人公里 进级:1 元
	空调客车	2 元	起价:2 元 费率:0.20～0.25 元/人公里 进级:1 元	起价:1 元 费率:0.24 元/人公里 进级:1 元	起价:1 元 费率:0.20～0.25 元/人公里 进级:1 元

上海目前的轨道交通票价是 2005 年轨道票价调整后确定的，遵循“公益为先、效益兼顾”的原则实行分级递进的计程票制。上海轨道单程票为 3 元 6 km 起步，每 10 km 加价 1 元，最高票价 15 元，体现“递远递减”的票价特点(表 4-31)。

表 4-31　　上海轨道交通现行票制结构

乘距/km	票价/元	乘距/km	票价/元
0～6	3	36～46	7
6～16	4	46～56	8
16～26	5	56～66	9
26～36	6	66～76	10

注:5 号线段内减 1 元(0～6 km 为 2 元,6～16 km 为 3 元)。

为提高公共交通票价吸引力，上海从 2005 年开始相继推出一系列优惠政策：

(1) 实施换乘优惠。自 2006 年 11 月起，本市开始在内环以内地面公交线路的空调车中分批实行换乘优惠，2006 年启动了 73 条，2007 年 6 月覆盖内环以内的 409 条线路，2007 年 10 月底拓展至内环以内所有地面公交线路与轨道交通之间的换乘，同时换乘优惠幅度从 0.5 元/次提高到 1 元/次。2009 年 4 月，换乘优惠范围进一步扩大到全市所有地面公交线路和所有车型，换乘优惠时间从 90 min 延长到 2 h。至此，本市公交换乘优惠政策已按原定计划分步实施到位，实现政策“全覆盖”。2014 年全市优惠乘车日均客运量 321.1 万乘次，其中优惠换乘 244.3 万乘次。

(2) 常乘客优惠。伴随公共交通体制的改革，上海取消了月票制度，但为了增加公共交通的吸引力，对常乘客实施了优惠政策，如轨道交通票价 2005 年 11 月起，在一个自然月内，刷卡款值满 70 元，可以打 9 折。

(3) 对特殊人员的优惠。《上海市公共汽车和电车乘坐规则》(沪交客〔2010〕539 号)第十七条规定了目前已有的特殊群体的优惠。首先是对残疾人士公交优惠。盲人凭本人《上海市盲人免费乘车船证》可免费乘坐本市除旅游线路、机场线路以外的公共汽车和电车线路的车辆。其次是对有突出贡献者的乘车优惠。残疾军人凭本人《中华人民共和国残疾军人证》，离休干部凭本人《中华人民共和国老干部离休荣誉证》或者《中国人民解放军离休干部荣誉证》，革命烈士家属凭本人《上海市革命烈士家属优待证》，伤残警察凭《中华人民共和国伤残人民警察证》可免费乘坐本市除旅游线路、机场线路以外的公共汽车和电车线路的车辆。最后是对老人免费乘车优惠。本市 70 周岁以上老人除工作日高峰时段外(高峰时段为 7:00—9:00，17:00—19:00)持本人敬老服务卡可免费乘坐除旅游线路、机场线路以外的公共汽车和电车线路的车辆。2016 年，该政策被老年人综合补贴政策取代，即取消老年人公交免费政策，改为发放补贴。

(4) 多次票。地铁一日票于 2010 年世博前夕推出，售价 18 元，在 24 h 内不限乘次、线路；地铁三日票于 2012 年 3 月 8 日推出，45 元，在 72 h 内不限乘次、线路。

经过 20 世纪 90 年代以来的分阶段调整，目前上海总体上形成了与公共交通市场化运营方向相一致的票价结构，同时，按照落实公交优先战略的要求，陆续出台了一些优惠措施。总体来看，上海票价处在不断精细化管理的过程中，票制日趋多样化。但与国外按时计价、按人次计价、按人群计价、按区域计价、分时段计价、按年龄计价等丰富的票制结构体系相比，上海票制结构仍相对单一，票种少，优惠手段也不够丰富，难以适应不同人群的不同出行需要，两轮白皮书均将丰富票价体系作为一项持续的交通政策。

2. 票价水平和比价关系

从 1996 年取消月票以来，上海地面公交经历了 3 次较大的票价调整，包括 1999 年和 2001 年的两次提价以及 2006 年以后逐步推出的各种优惠。上海地面公交的乘车费用经历了先增后减的趋势。1996—2001 年，公交票价经历两次调整，空调车开始引入，乘车费用从 0.80 元/人次上升到 1.37 元/人次。2002—2008 年，公交票价没有调整，但空调车比例不断提高，乘车费用进一步上升到 2.19 元/人次。从 2009 年至今，空调车比例趋于饱和，换乘优惠覆盖面不断扩大，乘车费用显著下降，到 2011 年乘车费用已经回落到 1.92 元/人次，但相比 2000 年仍然上升了 31.5%，年均增长 2.5%。

同一时期，轨道交通的网络加速扩大，并实施了同站换乘，每计费人次的平均乘距显著延长，从 2002 年的 8.8 km/人次提高到 2011 年的 14.0 km/人次，再加上 2005 年的调价因素，轨道交通实际票价总体呈现上升走势，2011 年达到 3.94 元/人次，比 2000 年增长了 40.9%。

与地面公交和轨道交通按人次计费不同，出租车是按车次计费，然后将车次支出折算到人次支出。近年来出租车平均运距经历了先缩短后增加的过程，从 2000 年的 6.48 km/车次下降到 2006 年的 6.05 km/车次，2011 年又上升到 6.44 km/车次。此外，2005 年对每车次载客人数的统计口径进行了调整，从之前的 2.03 人/车次减少到之后的 1.80 人/车次，因此，折算到人次的支出上升幅度要大于车次支出，2011 年达到 14.37 元/人次，比 2000 年增长了 43.0%。

随着公共交通体系的完善，各种交通方式的平均票价也在发生变化，2015 年，轨道交通小幅上升为 3.98 元/人次，地面公交进一步下降为 1.69 元/人次，出租车则进一步上升为 17 元/人次。上海出租车运价调整历程表 4-32。

表 4-32　　上海出租车运价调整历程

时间	起租价/（元·3 km^{-1}）	单价/（元·km^{-1}）	超运距加价距离/km	低速等候费收取/min
2015 年 10 月	14	2.5	15	4
2011 年 7 月	13	2.4	10	5
2009 年 10 月	12	2.4	10	5

注：车速低于 12 km/h 或乘客要求停车等候，每 5 min 计收 1 km 里程单价。

总体来看，从 2000 年开始，上海公共交通大的价格体系基本保持稳定，但随着市民出行距离的增加、空调车比例的上升以及轨道交通的大规模建设，公共交通的平均票价以及市民的实际出行成本都有所增加。从横向比较来看，上海居民公共交通费用支出占收入的比例高于国际一般城市水平。2011 年上海居民公共交通费用占人均可支配收入的比例达到 2.35%，而按照通勤成本占职工平均工资的比例达到3.54%，而相比国外城市这一比例很少有超过 1.5%的。从纵向比较来看，2000—2012 年期间，上海城市居民家庭人均可支配收入增长 11.9%，用于交通和通信的居民消费价格指数从 271.9 降到 206.5，政府投入的持续增加保证了上海地面公交票价始终保持在了较低水平上。

三种公共交通方式人次票价的比价日趋合理（表 4-33）。地面公交、轨道交通、出租车的人次票价之比从 2005 年的 1∶1.7∶5.8 缩小至 2008 年的 1∶1.8∶5.4，再恢复到 2010 年的 1∶2.0∶6.8。2015 年，轨道和地面公交的人次比价关系在接近，而出租车的比价关系进一步拉大。乘距票价在实际票价基础上进一步考虑了每次公共交通出行的距离因素，对采用不同公共交通方式出行相同距离需要支出的费用进行比较，更全面地反映公共交通乘客所感受到的公共交通比价关系。随着轨道交通网络的快速发展，轨道交通已经成为基础性的公共交通服务，其人公里费率与地面公交趋于一致，但平均票价有较大差异。这与国际公共交通发达城市的情况基本一致，例如，1999 年伦敦地铁人公里费率大约为 14.8 便士/人公里，而公共汽车约为 14.2 便士/人公里，二者之差仅 5%，与此同时其轨道交通的平均票价却是公共交通的 2.3 倍，因为这两种公交方式的平均乘距相差较大，地铁的平均乘距为 7.7 km，公共汽车仅为 3.4 km。出租车与地面公交和轨道交通价格差距进一步扩大，也反映了个性化交通出行方式的费用相对较高。

表 4-33　　公共交通三种方式的人次比价关系和乘距比价关系变化

年份	人次比价关系	人公里乘距比价关系
2000	1∶1.9∶6.9	—
2005	1∶1.7∶5.8	1∶1.1∶7.0
2010	1∶2.0∶6.8	1∶1.0∶7.2
2015	1∶1.7∶7.2	1∶1.0∶8.8

注：比价关系为“地面公交∶轨道交通∶出租车”。

3. 补贴机制

世界各城市在公交发展中的公益性和市场化之间的平衡关系各有不同，纯公益性或完全市场化的公交运营管理模式不多。按照政府补贴占企业收入的比例，大致可划分为公益性较多(超过 60%)、公益性居中(30%～60%)、公益性一般(低于 30%)以及高度市场化(无补贴)等 4 类(图 4-28)。不同的发展模式对应不同的城市规模、经济水平，总体来说：对于人口稠密、用地集约度较高的亚洲而言，公交发展的市场性要素要多一些。香港是这种模式中较为成功的案例，政府不给企业补贴，实行成本票价，但是政府对票价进行管制，票价涨幅需要得到政府同意，并且政府控制企业的利润率。欧美城市公益性水平较高，特别是欧美的小城市由于经济水平较高，高比例的公共交通补贴总额度不会成为政府的经济负担。

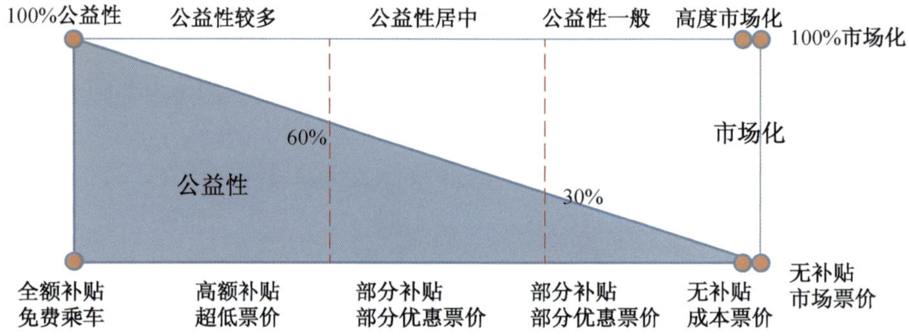

图 4-28　公共交通公益性程度示意

上海市政府相关文件明确指出优先发展公共交通是履行基本公共服务的内在要求，公共交通作为市民群众的主要出行方式，是城市重要的公共服务行业，要突出公共交通的公益属性，将公共交通发展放在城市交通发展的首要位置，进一步强化公共交通优先发展战略。2000 年上海颁布出台《上海市公共汽车和电车客运管理条例》，明确了市和区、县人民政府对公共汽车和电车客运方面的资金投入纳入公共财政预算体系。

上海的公共交通财政补贴包括财政直接补贴和财政间接补贴。直接补贴是政府设立“公共交通专项扶持资金”，以项目补贴的形式拨付至公共交通企业，资金来源主要是小客车额度拍卖资金。补贴项目主要包括车辆补贴、购买公共服务补贴、油价补贴、公交基础设施建设和维护。目前，补贴呈现 3 方面特征：①政府拨付的专项资金总额呈逐年递增的趋势；②油价补贴不再是主要的补贴项目，政府补贴更多的聚焦于车辆补贴、政府购买服务和基础建设；③优惠换乘和老人免费乘车两项优惠政策的政府补贴增速较快。间接补贴是指政府从税费、政策、规划等方面对公共交通行业予以支持，上海市目前对公共交通企业实施税费优惠，包括免征车船税和车辆购置税。

4.5 步行和非机动车

4.5.1 政策概要

步行和非机动车交通是城市交通的重要组成部分，在上海交通体系中有着不可或缺的作用。纵观两轮白皮书，对于慢行交通的认识在不断加深，慢行交通政策重点也伴随发展阶段和功能定位特征的转变发生了一定的变化。

在“2002 版白皮书”编制时，步行、自行车是居民出行最重要的交通方式，全市慢行交通出行比例稳定在 70%左右，但慢行交通的系统管理意识尚处于基本缺失的状态，整体设施条件和管理水平上都相对落后，表现为人行道宽度狭窄、路面破损、连续性差；非机动车道主要为地面划线、缺乏物理隔离设施；交叉口也较少有行人和自行车的专用信号灯；机非干扰、人车干扰、环境污染（燃油助动车排放问题突出）等问题不断加剧。慢行交通出行质量与上海国际大都市的定位有较大的差距。总体而言，“2002 版白皮书”更加注重慢行系统设施的建设和改善，重点是强调交通功能的人行道、过街设施、自行车网络的建设，并根据当时燃油助动车快速发展的现实情况，在保有量 50 万辆规模的情况，针对性地制定了限制发展和逐步淘汰的政策。经过“2002 版白皮书”的政策引导，慢行交通的设施状况已经大大改观。

“2013 版白皮书”编制时，与慢行交通发展相关的政策环境出现了新的变化。

从国家层面看，随着节能减排和绿色发展的要求和迫切性不断加强，步行和非机动车的发展问题已经逐步上升到国家战略，2013 年国务院发布《国务院关于加强城市基础设施建设的意见》（国发〔2013〕36 号文）明确了未来城市基础设施建设围绕 4 大重点领域展开，包括城市道路交通基础设施建设、城市管网建设和改造力度、污水和垃圾处理设施建设、生态园林建设。其中在城市道路交通基础设施建设领域，将城市步行和自行车交通系统建设与公共交通设施、道路桥梁并重，要求设市城市应建设城市步行、自行车绿道，加强行人过街设施、自行车停车设施、道路林荫绿化、照明等设施建设，切实转变过度依赖小客车出行的交通发展模式。2014 年 2 月住房城乡建设部再次发布《关于印发城市步行和自行车交通系统规划设计导则的通知》，提出了步行和自行车交通规划设计原则、系统控制指标、各要素技术指引和规划编制大纲，对编制各层次城市规划及专项规划，具有指导意义，对既有道路改善、道路工程设计、城市绿道建设等涉及步行和自行车交通相关内容,也具有参考价值。

从国际政策动态变化看,在过去一个世纪里,交通规划设计主要以机动车为主导,标准化的技术主义街道设计范式占据主导地位,街道样式单一且以提高速度为原则,而非凸显个性特征和宜居性,不仅导致城市地域特征逐步消失,还使得街道空间逐渐退化为纯粹的交通空间,其结果是行人、自行车和公共交通争夺机动车剩余的空间。进入 21 世纪,交通规划理念已发生了显著变化,他们强调一种交通、社区、环境共赢的设计目标。他们认识到高品质街道基础设施的投资相比只关注交通机动性可以获得更好的效益,良好的人性化街道环境可以吸引更多的居民与商业投资。伦敦、纽约、巴黎等城市交通均制定了促进自行车和步行交通的发展政策,自行车、步行等绿色交通方式也重新得到重视。

为适应国际和国家新的政策发展要求,"2013 版白皮书"则将政策重点放在慢行交通品质的提升上,不单强调交通功能的完善,而是从整体交通体系组织和低碳发展的要求,进一步强调区域慢行系统的优化和对整体交通出行模式的优化。同时在交通工具发展政策上,进一步加强对电动自行车规划管理。下文就慢行交通发展所涉及的路权、交通工具以及功能定位等相关政策的发展变化进行阐述。

4.5.2 慢行路权网络的保障

"2002 版白皮书"高度重视慢行交通路权保障的意义,认为在未来的上海交通体系中,慢行交通仍不可或缺,应保护其合理的活动空间,创造人性化的慢行交通环境。并明确提出提高中心区人行道标准、完善行人过街设施、加强人行道秩序管理、建设地区性自行车通道网络、完善自行车公共停车设施等政策导向。

1. 依据相关技术标准,规范慢行交通路权的建设

为保障人行道的使用空间,并满足残疾人士的使用要求,在人行道的宽度、设施布设以及无障碍设施的设置上都形成了一套较完善的技术标准。具体如:上海地方标准《城市道路人行道设施设置技术要求》(DB/T 415—2008),《城市道路和建筑物无障碍设施设计规范》(JGJ 50—2001)、《无障碍设施设计标准》(DGJ 08 - 103—2003)为人行道无障碍设施的设置提供了参考依据和标准。2016 年,配合《上海 2040 城市总体规划》出台,同步发布了《上海街道设计导则》,为推动道路向街道的人性化转变,引导城市交通可持续发展提供了技术标准。

2. 在控规层面明确慢行交通的路权宽度要求

2011 版《上海市控制性详细规划技术准则》(沪府办〔2011〕51 号发)明确要求要形成连续、完善、安全、舒适的慢行系统,对人行道和非机动车道的宽度提出了具体的设计指导要求,人行道宽度最小不得小于 1.8 m,非机动车道第一条车道宽度为 1.5 m,增加的车道每条宽度为 1 m。在机非分行的道路上,非机动车道宽度不得小于 2.5 m。

根据上海市相关职能管理部门提供的资料计算,上海市中心城单侧人行道的平均宽度约为 3.3 m,上海市基本所有地面道路两侧都建设有人行道。为方便残疾人士通行,近几年还重点完成了部分主、次干路及重要集散区周边城市道路无障碍设施建设工作。

3. 强化人行秩序管理

(1) 强化人行过街设施的建设。为方便行人过街，加强行人灯的建设，目前全市设置了超过3万组行人灯。积极开展行人专用相位的控制、“十字路口全绿灯”行人斜行过马路试点。近年来除去常规的平面过街设施及交通组织，还加强了立体过街设施的建设。目前中心城已建成较完善的立体人行过街设施，主要分布在人流密集的交通干道沿线、商业设施集中区域、大型活动中心和轨道交通车站等处。陆家嘴、徐家汇商圈、中山公园等部分商务区加强了立体步行走廊的建设。

(2) 建立了人行道的综合秩序管理机制。人行道的秩序管理涉及市容、绿化、城管、交通、邮政、电信等多个部门，为便于执法管理，形成了一套协调管理的机制。特别是2009年，为迎世博，建交委印发关于《本市人行道及人行道设置设施专项整治方案》的通知(沪建交联〔2009〕771号)，进一步规范了统筹一体的管理机制，并在世博会期间起到了积极的效果，人行道各类公共设施，都能在公共设施区内放置，人行道的秩序有了明显改观。

4. 探索自行车专用通道建设

非机动车和机动车之间的流动速度不同，机非混行不仅威胁交通参与者的安全，而且还会影响道路运行速度。3块板路幅或主干道一般有物理设施隔离，非机动车有相对独立的骑行空间。但大部分1块板形式的支次道路没有物理隔离设施，主要通过地面划线实现机非分离。

传统的路段物理隔离或划线隔离，一定程度上避免了路段上的机非干扰。但是，交叉口的机非干扰始终无法得到解决，并且随着交通流量的增长，问题日益突出。正是出于这方面的考虑，交通管理上逐步尝试道路功能的机非分流，即在主干道和部分次干路上实行机动车专用的同时，在平行的支路上开辟自行车通道，进一步避免机动车和非机动车的相互干扰。利用上海中心城路网密度高的特点，从2003年开始，上海开始选取一些支小道路设置自行车专用通道，同时对与其平行的主次干道进行机动车专用路改造。目前中心城共有禁非道路120 km，约占中心城地面道路的4%。但非机动车专用通道的设置难度较大，2006年以来上海多次开展相关规划，但未完全落实，未形成系统化的非机动车专用通道网络。

2009年中心城地面道路中机动车专用路和非机动车专用通道如图4-29所示。

5. 加强高质量步行空间建设

除了结合商业、商务设置步行街外，还结合历史街区的改造和滨江地区的改造，打造了一批步行空间品质较高的街区和公共场所，如田子坊、思南公馆、徐汇滨江、外滩滨江等，为提升步行质量提供了范例和样本。此外，新建小区在总体设计注重居住环境质量的提高，合理进行功能分区，组织好人流和车流，方便居民生活，有利安全防卫和组织管理。

图 4-29　2009 年中心城地面道路机动与非机动专用交通管理

经过 10 余年的建设发展，上海的慢行系统得到了较大的提升，慢行交通的发展逐步从基本保障向提高品质转型，反映了发展理念的进步和发展。“2013 版白皮书”在具体政策上，除了坚持既有的路权保障和秩序管理，进一步强化了围绕综合体或枢纽开发的一体化慢行系统、低速区的建设，同时根据建设部的要求，增加了适应居民休闲和健身功能的绿道系统的建设，具体体现在以下方面：

(1) 围绕枢纽和综合体的一体化慢行系统强化。

公共交通虽是大型且高效率的运输系统，但无法做到完全点到点服务，慢行交通灵活性强，可以完善公共交通的出行链。上海充分借鉴香港慢行交通系统的成功经验，进一步加强了商圈、轨道交通车站周边的慢行交通设施体系建设，行人系统与区内主要的商业建筑都有无缝连接，行人基本可从地铁步行直达区内主要商业大厦、酒店及办公楼，陆家嘴、中山公园等商圈的空间连廊建设也取得了较好的效果。

(2) 面向慢行交通的道路功能调整。

慢行交通已经不单纯是一个依附于机动车道路交通的线性的附属功能，已经成为从提升区域可达性和安全性以及可持续发展层面的发展模式问题，目前国际城市均在开展积极的实践。

2011 年，上海市发改委发布《上海市发展改革委关于在虹桥商务区等 8 个区域开展低碳发展实践区试点工作的通知》（沪发改环资〔2011〕031 号），长宁虹桥地区也因此被确定为上海市首批 8 个低碳发展实践区之一。在建设之前，长宁区早晚高峰，交通量较大，加上停车设施缺乏，路内违章停车现象较为普遍，慢行交通出行环境较差。本着"公交＋慢行"的交通发展理念，长宁区采取多种手段，大力发展低速区，如压缩车道宽度、缩小交叉口路缘石转弯半径、优化过街组织、增加路面铺装等，最终营造出良好的慢行交通氛围，提升了虹桥地区独特的交通品质和魅力。

（3）面向健康出行和休闲的绿道系统建设。

绿道是以自然要素为依托和构成基础，串联城乡游憩、休闲等绿色开敞空间，以游憩、健身为主，兼具市民绿色出行和生物迁徙等功能的廊道。绿道与公交、步行及自行车交通系统相衔接，丰富城市绿色出行方式，有利于缓解交通拥堵，推动节能减排。

上海市首个慢行系统"闵行绿道"也已在 2015 年 6 月底竣工对外开放。根据《闵行区绿道系统专项规划》，绿道建设范围为闵行区行政区划内所有区域，总面积 372 km^2，规划年限为 2016—2030 年，近期为 2016—2020 年，远景展望至 2030 年。2015 年 7 月已在沪闵路建成 3.8 km 的闵行绿道，该绿道沿北横泾西岸从闵城路至六磊塘，分为人行步道（1.2 m）及自行车道（2.2 m）两部分，中间以白线划分，将零散的养护便道串联、贯通，形成一体。

伦敦《自行车设计标准》和《市长自行车发展愿景》

为推进自行车计划的落地，TFL 在 2004 年制定了伦敦自行车发展计划（The London Cycling Action Plan，LCAP），为进一步提高自行车骑行的安全性、通达性，鼓励自行车出行，TFL 再次编写了伦敦自行车设计标准（London Cycling Design Standards），进一步明确了自行车出行方面的交通设计和环境事项的标准和流程，这也是伦敦自行车发展计划的重要工作之一。自行车设计标准共包括 7 个方面的内容：

（1）自行车项目的实施过程；

（2）通过平面组织实现机动化交通的速度控制和交通管理；

（3）自行车车道的选择和使用（机动车道上的自行车车道设置、机动车道外的自行车车道设施、共享使用）；

（4）路口交通组织（优先通行交叉口、信号交叉口、环岛等）；

（5）交通标志和标识；

（6）修建细则（路面材质、颜色、排水、照明设施的设置）；

(7) 停车导则。

伦敦市长战略中非常重视自行车的发展，此后 TFL 发布了《市长自行车发展愿景》，明确提出了伦敦自行车的功能层次。未来的自行车网络有两个层次：一类是具有高承载力的高速路(superhighways)，主要布设在交通干道上，隔离设施完备，方便快速通勤使用；另一类是稳静车道(quiet ways)，出行速度相对不高，背景交通需求不大，有一定直达性，部分稳静车道绿化环境较好，可供家庭游憩使用。

中央伦敦自行车网络计划

4.5.3 非机动车工具的规范发展

非机动车交通工具的发展经历了从自行车到燃油/燃气助动车、再到电动自行车的发展过程。非机动车交通工具的发展既是社会经济发展人民生活水平提升的作用，也与公共交通体制改革等其他相关政策的影响密切相关。

1996 年上海开始了第一轮公共交通改革，采取市场化手段发展公交。首先把统一的公交公司分解成独立运营的 13 个分公司；然后政府分 3 年逐步取消对公交公司的补贴，把对公交公司的补贴转为发放给个人，按个人收入水平发放现金补贴；最后取消公交月票。市民拿到现金采取了利益最大化的方式消费，而不是继续乘坐公交。1997 年上海的燃油助动车规模快速增长到 48 万辆，较 1995 年增长 13 万辆。

上海市 1997 年颁布实施了《上海市道路交通管理条例》，要求停止核发燃油助动车牌照。对存量燃油助动车主要采取了打击非法改装车辆、禁止加油站对违规使用的燃油助动车进行加油、允许用 LPG 助动车替代有牌照的燃油助动车，同时不再核发燃气助动车牌照，燃气助动车实行自然报废淘汰等措施，有效控制了燃油助动车的保有和使用。由于政府部门的有效干预，前几年迅速发展起来的助动车在1998年得到了有效的控制，全年的增加量仅为6 500辆。2006年，上海市所有存量有牌照的燃油助动车到达报废年限。2013年，上海市所有存量有牌照的燃气助动车也达到报废年限。上海市各类车辆发展情况表4-34。

表4-34　　上海市各类车辆发展情况　　单位：辆

年份	小客车	大客车	货车	摩托车	其他	运输用拖拉机	轻便摩托车	机动车合计*	沪C牌照机动车	自行车	助动车
1994	122 629	18 262	110 646	75 824	20 540	2 418	2 270	371 820	124 555	4 925 027	192 762
1995	149 383	20 006	119 322	84 761	21 195	2 266	4 318	419 898	156 446	5 325 132	332 556
1996	169 666	21 570	126 292	93 513	27 848	2 040	4 938	464 261	204 300	5 889 820	477 564
1997	198 392	22 824	137 010	102 699	30 872	2 025	28 057	540 319	281 018	—	490 363
1998	216 808	24 512	135 352	109 561	28 517	8 721	77 381	600 852	235 245	—	496 811

注：*这里的机动车包含了公交车辆及客、货车、摩托车，但不包括沪C牌照机动车。其他车辆中不包括手扶拖拉机。

资料来源：上海市交通警察总队、公安部交通管理局。

从2005年开始，得益于电池技术的快速发展，以及对燃油助动车的高压淘汰政策，电动自行车呈现迅猛的发展势头。短短6～7年间，注册及各类无证、超标电动车规模接近400万辆，承担近20%的居民出行，电动自行车快速取代燃油、燃气助动车，成为发展最快的个体准机动出行方式。上海在2007年，就高度重视大量超标电动自行车上路行驶造成交通安全隐患的问题，并对电动自行车实施牌照管理制度，要求符合标准并上牌的车辆才能上路。但随着大量无牌或外省市号牌电动自行车的使用，以及各类私自改装提高车速的行为的发生，电动自行车已与摩托车具有相当的技术性能，成为近年来普及速度最快的便捷、经济的快速化大众交通方式，即便是公共交通非常便利的中心区，电动自行车的使用强度依然非常高。由于其技术能力大大超过传统的人力自行车，骑行者缺乏文明驾驶的意识，对慢行交通以及汽车都造成了较大的干扰，给道路交通安全造成了新的隐患。因此，规范电动自行车的发展成为“2013版白皮书”必须重点关注的事情。

10年前，在燃油助动车保有量仅50万辆的初期，及时采取淘汰的发展思路是符合当时的实际情况的。但目前电动自行车的规模达到500万辆，已经错过了取缔、淘汰的管理窗口时期，而且电动自行车已经不是单纯的交通工具，更是与民生密切相关的通勤交通方式，甚至是维持生计的运输工具，若还是延用“限制、淘汰”等思路来管理，必然导致执法管理难度较大的问题。

2013年修订的《上海市非机动车管理办法》进一步强化非机动车管理各个环节的全

覆盖监管，从强化源头管理、明确执法管理依据以及提升处罚力度等3个方面，为公安机关加强非机动车执法管理创造了有利条件，开篇即明确了市公安局、质监部门、工商部门及其他部门的职责内容。这与2001版的《上海市非机动车管理方法》存在显著的不同。在旧版办法中，主要从公安局的职责角度规定了非机动车的管理办法，而新版的办法则是从非机动车的生产、销售、登记、通行等全方面地明确相关标准和要求以及管理主体。

为全面治理各类超标电动自行车的使用，上海市公安局同步发布了《关于电动自行车登记有关事项的通告》，对符合国家和本市标准要求的电动自行车实行产品目录管理制度，并办理电动自行车号牌和行车执照。对2013年11月前购买但未纳入产品目录的电动自行车(含已取得外省市号牌的电动自行车)，可在半年过渡期内申领临时号牌，取得临时号牌的车辆可以具有两年半的通行权。2014年9月1日后，电动自行车未取得本市号牌、行车执照或者临时号牌上道路行驶的，公安机关交通管理部门将依然处以50～200元的罚款。

在安全管理方面，上海市较为鼓励非机动车驾驶人投保第三者责任保险、人身伤害保险和财产损失保险，但该方面政策尚未出台和施行。

电动自行车是城市化机动化大背景下，个体交通机动化的另一条路径，是在一定经济社会、政策规制、技术水平等要素影响下的过渡产物。在公共交通体系尚不健全，城市用地功能布局尚未充分均衡的发展过程中，电动自行车的存在具有一定的合理性，分担了一部分公共交通无法满足或缺失的出行需求。但随着城市综合交通体系的完善，其作用会逐步下降。

4.5.4 公交接驳功能的强化

"2002版白皮书"编制时，特别强调慢行交通功能的建设，制定了引导自行车合理运行以及促使助动车向公交转移等行动，并提出了积极引导长距离的自行车出行向公共交通转移，积极改善交通条件发挥自行车短距离出行和接驳公交的功能等措施。对于助动车，由于其技术性能已经大大突破传统人力自行车，但环境影响和安全隐患较大，为避免对公共交通客流的分流，提出区域限行、逐步淘汰的发展政策。

但事实上随着非机动车交通工具的功能异化，公交接驳功能强化的政策发展并不顺利。首先，随着机动化进程的加速以及城市空间范围的不断拓展，全市慢行交通出行比例已经回落到55%左右，下降幅度趋于平缓，中心城慢行交通出行比例略低于全市。其次，内部方式结构出现变化，步行交通出行比例总体稳定在25%的水平。自行车的交通功能快速萎缩，自行车出行比例由原先的40%快速下降到15%左右，虽然自行车的累计保有量近1 000万辆(未统计注销)，但实际使用量显著下降，根据第五次综合交通大调查，上海居民家庭户脚踏自行车的日均使用车辆规模仅为155万辆，长距离出行主要转向电(助)动车和公共交通。

“2013 版白皮书”面临的政策背景是已经建成了 500 km 的轨道交通网络，接驳换乘轨道的出行需求大大增加，但从调查来看，约 25%的轨道交通乘客到车站的接驳距离在自行车适应出行距离范围内(1～3 km)，上海市目前仅 5%的轨道交通乘客采用非机动车前往地铁车站，远低于东京 19%的接驳比例(表 4-35)。随着轨道交通网络的完善和直达性的增强，根据第五次综合交通大调查，市民通过步行接驳轨道的比例持续上升，通过非机动车接驳的比例进一步下降，但考虑到轨道客流规模的快速增长，自行车对轨道交通的短驳需求存在巨大的发展空间。“2013 版白皮书”进一步强调了换乘接驳功能的强化，主要政策包括以下几点。

表 4-35　　轨道交通车站的驳运体系构成(2009 年)

出行方式		从家至车站		从车站至工作地	
		上海	东京	上海	东京
全程步行		61.6%	59.1%	76.3%	86.4%
二轮车	非机动车	5.1%	19.0%	1.9%	1.9%
	摩托车	0.8%	2.0%	0.4%	0.3%
	小计	6.0%	21.0%	2.3%	2.2%
小客车		2.4%	5.5%	0.8%	0.3%
公共汽电车		24.7%	14.1%	15.3%	10.6%
出租车		3.4%	0.1%	3.3%	0.2%
其他		1.9%	0.2%	1.9%	0.3%
合计		100%	100%	100%	100%

(1) 大力推进车辆停放设施的建设和一体化管理。

对停车配建指标进行了修正。2014 版的《上海市建筑工程交通设计及停车库(场)设置标准》对不同区域和功能的建筑自行车配建指标进行重新修正。将公交的接驳出行纳入整个公共交通体系一体化管理，研究自行车换乘轨道交通实时停车费优惠政策。

(2) 面向轨道交通换乘组织，推广租赁自行车系统。

自 2008 年 5 月杭州率先在全国运行公共自行车租赁系统以来，上海从 2009 年试点发展公共租赁自行车。租赁自行车系统的推广一般由各区级政府主导建设，采取购买服务的方式对运营企业进行补贴，但由于出资方不一，目前各区的系统暂不能互借互换。但总体来看，公共租赁自行车还是得到了较快的发展，至 2016 年，全市总体规模已达到8 万辆，日均周转率约 3 次/车，闵行区有上海最大的公共自行车系统，规模约 3 万辆。

从网点布局看，上海中心城网点相对较少。一方面中心城轨道交通和公共交通相对发达，另一方面中心城用地紧张，布桩设点的难度较大。因此网点主要集中在郊区，如闵行、浦东和宝山等，以上海最有代表性的闵行区公共自行车为例，网点布设主要围绕轨道交通车站和轨道交通车站周边的居民区以及商业办公网点。闵行区最初希望缓解轨道交通“最后一公里”问题，并希望提升区域环境和形象。从出行距离特征看，90%的公共自行车使用是在 25 min（约 3 km）以内，出行目的与布局的位置关系很大。从运营模式看，全免费政策下政府的负担较重，没有财政支持，公共自行车项目难以长期维持，目前已经采用预付费模式。

2016 年出现的无桩智能公共自行车系统，通过移动互联技术连接智能手机和自行车，使自行车摆脱停车桩和固定还车点的限制，实现了随时随地租借和还车，取得了较好的发展，成为推动自行车交通发展的很好契机，值得鼓励。但在互联网和社会资本推动下的无桩智能公共自行车也日益呈现无序增长态势，无序停车、违法骑车等问题逐步呈现，需要在发展中不断规范和完善。

4.6 出租汽车

4.6.1 政策概要

出租汽车是城市公共客运交通的重要组成部分，其定位随着轨道交通、地面公交以及私人小客车的发展而发生变化。出租汽车服务是按照乘客意愿提供运送服务，并且按照里程和时间收费的出租汽车经营活动，涉及驾驶员、乘客、法人等多重利益诉求。两轮白皮书在出租车交通政策的设计上总体兼顾提升社会交通服务和行业有序发展的双重要求。但从两轮白皮书编制的出租车业态发展背景而言，存在一定的变化。

（1）功能定位的变化。“2002 版白皮书”把出租车定位为城市公共交通的补充，满足有特殊需求并愿意承担较高出行成本的乘客的出行需求。受经济发展水平影响，当时出租车对于居民是一种昂贵的方式，出租车主要为高端商务出行、外宾及特别的需求服务。在 2009 年发布的《上海市人民政府关于进一步促进本市出租汽车行业健康持续发展的意见》中，再次对出租车功能定位为：“出租汽车是城市综合客运体系的重要组成部分，是满足人们个性化出行需求的一种重要交通运输方式，是体现城市综合服务能力的重要载体，是城市公共交通的必要补充。”进入 21 世纪，随着社会经济的发展，小客车快速进入家庭，轨道交通网络不断健全，居民出行方式呈现多样化特征，根据 2014 年第五次综合交通调查结果来看，全市出租车方式比例不足 5%。从出租车所承担的出行目的看，通勤出行占 30%，业务出行占 10%，生活出行占 60%。出行目的以从通勤商务为主的出行向娱乐生活出行转移，出租车已成为大众出行的重要方式。

（2）出租车行业可持续发展问题日益成为社会关注热点。“2002 版白皮书”编制时，上海出租车行业经历了公司化改造，在发展整体处于上升和规范时期，客流规模与车队规模基本保持同步稳定增长，行业矛盾并不十分突出。而“2013 版白皮书”编制时，上海出租车队规模已经基本稳定，但在轨道交通成网、私人小客车普的分流下，出租车客流呈现逐年下降趋势。伴随运营成本的持续增加，出租车行业的人员流失、服务质量下降等问题比较突出。特别是互联网约租车的发展完全改变了传统出租车的运营生态，在显著提升出租车运营效率的同时，基于互联网的出租运营模式日益对传统的公司化运营模式产生冲击和分流。

基于上述出租车发展背景的变化，“2002 版白皮书”的政策重点主要是完善既有运营管理模式，并从配套设施、叫车模式等方面积极转变市民用车模式。而“2013 版白皮书”则加大了对出租汽车行业健康发展及传统出租车运营模式的转型发展等方面的关注。

4.6.2 公司化规模化管理

公司化、规模化管理是上海在长期出租汽车市场发展和行业规范管理过程中形成的宝贵经验，在两轮白皮书中都得到了贯彻和坚持。

新中国成立初期，上海仅拥有出租汽车 370 辆。20 世纪 60—70 年代，机动三轮车是出租车辆运营主要车型，至 1979 年，全市出租车辆 1 679 辆，其中机动三轮车占到 65%，出租汽车仅 558 辆，其中小型客车更是只有 324 辆。上海出租汽车的真正发展是从 80 年代开始，1983 年上海兴起各行各业开办出租汽车公司的热潮，返沪知青办起了“捷达”“申联”等出租汽车公司，农村、农民也加入到开办的行列。1985 年 1 月出现第一家个体经营出租汽车的私人企业，同年市政府颁布《上海市出租汽车客运管理规定》，提出适度发展个体和集体经营，极大地促进了出租汽车的发展。

随着个体工商户的增加，不规范经营现象也层出不穷，个体出租汽车服务投诉急剧增多，加之对个体出租汽车的发展宏观控制不够以及缺乏相应的管理措施，出现了许多影响服务质量和安全的情况。为了解决无约束的放量可能引发社会问题，1987 年起，市政府先后开展两轮整顿治理，提出了机动三轮车全部退出营业和推进公司化经营方向两大决定，整顿个体出租汽车不规范经营。同时，暂停办理出租汽车个体工商户开业与购车审批手续，原则上停止向个人授予经营权。1988 年上海出租汽车行业整顿，开始清理车辆为个位数的小企业，仅 1990 年就歇业 84 户。90 年代开始推进企业办出租，部分企业通过联合、收购和兼并扩大规模，企业数开始逐年减少，至 1995 年基本形成公司化经营格局。

目前，上海的出租车企业规模为 108 家左右，较 90 年代高峰期的 557 家削减了近 80%，其中强生、大众、锦江、海博四大企业的车辆占比 71%，处于主导地位，个体运营模式的车辆规模约 3 000 辆(表 4-36)。公司化运营有利于出租行业的规范管理和服务水平提升，是两轮白皮书始终坚持的发展方向。

表 4-36　　本市出租汽车企业户数

年份	顶灯出租汽车企业	区域出租汽车企业	个体户
2009	152	19	3 153
2010	139	19	3 154
2015	108	19	2 988

公司化管理主要实施承包制，即企业购车，交与驾驶员承包经营。企业在收取承包金后，主要承担税费、车辆折旧与保险、从业人员社会保障与福利、管理费、财务费用等。驾驶员营业收入在缴纳定额承包指标后，主要承担车辆清洗、维修、燃料费，以及该由个人承担的有关费用后，余下的归己所得。由于承包指标受到行业管理部门的调控，燃料费用在建立"油价运价联动机制"后，超过运价对应油价部分实行临时补贴。承包经营制度延续至今，成为出租汽车行业主要经营模式。

近年来，为减少企业运营成本，企业开始尝试新的经营模式——租赁经营制，其实质是改变企业用工性质。实行租赁经营制后驾驶员由员工制改为自雇制，企业可以不再支付逐年不断上涨的职工社会保险和住房公积金，不再承担用工成本。企业与驾驶员之间不存在劳动关系，只有单一的车辆租赁带来的经济关系。

4.6.3　额度许可控制政策

1994 年、1995 年上海先后出台了《上海市出租汽车客运管理办法》和《上海市出租汽车管理条例》(以下简称《条例》)，早于建设部发布的《城市出租汽车管理办法》，标志着上海出租汽车市场开始逐步走向规范管理，上海出租汽车地方性法规明确提出出租车运营额度总量控制政策。《条例》指出本市的出租汽车应当与其他公共交通客运方式协调发展，出租汽车的数量、停车场(库)、营业站和调度网络等的发展规划和计划，由交通主管部门根据城市建设和社会、经济发展的实际情况编制。2004 年国务院第 412 号令《国务院对确需保留的行政审批项目设定行政许可的决定》也明确县级以上地方人民政府出租汽车行政管理部门可以对"出租汽车经营资格证、车辆运营证和驾驶员客运资格证核发"实施行政许可。

调控出租车发展规模、额度政策的设定与出租车的功能定位、全市交通模式以及出租行业的有序发展等要素相关。建设部 2002 年颁布的《关于进一步加强城市出租汽车行业管理工作的意见》中明确"出租汽车有效里程利用率低于 70%的城市和地区原则上不宜以审批、拍卖等形式向市场投放或变相投放新的运力"的要求。

"2002 版白皮书"编制时，上海出租车市场已经相对规范，受额度总量控制政策影响，顶灯出租车规模呈小幅有序增长，到 2003 年以后出租车规模基本达到峰值的约 5 万辆，千人拥有率水平与国际都市相当(表 4-37)。后续主要增量投放在郊区区域出租车上，目前区域出租车的规模在 5 623 辆。市区牌照严格控制，仅世博期间为满足世博游客的出行需求，有 2 000 辆的增量投放。

表 4-37　　出租车拥有率比较

城市	年份	出租车/万辆	常住人口/万人	千人拥有率
上海	2015	5.0	2 415	2.1
香港	2010	1.81	702	2.6
伦敦(大伦敦)	2006	2.17	725	3.0

历次综合交通大调查数据可以反映上海出租车里程利用率的变化趋势。1986 年出租车的里程利用率超过 85%，反映了供求关系相当紧张，有必要增加供给。但随着车辆供应量的快速增长，供需矛盾的关系开始转变，20 世纪 90 年代初期，出租车里程利用率数据已经下降到 70%，空驶率 30%，供求紧张的矛盾得到一定缓解，供需相对平衡。到了 2004 年，出租车的里程利用率数据已经进一步下降至 64%，反映了供求矛盾进一步得到缓解，但过低的里程利用率也反映了可能的运力过剩或运输效率下降，而目前基本稳定在 65%左右(表 4-38)。

表 4-38　　上海出租汽车的里程利用率变化

年份	1986	1995	2004	2010	2015
里程利用率	85%	70%	64%	61%	65%

总体来看，两轮白皮书关于出租车总量控制的政策基本符合出租车市场的发展要求。额度总量控制政策的实施，确保了市场供需平衡，使出租车辆的增长与需求协调发展，还对稳定行业队伍、出租行业有序发展也起到了积极的作用，客观上也进一步促进了出租车企业的集约化公司化发展。上海出租车拥有量变化趋势如图 4-30 所示。

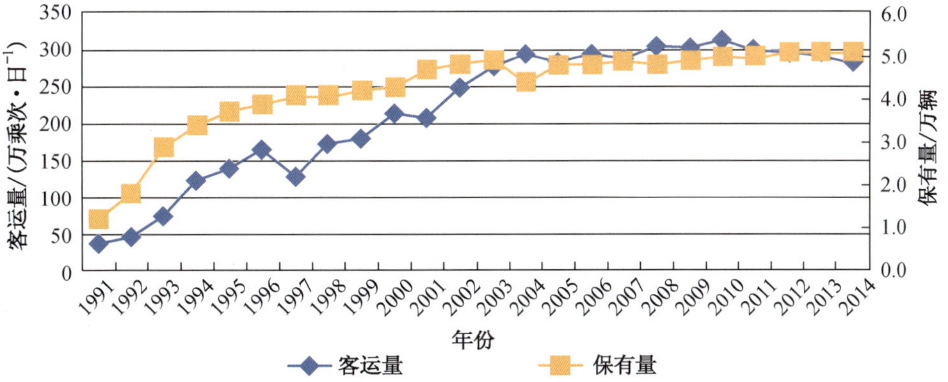

图 4-30　上海出租车拥有量变化趋势(1991—2014)

"2013版白皮书"针对出租车额度管理存在的问题及"互联网＋交通"的新发展形势，制定了相关政策建议。

(1) 关于额度管理存在的问题。

目前的运营额度实行无期限使用制度，回收机制不健全，不利于出租汽车行业形成市场竞争机制。后续政策应建立出租车数量宏观调控机制，合理处理由于历史原因造成的额度有价问题，并实施有期限管理。

(2) 如何应对互联网＋约租车的发展。

"2013版白皮书"编制时，"互联网＋"对出租车业态的影响刚刚起步，白皮书提出要引导和规范智能终端有序推广和应用。事实上，在"2013版白皮书"颁布后的2年内，互联网对出租业态的影响远超预期。

2013—2014年，主流网络叫车平台通过持续市场推广，使得软件打车得到快速普及，并基本实现对传统顶灯出租汽车市场的全覆盖。2014年下半年开始的专车服务首先在租赁车市场开始推广，提供比传统顶灯出租汽车更好的车型和服务，价格也相对较高，进一步凸显了与既有出租在运营管理和服务水平上的差异，为软件叫车的发展寻找到盈利点。由于运营车额度有限，大量社会私家车类非营运车辆通过挂靠第三方平台导入市场发展快车业务。显然这种非专业驾驶员和无运营资质车辆的运营模式与既有法律法规冲击，被界定为非法营运。

专快车模式的快速发展，绕开了"出租汽车经营资格证、车辆运营证和驾驶员客运资格证核发"需要实施行政许可的法律要求，在为乘客提供个性化服务的同时，也日渐对传统出租车行业产生了冲击，同时由于行业监管的缺失导致服务质量和运营安全难以保障。2015年10月，交通运输部发布了《关于深化改革进一步推进出租汽车行业健康发展的指导意见(征求意见稿)》和《网络预约出租汽车经营服务管理暂行办法(征求意见稿)》，其核心思路是将新业态纳入出租汽车管理范畴，构建包括巡游出租汽车和预约出租汽车新老业态共存的多样化服务体系。2016年7月，交通运输部正式发布了出租汽车改革指导意见及网约车暂行管理办法，明确了出租汽车的行业定位，支持网约车平台公司不断创新规范发展，鼓励传统出租汽车企业转型升级。新政的正式出台，为出租汽车行业的有序发展指明了方向。上海既有的出租车行业管理制度设计也将结合新的发展形势进行优化和调整，进一步激发企业内生动力，转变监管思路。

国际城市出租车管理制度案例

关于出租车总量控制政策，国外大城市主要分为两类：一类是对出租车数量进行控制，通过出租车牌照管控政策逐年增加适量出租车牌照，如纽约、巴黎、香港、洛杉矶等大城市，这样既保证了市民的出行需求，也保障了出租车司机的收入水平。另一类是出租车经营完全市场化，借助市场来调整出租车的数量，如新加坡、瑞典、新西兰、日本以及美国的部分城市(如丹佛、印第安纳波利斯、菲尼克斯等)等。

关于出租车定价收费机制,国外城市主要分为三大类:第一类是完全取消价格管制,出租车司机可以根据市场情况制定价格,但要明确标示运价,以瑞典、新西兰为代表。第二类是出租车企业自行定价,但由管理部门规定最高价格,以美国印第安纳波利斯为代表。第三类是实行运费规制,出租车管理部门对出租车服务进行统一定价,以纽约、伦敦为代表。

对出租车的运营服务质量,国外城市普遍加以严格规范。如新西兰规定新经营者在加入之前必须在有关的报纸上表明自己申请牌照的目的,在申请被批准之前,申请者被严格审查,主要包括其性格、是否遵守交通纪律、是否有犯罪记录等,已经拥有牌照的经营者也要求获得有关考试的合格证书,主要包括对法律和安全方面的考试。另外,牌照的经营者必须是认可的出租车机构(提供一周 7 天每天 24 h 的电话调度服务的出租车机构,至少拥有 5 辆车)的成员,经营者还要求记录乘客的投诉。每辆车还必须拥有由专门的测试中心颁发的合格车辆证书,车上的计程器每 6 个月就要进行检查和盖章证明。出租车的经营者和驾驶员都有一个记过分数系统来管理,如果两年之内的记过分数超过 200,就会被剥夺经营或驾驶的资格 5 年。英国伦敦的出租车行业对司机也有很严厉的淘汰机制,一旦出租车司机被乘客连续投诉几次后就会被吊销出租车的运营执照,退出经营。

在驾驶员准入标准方面,国外大城市都有着较为严格的审查制度。以伦敦为例,在伦敦想要成为一名出租车司机要先通过严格的"伦敦知识"考试。这项测试从 1865 年沿用至今,一般需要花 3 年时间准备和测试,全部通过需要参加至少 12 次实地测试。此外,还有严格的体验和个人经历审查。

国外对网约车的管理大致分为两类:一类是对网约车的发展给予合法地位和经营空间,通过立法手段加以规范,以美国各城市、伦敦、多伦多、里约热内等为代表。第二类是对网约车采取严格的限制,以香港、东京等城市为代表。多伦多市出台《多伦多市雇佣车管理规定》,将网约车视作单独的客运服务行业,并不视为出租车行为,但与出租车、豪华车共同进行管理。其允许私家车提供客运服务,但需满足一定准入标准,司机需经审查符合一定标准,车辆需同出租车标准进行年检,同时私家车运输公司也需取得行政许可;对于网约车价格,要求不得低于当地出租车起步价(3.25 加元),在此前提下,私家车运输公司可以自行制定价格。

4.6.4 持续降低空驶里程

随着轨道交通网络的快速发展,多层次的公共交通客运体系日益完善,出租车客运量增幅相对放缓。提高里程利用率成为提高出租车运营效率的重要目标和手段。目前出租车的服务方式主要有巡游、站点候客、电话呼叫三种方式。巡游服务的随机性很强,招呼出租车的乘客和寻觅乘客的出租车，是在事先没有任何约定时间和地点购买服务，易造成大量的空驶。从运营数据来看，上海出租车空驶率平均在30%～40%，但城郊和时段差异比较明显，中心城白天出租车空驶率基本在40%，晚高峰时间空驶率最低仅30%。郊区出租车空驶率相对较高，基本在50%，高峰时段约45%。如图4-31所示。

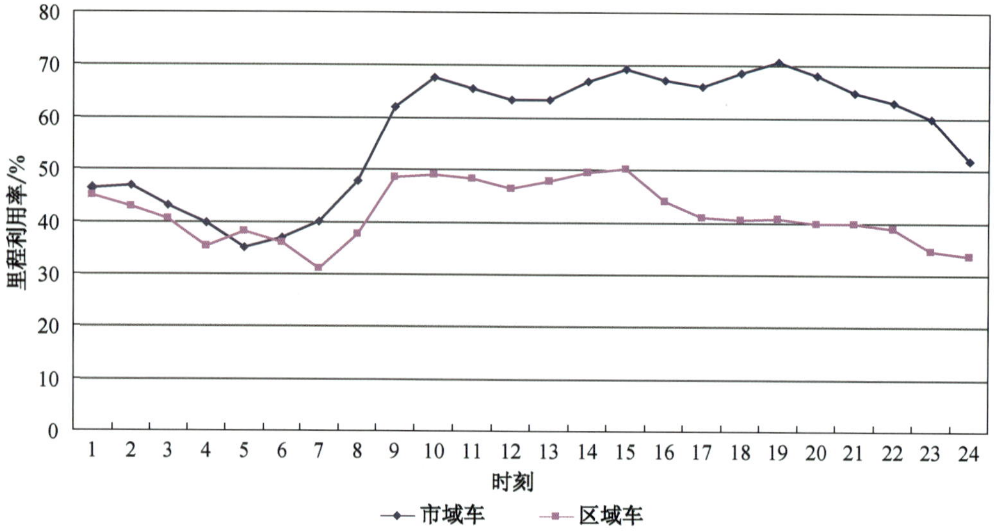

图 4-31 出租车里程利用率时刻分布图

回顾两轮白皮书的政策导向，均是希望通过转变出租车的服务形式来提高运营效率。从具体行动对策来看，都是坚持候客站硬件设施建设和电调平台信息化调度两个抓手。在设施建设上，"2002版白皮书"希望通过网络化、标准化的设施站点布局引导乘客逐步改变以马路扬招为主的叫车习惯，但成效有限；"2013版白皮书"比较务实，在商圈利用车道边等空间有针对性地设置候客站点，取得较好的效果。在电调模式上，"2002版白皮书"大力倡导电调平台的建设，而"2013版白皮书"明确要求发挥互联网等信息化手段的优势，提高乘客和车辆的匹配效率。

1. 加强扬招点和候客站设施的建设

"2002版白皮书"指出，要建设出租车静态服务网络，在地铁、轻轨沿途各站、大型交通枢纽点、旅游集散地、大型商业中心、主要旅游景点、公共服务和娱乐活动中心，建立出租车侯客点或营业站。

总体来看，大型对外交通枢纽场站出租运力保障政策执行效果较好，面向城市日常用车需求的扬招设施设置效果不佳。上海先后在一些道路上设置出租车扬招点，鼎盛时期达到1 000个，但这些扬招点都比较分散，全市范围内尚未形成合理布局，再加上电调叫车系统与站点建设不匹配等原因，大量扬招点被闲置，甚至被广告牌占据。随着市政建设发展，有的出租车候客站已陆续被拆除，有的进行了改造，到世博时仅剩下70多个。目前，候客站点主要集中在交通枢纽、商业网点周边。

2012 年,市交通港口局下发了《关于推进本市出租汽车候客站建设的意见》,进一步加强统筹协调和审核指导工作。在协调叫车软件与传统电调平台合作的基础上,认真梳理道路资源,在本市中心城区以居住区和公共服务场所为重点,在道路通行条件许可的情况下,大力推进简易式出租汽车候客站点建设。从实施情况看,这种设置在主要商业区,利用车道边设置的简易式出租车候客点,规范了打车秩序,效果较好。全市各级出租车候客站共有 70 多座,主要分布于徐汇区、静安区和卢湾区,如徐家汇(港汇广场、第六百货)、新天地、梅陇广场、恒隆广场、豫园商场等。高峰期间通过调度人员调配乘客排队候车不超 5 min。

总体而言交通枢纽、商业网点配套设置的出租车侯客站通过加强与属地化管理主体的联系,配有相应的调度人员和管理人员进行调配与组织,确保了站点秩序管理、运能保障等工作,效果较好。

2. 重视信息化调度平台的建设

"2002 版白皮书"提出要建立出租汽车行业综合信息管理系统,提高电话调度水平。2000 年以来,各大出租车公司均建立了相互独立的叫车系统,受制于商业竞争关系,各个平台无法共享信息。世博期间,全市构筑了统一的世博出租车调度平台,但电调频率始终不高,仅为 3%左右,且随着世博会的结束,这种联动模式没有固化下来。

"2013 版白皮书"则希望发挥互联网等信息化手段的优势,提高乘客和车辆的匹配效率。在政策的实施推动上,希望通过政府主导的模式来运作。但事实上,2013 年以来社会平台的软件叫车业务的发展,已经客观上实施了对传统出租服务的互联网化改造,在转变传统扬招打车模式的同时,也有效降低了出租汽车的空驶里程。数据显示 2013—2014 年上海出租汽车里程利用率达到 64%~65%,较之前提高 2%~3%。目前也基本稳定在 65%的水平。

4.7 货运交通

4.7.1 政策概要

货运交通是城市经济社会发展的重要支撑,随着上海产业结构的升级调整,现代物流业的快速发展,货运交通的特征发生了巨大的变化,总体来看,货运政策围绕重点业态设置,一是以城市配送为核心的货运交通始终是城市货运交通政策的关注重点,二是集装箱、危险品、冷链、医药等一些专业性较强的业态也日益成为政策的关注重点。两轮白皮书的政策制定高度重视货运交通的发展,相关政策重点伴随货运交通特征的变化而转变。

"2002 版白皮书"编制时,上海的货运结构偏重道路运输,能源、重工和基建物资是运输的重点①,货运车辆空驶率高,运输工具结构较低,运力分布不合理,货运场站系统发展不完善。但随着产业结构和布局的调整,工业原材料及其产成品的货物运输在城

① 来自"上海市第二次全市性综合交通调查"。

市道路货运中的份额已明显降低，以商业配送和快件急送为主的货物运输在城市道路货运中的份额及需求不断增长。因此“2002 版白皮书”的政策重点是强化货运行业的整体提升和规范发展，包括货运基础设施的建设、货运准入标准的提升、货运企业的规模化发展等，就具体业态来看，港口物流、城市配送货运、危险品运输等是政策重点。

伴随互联网电子商务的发展，上海城市配送需求发展速度惊人。由互联网网购激发出的各类快件需求层出不穷，商务、快速消费、冷链生鲜等各种“小批量、多频次、门到门”的城市配送物流需求呈现爆发式增长，其规模和种类远胜于“2002 版白皮书”的发展预判。以邮政部门统计的快递为例，2010 年全年上海快递服务量超过 4 亿件，其中有 70%涉及市区服务，且以年均 30%的速度增加。而 2015 年上海快递服务量已经达到 17.1 亿件。与此同时，随着航运中心的建设发展，上海集装箱吞吐量已经连续多年世界第一，箱量规模较 2002 年增长了 5 倍，由集装箱运输引发的港城矛盾也日益突出。“2013 版白皮书”总体延续了“2002 版白皮书”的政策导向，但进一步结合了新的发展需求，进一步加强对网购快递、快速消费配送、集装箱运输等货运业态的政策关注。

4.7.2 加强货运行业管理

2000 年本市货运汽车达 14.9 万辆，户均货车拥有量不足 5 辆。货运行业企业规模普遍较小，专业化运输程度较低，货运汽车以 2～8 t 的中型货车为主，市场主体呈现出“小、散”的特点。为提高运输效率，规范行业发展，“2002 版白皮书”高度关于货运行业发展规范，从市场准入、技术标准、通行管理、企业经营资质管理、货运设施等方面提出了具体要求：

1. 强化货运行业准入管理，规范运营管理

1996 年上海市根据《中华人民共和国道路运输条例》颁布出台《上海市道路运输管理条例》，旨在维护本市道路运输秩序，保障道路运输安全，保护道路运输各方当事人的合法权益，促进道路运输业的健康发展。根据条例要求，凡从事客运经营、货运经营、客运站经营、货运站经营，应当具备国家规定的与其经营业务相适应的条件，具体条件中的专业标准，技术规范可以由交通主管部门制定并公布。其中货运经营和货运站经营实施行政许可。

为规范货运行业管理，交通主管部门相继出台了一系列专业标准和技术规范，涉及货运出租、搬场、集装箱、道路货运站场、危化品等具体业态（表 4-39）。

表 4-39　相关规范性文件

名　　称	文号
《上海市货运出租汽车运价管理办法》	沪价经〔2000〕25 号、沪府交运〔2000〕46 号
《上海市货运出租汽车车型技术标准、外型尺寸和车辆标识规定》	沪交货〔2003〕395 号
《上海市搬场运输汽车和专业小型货运汽车营运标志使用和管理规定》	沪交法〔2004〕303 号
《上海市国际集装箱货运站、中转站收费规定》	沪价公〔2004〕11 号

（续表）

名　　称	文号
《上海市道路集装箱运输企业经营技术规范》	2014年5月6日
《上海市道路清障施救牵引业开业技术条件》	沪交科〔2013〕271号
《上海道路清障施救牵引行业服务规范(试行)》	沪交科〔2013〕271号
《上海市道路货物运输站(场)开业技术条件》	沪交法〔2007〕347号
《道路危险货物运输技术规范》	JTJ 011—2006
《上海市交通运输驾驶员信用评价实施细则》	沪交法〔2013〕61号
《外省市驻沪道路货物运输备案管理规定》	沪交货〔2012〕334号
关于贯彻实施交通部修订的《道路运输车辆维护管理规定》的通知	沪交科〔2001〕815号

2. 加强车辆通行管理

实行中心区货车夜运的规定，合理调整货运通道网络。对货运车辆进行“发证限行”，由交警按企业货运车辆的5%配发通行证，并在严格按照各“条”(系统)、“块”(区县)的实际货运量确定通行证发放总量的基础上，对“与人民生活直接相关的物流运输、重大项目建设等特殊需求”有一定的比例倾斜。

3. 加强企业经营资质管理，积极培育行业的专业服务品牌

为引导企业向品牌化、专业化方向发展，促进货运企业经营主体集约化、规模化、网络化和专业化经营，发挥骨干企业的市场主导作用，上海市正式启动道路货运重点企业培育工作，由行业协会牵头，于2010年制定了《上海市道路货运(物流)重点企业认定标准》。目前已经形成以城市配送、货运出租、集装箱运输、危险品运输、冷链运输、省际公路快运为主体的业态体系，并且在各业态中都有几家标杆企业在不断发展壮大，如网络化、规模化经营的交运红日、华宇、德邦、顺丰、佳吉等企业，但相对于近4万家货运企业来讲，市场集中度仍有待进一步提高。

4. 加强货运基础设施建设

货运基础设施是促进现代物流发展的重要支撑，“2002版白皮书”开始，就高度重视港口集疏运体系的构建，包括“一环十射”的内河航道网建设，海铁联运设施建设，同时重视综合货运枢纽场站建设，以便多式联运的开展。

经过10余年的发展，上海货运体系取得了积极的发展：

(1) 货运专业化程度不断提高。营运车辆逐步向大型化、专业化方向发展，专用货车比例稳步增加。网络化运输、小件快运、城市物流配送等运输组织方式快速发展，货运企业向现代物流企业转型步伐不断加快。

(2) 道路货运装备不断优化升级。2015年，本市货运车辆总数达21.18万辆，车均吨位10.8吨/车，大、中、小型车辆结构之比为14.8∶1∶3.7。分类型看，专用车(冷藏运输车、集装箱车、大件运输车和危险货运车)占21.3%。相比于交通运输部“十二五”

规划中提出的重型车、专用车、厢式车，2010 年和 2015 年分别达到 7.9%，5.4%，9.2%和 25%，10%，25%的目标，本市货运车辆装备水平优势明显。

(3) 货运市场主体逐步优化。至 2015 年年底，本市道路货运企业共有 34 021 户，户均车辆数 6.2 辆/户，道路货运市场逐步整合；企业经营类型包括普通货运、搬场运输、货运出租、集装箱运输、冷藏保鲜、大件运输等 8 类。货物运输专业化发展趋势明显，专用运输企业共有 5 435 户，包括 3 042 家集装箱运输企业。物流配送企业方面，形成一批品牌、骨干企业，如中外运菲普斯、中铁物流、德邦、邮政 EMS 等，涌现了苏浙沪集装箱企业(上海)联盟、上海道路集装箱运输企业(甩挂)联盟等经营模式。

(4) 形成了以陆交中心为代表的公路货运信息平台。陆交中心业务由虚实两部分组成。56135.com“智慧流通网”成立于 2005 年，56135 旗下“中国物流交易中心”是中国最早开展物流资源在线交易的平台。业务范围包括互联网平台运营、物流资源交易、物流系统研发、大宗商品供应链管理、电商供应链管理、跨境电子商务等。此外，陆交中心还开展实体货运配载业务，园区共占地 70 亩(1 亩=1/15 公顷)，其中 35 亩为中转平台。一楼为城际干线运输班车，江浙皖全覆盖，运送大宗货物，主要模式为 B2B 和 B2C；二楼为城市配送，主要服务于大型电商，作为其分拨中心。

(5) 零星危险化学品物流服务体系初步建立。“十一五”期间《上海市危险化学品安全管理办法》(市政府 56 号令)、《道路危险货物运输技术规范》(JTJ 011—2006)等危险品运输管理条例相继出台，对道路危险货物运输实行行业许可制，并进行一级管理。目前道路危险货物运输车辆 6 933 辆，基本实现监管全覆盖。在加快形成专业化、集约化、社会化的道路货运发展模式的目标引领下，专业物品运输更加注重运行安全，在此前提下进一步优化组织方式，提高运输效率。

在取得积极效果的同时也存在一些问题，主要体现在货运基础设施的建设依然推进缓慢。除去机场、港口自身的货运基础设施按规划推进，综合性的可满足多式联运的货运枢纽设施始终推进缓慢，如围绕集装箱运输的海铁联运设施，内河集疏运体系进展缓慢。除西北物流园区外，公路货运枢纽推进缓慢。“2013 版白皮书”在货运行业管理方面总体延续了 2002 版的思路，并针对发展中存在的问题制定了相应的政策。

4.7.3 促进城市配送和快递行业发展

1. 创新货运出租业态管理制度

为应对市场对大众物流运输的需求，进一步规范城市配送物流的管理，1999 年上海出台了《上海市货运出租车运输管理暂行规定》(市府〔1999〕69 号)。该规章在当时具有较大的创新意义。政府通过效仿出租车管理的方式进行货运车辆管理，对货运车辆的经营范围、业务行为规范、调度员职能、运价发票、扬招、计价器等进行了规范。货运出租的车型以 0.6 t，0.9 t，2 t 这三种为主，其中 0.6 t 车型占 60%以上，货运出租车辆挂设“沪 B · H”字段牌照，不需要申请通行证也可以全天进入中心城区行驶，累积发放额度约 3 000 张。为进一步规范货运出租的管理，交通主管部门还相继出台了相关规范性文件(表 4-40)。

表 4-40　　货运出租相关规范性文件

《上海市货运出租汽车运价管理办法》	沪价经〔2000〕25 号、沪府交运〔2000〕46 号
《上海市货运出租汽车车型技术标准、外型尺寸和车辆标识规定》	沪交货〔2003〕395 号

“2002 版白皮书”颁布期间，上海货运出租车业务发展较快，该制度规范了上海城市物流和商品配送的发展，年运营车次从 2000 年的 159 万次发展到 2004 年的峰值 298 万次，增长了 87%；年运营里程也从 2000 年 6 072 万 km 发展到 2004 年的峰值 10 215 万 km，增长了 68%，单车日运营车次约 4 次(图 4-32)。

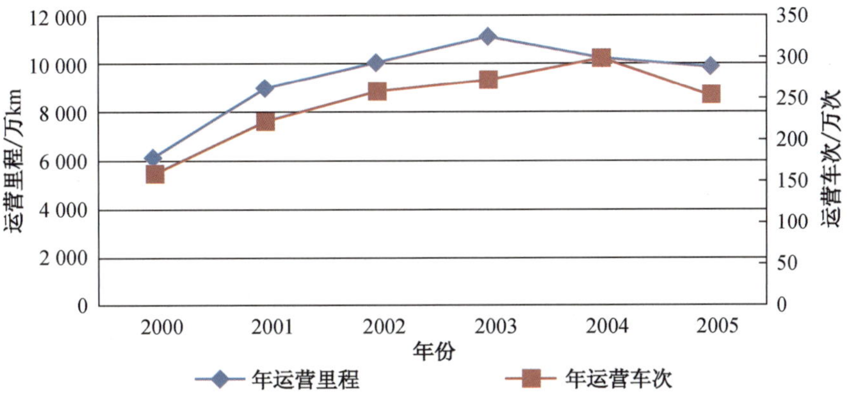

图 4-32　货运出租车运营车次与运营里程变化

随着时间的推移，货运出租的行业发生了较大的变化，传统的货运出租业务逐步萎缩，货运出租行业开始逐步衰退。截至 2012 年年底，全市仅有 800 多辆“货的”仍在从事传统的出租电调业务，其余近 1 800 辆“货的”已转做专项运输，即服务于企业的物流配送和快递业务，还有部分额度已经退出运营。从营业收入来看，传统的出租营收约占 40%，60%的营收来自于专项运输。而专项营收中，来源于快递行业的营收占了约 50%。扬招、计价器等传统的货运出租制度已不再适用，快递、市区配送等新兴的货运出租业务在经营范围、业务行为规范、调度员职能、运价发票等各方面都不适应规章所规定的制度规范。

虽然《上海市货运出租车运输管理暂行规定》所发挥的管理作用甚微，但由其创设的中心城通行权制度却是货运行业的珍贵资源，因此该规章一直没有废止。但其反映的深层次问题值得深思，一方面货运出租业态持有通行权资源但业态却在萎缩衰退；另一方面，需求持续增长的城市配送业务遭遇通行难的尴尬。货运出租的行业定位亟待转型，盘活具有中心城通行权的货运出租额度。

2. 加强对互联网背景下的城市配送发展的政策支撑

随着城市配送物流的快速发展，配套设施、通行权等方面的需求和矛盾不断加剧。具体体现在规模化、系统化的城市配送物流体系尚未形成，面向社区和商业中心的城市末端配送物流设施不足，城市配送运力未得到有效整合；货车通行证发放政策虽对控制中心城货运交通量发挥了重要作用，但是无法满足中心区“小批量、多频次、门到门”的网购配送需求，配送车辆通行难问题日益突出。城市末端配送车辆沿街违章停车卸货的现象十分普遍，车辆占用交通资源效率低下。“2013 版白皮书”围绕上述政策难点，制定了相关政策要求。

(1) 加强车辆标准化，完善货运通行证发放办法。

商委作为上海市商贸物流管理的职能主管部门，在 2012 年相继颁布出台了《上海市加快推进城市配送物流发展实施方案》和《上海市现代物流业发展“十二五”规划》，相关政策文本中明确指出要推进物流车型的标准化，并就物流车辆的通行政策进行优化。《上海市加快推进城市配送物流发展实施方案》强调，要加快完善中心城货运通行政策，即坚持扶大扶优，整合城市配送物流资源，适度提高重点城市配送物流企业中心城货运通行证发放额度，引导城市配送物流企业使用符合标准的配送车辆，提高城市配送物流运营效率和服务水平，并在 A 级物流企业中进一步推广《城市配送物流车营运技术规范》等物流标准。《上海市现代物流业发展“十二五”规划》指出，按照“依法、高效、环保”的原则，结合道路交通实际情况和重点配送物流企业需求，完善中心城货运通行政策，优化通行证发放办法。同时强调，应确定城市配送车辆的标准环保车型，鼓励支持环保配送车辆使用，研究统一本市快递业收派件车辆标识、标准，合理解决快件收派车辆通行、停靠难问题。

《上海市人民政府办公厅贯彻国务院办公厅关于进一步促进道路运输行业健康发展稳定发展通知的实施意见》(2012)指出，市公安局、市建设交通委、市交通港口局、市商务委要研究在保持中心城货运车辆通行政策连续性的基础上，对通行时间、路段(区域)限制、通行证发放办法、特定车辆通行政策等作适度优化调整。2013 年 7 月，交通主管部门联合邮政局出台《上海市快递企业申请小型货运机动车额度和货运机动车通行证额度管理试行办法》，并于 2013 年 12 月 31 日举办了首批快递专用车交车仪式。2014 年 1 月正式公布了城市快递专用车辆标识。在后续推广过程中，直营制快递企业完成情况较好。

(2) 规划布局三级配送体系，规范末端停车、装卸作业。

完善的基础设施体系有利于提高城市配送活动效率和集约化程度，减少配送活动对道路交通的影响。“2013 版白皮书”希望从整体网络和末端配送环节进行规范。

在全市网络层面，建成城市配送“综合货运枢纽/物流园区—配送中心—末端配送节点”三级体系。特别是末端配送节点，要充分纳入规划、商委的相关规划，使得配送、装卸等功能融入公建、社区等，对于路边车道边的临时装卸货行为也要进一步规范，不能影响日常的动态交通运行。目前上海已是国内快递企业总部聚集最多的城市，已形成了浦东国际机场和青浦两大快递企业集聚区。此外，随着市场化机制的不断健全，便利店、小超市等分布在城市各个社区的商业设施与网站签订合作协议，加盟成为配送网点，负责顾客的上门取货、货到付款、退换货，网站支付一定的费用。

三级派送网点是快递企业的基层营业场所，其功能主要是集散某一派送区域的快件，兼有快件收寄、上门自取的功能。2014 年，据对上海邮政 EMS、顺丰、申通、圆通、中通、汇通、韵达、国通、龙邦、速尔等 22 个快递品牌企业进行统计，共有分拨中心 38 个，分支机构/加盟企业 1 454 个(图 4-33)。22 个品牌快递企业分拨中心基本情况为：平均每个企业设 1.8 个分拨中心，营业面积合计 30 470 m^2，每平方米营业面积年完成快递业务量 1 250 件。平均每个企业设 68 个分支机构/加盟企业，营业面积 1 225 m^2，每平方米营业面积年完成快递业务量 450 件。

图 4-33 2014 年快递企业分拨中心及网点分布

对于目前在城市配送“最后一公里”环节中广泛使用的电动自行车，白皮书认为助(电)动车对快递营运行业发展的积极作用值得肯定，但由于载货需要，快递业电动自行车超标现象最严重，快递员违法行驶情况很普遍。建议对快递车辆实行规范管理。

国外货车通行管理政策

地区	货运交通限制政策	通行证发放情况	目标
巴黎	车辆大小限制： • 车辆占地少于 16 m²：任意时刻配送 • 车辆占地 16～24 m²：除了 16:30—19:30 之间的任意时刻配送 • 车辆占地超过 24 m²：授权配送时间为 19:30—7:30 之间	无通行证发放政策	减少大型车辆进入城区，维护基础设施，保持道路畅通
东京	时空管制： • 7 环路以内，每周六的 22:00 到周日的 7:00，限制超过 8 t 以上货车通行 • 居住区，商业区和学校等区域，任何时刻，限制超过 3 t 以上的货车通行 • 3 t 以下的车辆无特殊限制	超过限制区域要求的货运车辆：向道路管理者或者网络申请许可证明，经认证后准入	保护居民区环境，减少噪音污染
新加坡	• 拥车证拍卖制度：以每年报废车辆情况制定拥车证数量，费用按车辆类型，排量以及竞拍价格而定 • 拥挤收费：周一到周五 8:00—19:00，对经过收费口的所有车辆，按车型及时间段的不同收取不同的费用	无通行证发放政策	控制城市拥车数总量，减少交通拥挤现象

4.7.4 优化航运中心集装箱集疏运结构

道路集装箱运输对城市交通造成较大干扰，为减少港城交通矛盾，两轮白皮书都从合理优化通行路线、创新运输组织方式、优化集疏运方式结构等方面进行了政策设计。

1. 优化集疏运方式结构，提升水铁在集装箱集疏运结构中的占比

为减少公路在港口集装箱集疏运体系中的比例，两轮白皮书都大力提倡水水中转、海铁联运等方式的发展。但该项政策推进难度较大，无论在政府主导的设施建设还是市场选择上，均显示出较大的推进阻力。

上海港的区位决定了江海联运的巨大优势。多年来，上海港通过实施长江战略，已经大大提升了水水中转的份额。上海港通过整合港口、航运和物流网络的投资，成立了长江公司，对港口、航运、物流等三大体系实施一体化运作。2014 年集装箱水水中转比例已经超过 46%。上海市交通委员会和上海市财政局于 2014 年 11 月 24 日制定了《上海市调整优化航运集疏运结构项目资金管理实施细则(暂行)》，对在上海港开展的长江支线集装箱班轮项目、发展长三角内河水运、鼓励江海联运等项目进行扶持，按规定标准予以补贴，更是进一步促进了以江海联运为核心的水水中转的发展。

与江海联运相比，铁路、内河等集疏运方式的发展始终是相对滞后的，究其原因有两方面：①铁路、小型船舶与江海大型船舶在运输能级上差异较大，在港口和岸线资源

都非常紧缺的情况下，铁路进港区、内河船舶停靠港口岸线均不利于提高总体运输效率。②上海航运货物的腹地范围主要集中在长三角，在这个范围公路运输显然是最经济的，也是市场选择的结果。虽然“2013 版白皮书”积极倡导提升铁路、内河对公路的分流，但从目前的发展阶段来看，仍存在较大的困难。

2. 降低公路集装箱运输的影响

(1) 实施弹性收费政策，引导货车选择合理的通行路径。2006 年开始，上海实施弹性收费政策，为了鼓励形成外高桥港区和洋山港的陆上集疏运通道，对在郊区环线高速公路和出洋山港的高速公路上行驶的集装箱车辆统一收费 10 元。这一举措有效吸引了大量原来行驶在不收费的干线公路上的集装箱车辆，郊区环线高速公路上形成集卡通道。根据两个港区的货运车辆 GPS 断面流量分析，外高桥港区集装箱车辆主要流向外高桥地区、宝山地区、洋山港区。根据洋山港区的货运车辆 GPS 断面流量图，洋山港集装箱车辆主要流向外高桥地区。2014 年集卡日均产生交通量 1 274 万当量车公里，集装箱车辆集疏运主要依靠高等级道路，高速公路周转比例约为 69%，其中，外环线占 21%，郊环线占 19%。有效分流了外环的交通压力(图 4-34)。

图 4-34　2014 年集卡交通量分布

(2) 加快推进甩挂运输的发展步伐，提高道路运输效率。甩挂运输是提高道路运输效率的一种先进的运输组织，在国际上得到了广泛的推广应用。甩挂运输具有明显的优点：①减少装卸等待时间，加速牵引车周转，提高运输效率和劳动生产率；②减少车辆空驶和无效运输，降低能耗和废气排放；③节省货物仓储设施，方便货主，减少物流成本；④便于组织水路滚装运输等多式联运，促进综合运输的发展。目前，本市牵引车和挂车的拖挂比例较低，道路货物运输仍然以普通单体货车为主，与节能减排和发展现代物流的要求不相适应。为促进本市甩挂运输的发展，市交通运输主管部门根据国家五部委《关于促进甩挂运输发展的通知》精神，会同市公安局等部门联合颁布了《关于促进本市甩挂运输发展有关事项的通知》，通过采取减少挂车检验次数、降低贷款道路通行费以及异地牵、挂互相甩挂等多项措施，在全国交通系统内率先实质性启动甩挂运输业务促进工作。同时，成立“上海市推进道路甩挂运输发展工作小组”，建立联席制度，为进一步推广甩挂运输创造了良好的政策环境。

(3) 加快形成公共货运场站节点体系。公共货运场站是指为全体社会车辆提供货运交易、配载、装卸、停放以及相关物料服务等功能的货物运输公共节点。公共货运场站体系结构应以城市发展目标为基准，配合功能布局、产业布局等条件，促进高效、便捷的货物运输。目前上海“综合货运枢纽—区(县)公共货运站—货运集散中心”的三级公路公共货运场站节点体系尚未形成。除了桃浦货运停车场、北郊货运站等市场自发形成的货运场站外，“十二五”期间规划的 5 个综合货运场站仍在选址论证研究阶段。各区(县)公共货运站及货运集散中心也基本为市场自发形成。根据第五次综合交通调查数据，全市共有货运场站 848 个，其中集装箱货运站 152 个，综合货运站 595 个，混合型货运站 101 个，呈现多、小、乱的局面。从布局上来看，集装箱货运站大多集中在城市东北部，靠近港区；综合货运站多分布在城市西部，靠近江浙方向通道(图 4-35)。

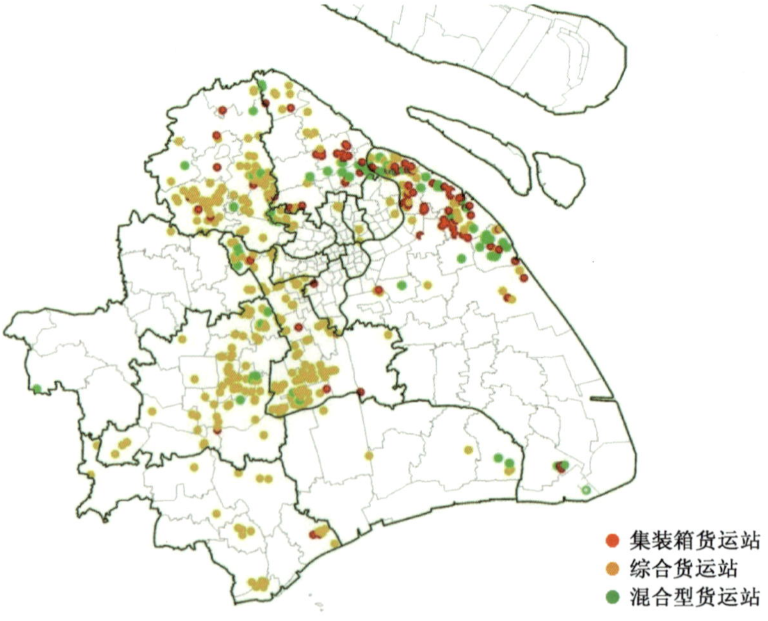

图 4-35 货运堆场分布

欧盟运输白皮书关于海上高速公路和铁路复兴的一揽子方案

1. 海上高速公路和内河运输网络规划

2004 年欧盟委员会明确提出将“海上高速公路”(Motorway of the sea)计划作为 2020 年前必须完成的优先项目之一。所谓海上高速公路，是指在欧盟沿海各港口之间建立快速中短途的近洋航线，通过近海船舶，将原先通过陆运的货物转移至通过海运通道运送至目的地附近的港口，以减少道路拥挤、节约运输成本、减少污染排放。“海上高速公路”的四大走廊包括波罗的海走廊、欧洲西部走廊、欧洲东南走廊和欧洲西南走廊。

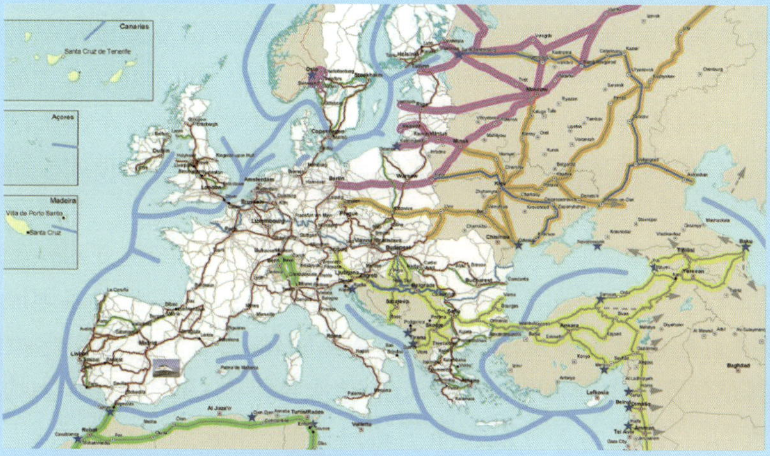

欧盟海上高速公路规划

2. 关于复兴铁路运输业的一系列政策

欧盟各种运输方式之间存在发展的不均衡性。1985 年后，除铁路以外的运输方式的跨境运输障碍逐渐取消，然而推进铁路运输发展的政策较少，与其他运输方式的发展进程形成巨大反差。为解决这一矛盾，促进铁路运输与其他运输方式的有效结合，构建欧盟综合运输体系，实现运输自由化，欧委会制定了一系列关于铁路运输发展的政策：

1991 年颁布了“共同体铁路发展”91/440 指令，该指令明确指出要推动共同体铁路运输一体化和恢复铁路相较于其他运输方式的效率和吸引力。1995 年又颁布了“铁路运输企业许可证制度”指令和“基础设施征收费用”指令。1996 年，一部《欧洲铁路运输企业改革》的白皮书出版。

但上述一系列措施的出台并没有显著改变铁路运输发展的局面，直至 2000 年年底，第一个铁路改革一揽子方案(1st Railway Package)得以通过，确定了开放路网的时间表和具体要求、设立监管机构、发放运输许可证以及建立运输能力分配和线路收费定价的透明框架等内容。2003年，第二个铁路改革一揽子方案(2nd Railway Package)被欧洲议会接受并被部长理事会通过，该方案要求设立专门的行政管理机构、加速铁路货运市场开放、加强互联互通基本原则的建立以及制定共同的铁路安全管理办法。

4.8 绿色交通

4.8.1 政策概要

绿色低碳是实现交通与环境一体化发展的重要路径，也是交通转型发展的客观要求。“2002版白皮书”的环境政策导向主要是针对当时由于机动化快速发展引发的道路污染和噪声问题，具体政策包括50万辆燃油助动车的淘汰、小客车新车排放标准的提升、清洁能源的替代以及交通噪声的控制等。尚未涉及能源和碳排放控制以及生态环境保护等更严格的可持续发展要求。

“2013版白皮书”编制时，全球范围内的生态环境保护已经提升到一个更高的战略高度。从《京都议定书》到巴厘岛路线图、再到《哥本哈根协议》，世界各国展开了广泛的合作，气候变化议题已经从涉及范围有限的环境问题，转变为涵义广泛的经济转型问题。节能减排已经作为中国政府的官方承诺，首次将单位GDP能耗作为约束性指标纳入“十二五”规划。2012年，国务院发布了新修订的《环境空气质量标准》(GB 3095—2012)，为使环境空气质量评价结果更加符合实际，新标准增加了细颗粒物($PM_{2.5}$)和臭氧(O_3)8 h浓度限值监测指标，新环境空气质量标准的出台，对污染控制提出了更高的要求。

为强化管理力度，合力推进交通运输节能减排工作，2011年9月，上海建立交通节能减排联席会议制度。联席会议由市交通委、市发展改革委、市财政局等12个部门组成，由分管副市长担任第一召集人。并于2012年首次颁布了《上海市交通运输节能减排“十二五”规划》，明确了“十二五”的交通能耗减排的控制目标。

随着以碳排放控制为核心的能源总量控制问题，以及以细颗粒物($PM_{2.5}$)浓度控制为核心的大气污染治理问题日益上升为国家战略，交通环境保护的内涵较“2002版白皮书”有了较大的拓展，除交通污染物控制，还重点关注了交通能源和碳排放的控制问题，以及资源循环利用问题；在政策范围上除了关注道路车辆外，还根据上海航运中心的定位统筹考虑了航运交通引发的环境问题；除了交通运营环节的环境保护外，还关注了建设环节的环境保护问题。

4.8.2 控制交通污染物排放

2012 年,国务院发布了新修订的《环境空气质量标准》(GB 3095—2012),为使环境空气质量评价结果更加符合实际,新标准增加了细颗粒物($PM_{2.5}$)和臭氧(O_3)8 h 浓度限值监测指标。新环境空气质量标准的出台,对污染控制提出了更高的要求。根据执行标准的不同,污染治理大致可以划分为两个阶段,在新标准出台前,SO_2,NO_2 和 PM_{10} 这三项指标是大气污染治理的重点,而此后,围绕细颗粒物 $PM_{2.5}$ 的减排成为大气污染治理关注的重点。

1. “2002 版白皮书”的相关政策

10 年间,上海市先后从新车排放标准、在用车污染控制、淘汰老旧车辆等各方面开展了大量卓有成效的工作,有效遏制了机动车尾气排放的上升势头。

(1) 严格新车排放标准。2003 年,上海市提前实施新车国Ⅱ(等同于欧Ⅱ)排放标准;2006 年 7 月,公交、出租等行业的新车率先实施国Ⅲ标准,更新了 5 094 辆公交车和 31 547 万辆出租车;2007 年,上海市全面实施国Ⅲ排放标准;2009 年 11 月,轻型汽油车以及公交、环卫、邮政车辆率先实施国Ⅳ机动车排放标准;同年 2 月发布了沪Ⅳ《车用柴油》和《车用汽油》地方标准,并分别于当年 9 月和 10 月实施,有效地保障了机动车执行国Ⅳ标准时的油品质量。为保障世博会环境空气质量,进一步加大了公交和出租行业的车辆更新力度,截至 2011 年年底,国Ⅲ及以上排放的公交车和出租车总量分别为 1.1 万辆和 4.9 万辆,占全市总量的 65%和 100%。

(2) 强化在用车排污检查维护。上海市积极推进在用车检测/维护(I/M)工作,基本建成了 I/M 检测中心站,在 5 个重点车辆营运单位开展了 I/M 试点。通过年检、路检等执法手段,促进了在用车的维护保养和超标车辆的更新淘汰,使在用车辆平均达标率由“九五”期间的 60%提高到“十一五”期间的 90%。在用车实施简易工况法年度检测工作方面,为保证简易工况法监测过程中的数据质量的可靠性、稳定性和可比性,通过研究排放检测设备的具体技术参数,发布了《本市在用车简易工况法检测设备验收技术要求(试行)》规范,为把握设备验收环节、严格执行在用车排放标准提供重要的技术保障。

(3) 推进老旧车辆淘汰。“十五”期间,各区县政府协调财政、机关事务管理局等有关单位,落实车辆更新资金,全力完成了财政全额拨款的行政事业单位淘汰低于“国Ⅰ”标准的在用车辆;同时,积极推进对燃油助动车的淘汰,2004 年年底燃油助动车的保有量从 2000 年的 35 万辆降低到 12 万辆,2005 年年底,累积淘汰燃油助动车 35 万辆,内环线以内不再行驶燃油助动车。2009 年,市商务委、市发展改革委、市环保局、市公安局、市财政局联合颁布《上海市鼓励老旧汽车淘汰更新补贴暂行办法》,于 2009 年 6 月—2010年 12 月期间,对本市 2003 年以前的老旧汽车实施“以旧换新”奖励补贴,期间累计淘汰(含转籍)老旧汽车约 3.6 万辆。

(4) 实施高污染车辆限行。上海市于 2006 年发布了《关于实施高污染车辆限制通行措施》,并分别于 2006 年 2 月和 8 月,分阶段对达不到国Ⅰ排放标准的高污染车辆实施区域限行，禁止其在内环路(含)以内道路上行驶，并要求凡是进入内环线内公交车必须全面达到“国Ⅱ”以上排放标准。2009 年，为保障世博会环境空气质量和交通环境质量，进一步扩大了高污染车辆限行区域至中环路(含)以内区域道路。

2000 年以来，上海市环境空气质量持续好转。2006 年以来上海市 SO_2，NO_2 和 PM_{10} 这 3 项常规大气污染物稳定达到国家二级标准，2006—2010 年 5 年间环境空气质量优良率维持在 85%以上，2009—2010 年全市环境空气质量优良率连续 2 年超过 90%。

2. “2013 版白皮书”的相关政策

随着新《环境空气质量标准》的实施，机动车尾气排放使复合型大气污染(包括 O_3，$PM_{2.5}$ 等)越来越成为研究关注的对象，根据上海市环境监测中心编制的上海市 2012 年排放清单和上海市大气 $PM_{2.5}$ 源解析的初步结果，移动源对本地源中 $PM_{2.5}$ 的贡献度接近 30%，随着产业结构的调整，移动源的贡献度还在持续增加。如图 4-36 所示。

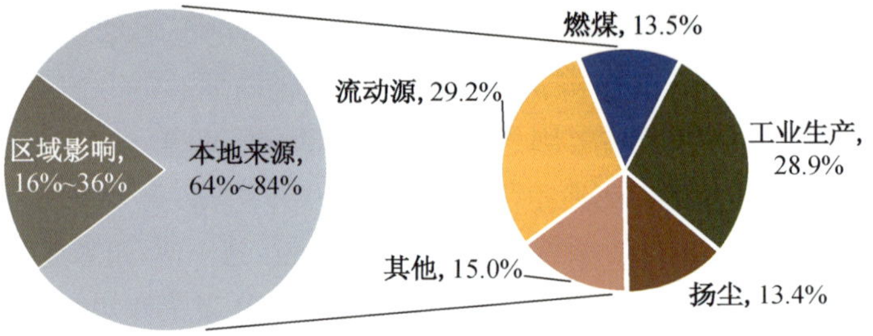

图 4-36　上海 $PM_{2.5}$ 源解析

不同车型受油品类型的不同，其对 $PM_{2.5}$ 的贡献也存在差异，货车、公交车以柴油为主要燃料，其一次排放物中颗粒物占比较大，同时也是 NO_x 排放的主要来源，而轻型客车、出租车、摩托车等以汽油为主要燃料，虽然其一次排放物中颗粒物占比不大，但其生成的碳氢化合物经过二次反应将诱发 $PM_{2.5}$。如图 4-37 所示。

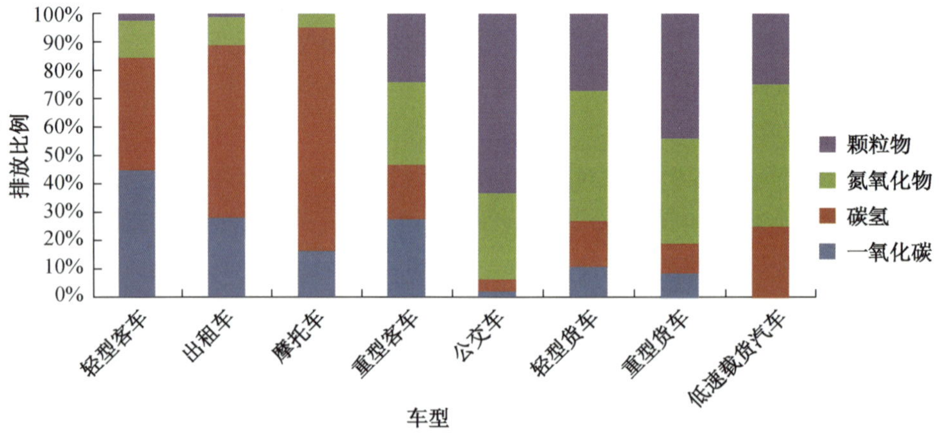

图 4-37　不同车型一次污染物排放比例结构

“2013 版白皮书”在坚持既有交通污染治理政策的同时，根据不同车辆对 $PM_{2.5}$ 的排放贡献采取了差异化的方法，包括老旧车辆和黄标车的淘汰和限行、加大货车污染治理力度、尾气后处理装置加装、能源替代等多种措施。总体来看，道路污染排放得到控制，根据环保局总量核查数据，“十二五”期间，上海机动车排放氮氧化物已经呈现连续下降态势，2015 年已下降至 7.7 万吨。根据上海环境监测中心的数据，交通站 NO_2，CO，BC 等特征污染物降幅分别为 15%，13.5%，30.4%，且降幅高于全市，特别是 BC 浓度下降幅度高于全市 10 个百分点，反映出柴油车及重污染车排放的减小，如图 4-38 所示。

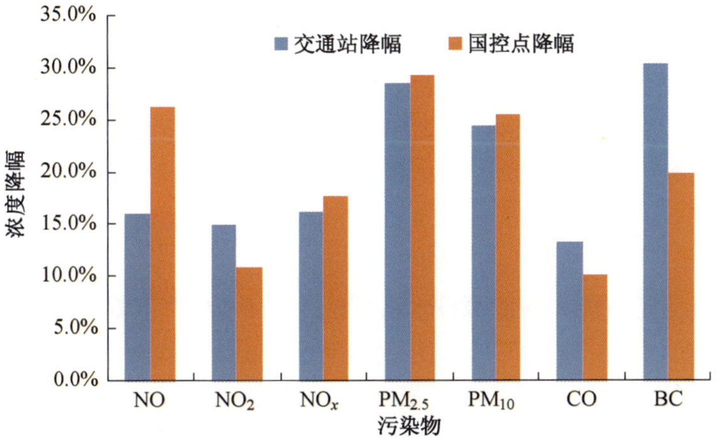

图 4-38　各类污染物浓度降幅

根据《上海环境状况公报》2015 年上海 $PM_{2.5}$ 年均浓度为 53 $\mu g/m^3$，较 2013 年下降 14.5%，重度污染的天数有了显著下降，从首要污染物的天数变化看，以 $PM_{2.5}$ 为首要污染物的污染天数在下降，反映了针对 $PM_{2.5}$ 的治理取得了一定的成效。

上海作为国际航运中心，随着上海港吞吐量的不断增长，港口生产对城市环境的影响日益明显，对环境空气质量也带来了严重影响。除了道路排放治理外，“2013 版白皮书”还加强水上交通污染排放治理。

上海港大气污染物主要来自船舶、港区集卡以及上述港口装卸机械作业时排放的尾气，主要成分有颗粒物（PM_{10}，$PM_{2.5}$），SO_2，NO_x 以及 VOC。根据上海市环境监测中心编制的上海市 2012 年排放清单和上海市大气 $PM_{2.5}$ 源解析的初步结果，船舶排放已成为上海大气污染主要来源之一，其中 SO_2，NO_x 已占总量的 22%，17%，$PM_{2.5}$ 的贡献率达 5%～8%。从进一步分析来看，外港船舶贡献了更多的 PM，SO_2，占船舶排放的 94%，97.6%，内河船舶排放的 NO_x，VOC 占船舶排放的 20.4%，22.6%。

从世界层面看，目前发达国家在波罗的海、北海、北美的西海岸、东海岸以及加勒比海建立了 4 个排放控制区（ECA），对船舶进入这些区域时的硫排放严格限制。在波罗的海和北海 ECA、北美和加勒比海 ECA，从 2015 年 1 月 1 日开始，进入该区域内的船舶燃料油含硫量将从1%降低至0.1%。我国香港也计划从2015年7月1日起要求远洋船到香港停泊时,必须使用含硫量不超过0.5%的提硫船用燃料、液化天然气或其他得到环境保护署认可的燃料。这也倒逼中国和上海加强船舶交通污染的治理工作。

上海相继出台《上海港船舶污染防治办法》《上海绿色港口三年行动计划(2015—2017)》和《上海港靠泊国际航行船舶岸基供电试点工作方案》等配套政策文件,持续加大对水上交通污染的治理力度。在交通运输部的支持下,长三角船舶低排放控制区的工作已于2016年4月正式实施。

4.8.3 促进交通能源结构转型

从交通能源消费结构看,油品占绝对主体地位,超过90%。近年来电力和天然气的使用量有所上升,但总体比例很小。煤的使用量非常少,不足0.1%,且使用量依然在下降。对于化石能源的过度依赖,导致大量CO_2和污染物的排放。目前交通能源结构的主要方向包括以电力为代表的新能源和以LNG为代表的清洁能源。

1. 清洁能源和新能源发展技术路径的确立

城市交通行业是节能和新能源技术推广的主要领域。“十五”期间,上海公交、出租车通过推广和使用LPG与CNG应用示范工程,使城市的汽油消耗有了一定程度的替代,同时通过公交汽车的柴油化,进一步降低了燃料消耗。

与此同时,城市交通行业还开始探索利用电力或其他燃料驱动公交车辆的发展与应用。早在科技部提出“十城千辆”行动前的2006年,上海开始试点超级电容公交车,2007年将电-电混合电动公交车投入上海市公交线路上运营。2010年世博会期间,上海开始了大规模节能与新能源汽车的实验性探索,在世博园区内外投放360辆新能源公交车,包括纯电动公交车120辆、超级电容公交车78辆、电-电混合电动公交车12辆、油-电混合动力公交车150辆。此外还在园区外还投放了350辆油电混合动力出租车。但受制于使用成本、核心技术、配套设施等原因,节能和新能源车辆的推广和应用都比较缓慢,使用节能和新能源的公交车和出租车占比均较低,实际节能效果非常有限。

节能和新能源车发展技术的技术路径直到2014年才逐步稳定和明确,主要推广包括以电力为代表的新能源和以LPG为代表的清洁能源。LPG主要在货车、船舶等领域推广。城市客运交通以新能源为主要发展方向,2014年年初,上海市交通委印发《关于推广应用节能和新能源等环保型公交车的实施意见》基本明确了地面公交车能源发展的技术路径,市中心区以油-电混合车型为主、电-电混合等新能源车型为重要组成、其他环保车型为补充。各区(县)根据区域实际情况,加大纯电动车和天然气车的应用规模。

2. 清洁能源和新能源车辆的快速发展

2012年,国务院印发《节能与新能源汽车产业发展规划(2012—2020年)的通知》(国发〔2012〕22号),标志着节能和新能源汽车的发展上升为国家战略。2014年年初,市新能源汽车推进办形成了13 000辆的《上海市新能源汽车推广应用实施方案(2013—2015年)》,报市政府常务会议审议通过后,以市政府文件正式向全市发布,明确了各领域的目标和责任主体,为后续的推广工作奠定了基础。

2014年3月本市率先发布了地方性新能源汽车的鼓励政策,在牌照、资金补贴、租赁管理等方面给予了大力支持,私人领域方面对推广应用期内由本市消费者在本市购买符合国家政策要求的新能源乘用车,免费发放新能源乘用车专用牌照额度的配套政策,地方财政补贴3年政策力度不退坡。针对公交领域的特点制定了新能源客车购买和使用的专项支持政策,也出台了充电基础设施建设的鼓励政策。同时,区县中嘉定领衔,嘉定、浦东、闵行区政府分别出台了具有各区特点的鼓励政策,有力促进了新能源汽车的区域性推广。

为加大推广力度,积极探索创新商业模式。在私人领域主要推行“体验营销”“分时租赁”和“微公交”等模式;在公共领域,小车主要开展公务车长租或公司长租模式,在公交车领域主要推行“动力电池租赁”和“整车租赁,成本对价”等模式;探索汽车体验与电商销售相结合的O2O商业模式;为加强数据采集和分析,“上海市新能源汽车公共数据采集与监测研究中心”已投入运行。

2013—2015年上海市新能源汽车在公交、公务、物流、环卫、租赁和私人等领域共计推广57 666辆,其中新能源乘用车51 754辆(包括私人汽车36 685辆,租赁车5 307辆,公务车9 762辆)。

3. 加快完善充电设施的推广

与新能源车的快速推广相比,充电桩等设施受制于用地、电网、管理等因素,发展较慢。2015年6月,市交通委等八部委制定出台《上海市电动汽车充电设施建设管理暂行规定》,进一步明确了建设主体、建设流程等内容,市电力公司制定了《国网上海市电力公司新建住宅区供电配套工程技术导则(2014版)》和《上海电动汽车自用充电设施用电业务管理细则》,市交通委设立充电设施推进办公室,开展市充电桩规划及标准编制工作。截至2015年年底,本市已建各种充电桩共计2.17万个,其中住宅区建设的私人充电桩超过1.65万个,机关、企事业单位专用充电桩约0.32万个,公交、物流专用桩约0.08万个,社会公用充电桩约0.12万个。

4.8.4 加强交通节能减碳

交通运输业自机动化出现以来,一直是能源消耗和温室气体排放的主要领域。据国际能源署(IEA) 2009年出版的《运输、能源与二氧化碳:迈向可持续发展》报告表明,全球二氧化碳排放量约有25%来自交通运输。由此可看出高能耗和高温室气体排放是交通运输业的主要特征。“2002版白皮书”没有交通能耗控制指标,也无相关的对应政策。“2013版白皮书”根据新的发展要求,主要从结构、技术、管理三个方面推进交通节能降碳工作。

结构性节能减排主要是通过综合交通运输体系的完善，实现能耗利用效率优化，属于间接性的节能减排范畴，涉及公交和慢行出行结构的优化、小汽车出行强度的控制、对外交通多式联运、集装箱水水中转比例提升等措施。技术节能是通过对交通运输工具的节能性技术改造来提升能效的重要手段，效果直接且易于操作，交通行业相关企业积极使用新技术、新产品、新设备、新材料应用成果，已取得了较好的效果。管理性节能减排主要通过信息化技术以及运营组织优化等手段提升管理效率，属于间接性的节能减排，有较大的挖潜空间。

1. 对外交通能耗的控制与挑战

就上海的交通行业能源特征来看，以航空和水运为代表的对外交通能耗是上海交通行业能耗的主体，约占交通总能耗的 90%。随着航运中心建设的推进，对外交通的能耗总量仍在持续快速增长，随着一带一路国家战略的推动，未来对外交通行业的用能需求仍将呈现较快的增长态势，对上海全市能耗控制产生较大的调控压力。

随着节能技改工作的推进，“十二五”期间各类交通业态的单耗总体呈现下降态势，但从未来发展来看，下降空间有限。航运方面，单耗的下降主要贡献来源于经济形势不景气背景下的主机低负荷运营组织。航空方面，未来大量宽体飞机的投运以及既有飞机的小翼和发动机改造将有效降低单耗，但由于航空货运发展形势不好，其对拉低单耗的贡献度在下降，总体单耗的下降空间有限。铁路方面，随着高速动车的大量投运，车速和服务水平的提高，导致单耗水平提高，事实上 2014 年铁路单耗已经出现反弹。随着交通服务质量要求的提高，以及节能技改的空间逐步收窄，交通单耗的控制压力较大。总体来看，对外交通能耗统计口径与 GDP 相关的企业法人注册地相关，而非真正反映上海地域范围的实际能耗，在航运中心快速发展的大背景下，大量两头在外的航运需求受市场经济因素的影响，很难从节能技改层面挖掘潜力。

2. 城市交通能耗的控制与挑战

交通行业能耗统计口径中，仅对公共交通进行了考核，近年来随着轨道交通的大力发展，公共交通的能耗呈现小幅增长的态势。2014 年上海轨道交通单位运营里程能耗 12.52 吨标准煤/万车公里，对应单位运营客位里程能耗 0.043 吨标准煤/万客位公里，比 2005 年下降了 27%。按照以上统计数据，对比香港地铁运营公司的数据，上海轨道交通的单位运营里程能耗已低于香港，其能效已处于一个比较高的水平(图 4-39)。

但社会小客车的能耗因缺乏有效的统计渠道，目前尚未纳入交通行业的能耗考核。事实上，随着社会小客车快速进入家庭，个体机动交通用能也在不断地增加。截至 2015 年年底，本市注册小客车已达 247.4 万辆，在沪使用的外省市号牌车辆也在不断增加。由此估算，2015 年个体机动交通能源消费量 623 万吨标准煤，比 2005 年增长了 1.9 倍。若将个体机动交通考虑在内，已经成为城市客运交通用能的主体，占城市客运交通用能总量的近 80%(图 4-40)。

国际上常采用人均指标，即基于常住人口规模的平均指标(kg CO_2/人)，来比较不

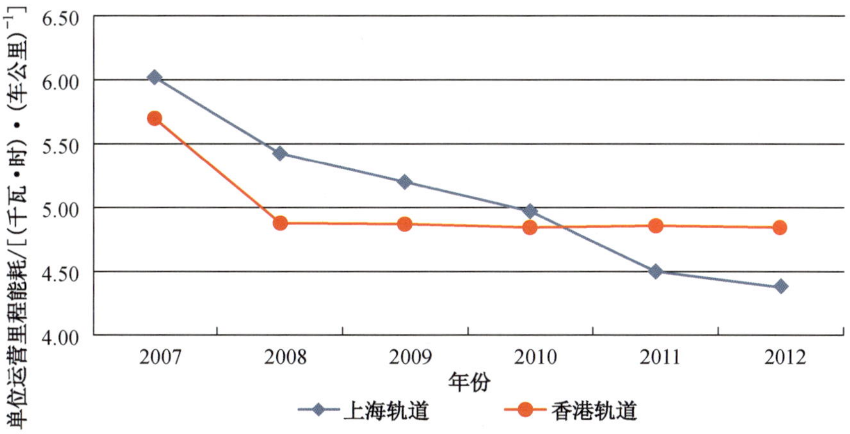

图 4-39 轨道交通单位运营里程能耗

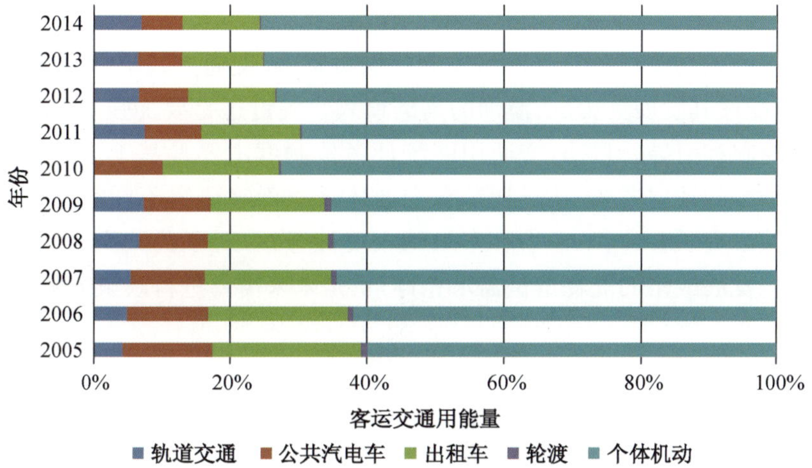

图 4-40 城市客运交通能源消费结构

同国家和地区低碳交通发展的整体水平。综合考虑社会小客车能耗因素，上海目前仍处于交通碳排放快速增长阶段。由于城市规模快速膨胀，社会经济、居民生活方式面临转型，新能源、新技术产业尚处于研发或初步应用阶段，碳排放总量及人均碳排放强度均处于增加状态。2012 年上海的人均城市客运交通碳排量较 2005 年增加 30%，达 837 kg CO_2（表 4-41），正在快速接近欧洲、日本大都市的碳排放水平，但还低于美洲、澳洲城市水平（图 4-41）。

表 4-41 2005 年和 2012 年城市交通碳排放基本情况

年份	人口规模/万人	出行量/（万人次·日$^{-1}$）	平均出行距离/km	碳排放/（10^7 kgCO_2·年$^{-1}$）	人均碳排放/（kg CO_2·年$^{-1}$）
2005	1 778	4 295	6.2	1 145.7	644
2012	2 380	5 432	6.5	1 992	837

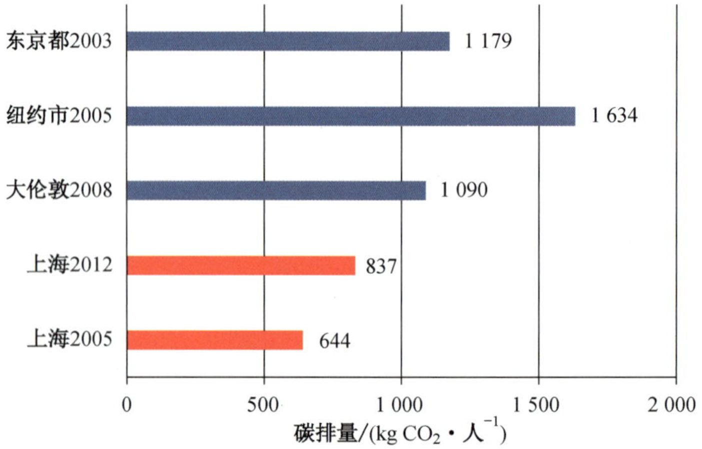

图 4-41　上海交通人均碳排放强度国际对比

未来上海的人均碳排放水平应该控制在城市紧凑、交通方式集约的欧洲、亚洲等大都市水平，不能任其发展为美洲、澳洲的高碳模式。关键还是要加强对小客车及其用地发展模式的控制和引导。目前，交通用能统计考核制度主要是基于重点用能企业相关的交通行业指标的独立考核，缺乏从综合交通体系层面来研究不同交通方式的能耗发展需求。从城市交通看，因私人小客车未纳入统计考核，对于公共交通能耗的约束，可能与公交优先发展战略的能耗增量需求相悖，也是未来需要进行政策突破的地方。

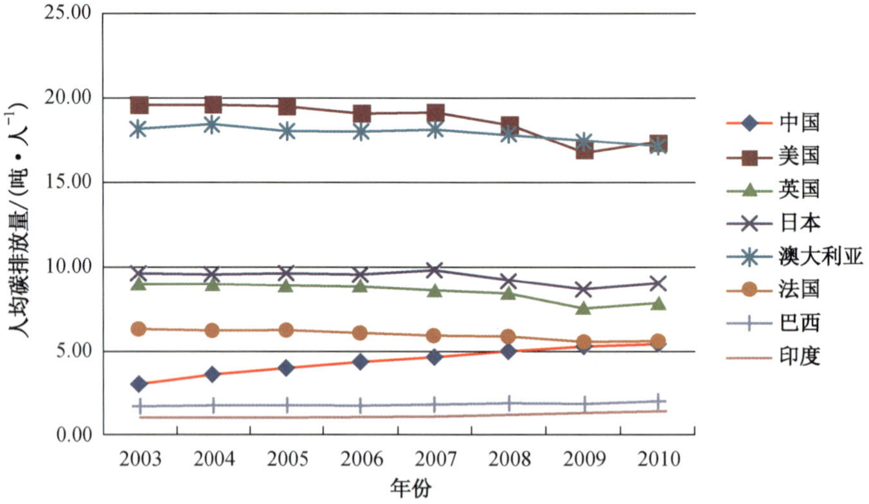

图 4-42　各国人均碳排放发展态势[①]

① 数据来源：http://www.iea.org/statistics/。

国际城市节能减排发展政策	
政策类别	具体内容
经济性政策	英国于出台的《汽车消费税》对高污染、高排放的汽车征收高额汽车消费税；日本出台的《汽车重量税和车辆购置税的税收优惠计划》将电动车、天然气汽车、插电式混合动力汽车、混合动力汽车和小排量汽车纳入税收优惠范畴；葡萄牙出台的《电动交通牌照税》政策，给予电动汽的车牌照税一定优惠
提高油耗及排放标准	由美国环境保护署和美国运输部联合推出提案，对 2017—2025 年间的乘用车、越野车和轻型卡车、厢式货车及皮卡，设置更高的燃油经济性和温室气体的污染标准
研发多种可替代能源	替代燃料的研发和应用是未来交通节能技术的重要趋势之一，各种替代燃料将在技术革新、政策扶持和市场竞争的推动下实现重大技术突破和快速发展。包括油电混合动力、电动、液化天然气、生物燃料和可再生氢燃料等。目前生物燃料已在美国、巴西等国家得到广泛应用，在全球具有巨大发展潜力
出台规划政策	英国的《十年交通规划》(*10 Year Transport Plan*)。对 10 年内英国的交通发展、交通技术研发、交通政策制定和交通项目投资都有明确的时间节点；葡萄牙于发布了《国家能源效率行动计划：葡萄牙效率 2015》，提出了涉及交通运输、住宅、服务、产业 4 个具体领域的一系列措施
加强宣传教育	有些国家和地区采用网络的形式，如澳大利亚建立了节能门户网站 LivingGreener. gov. au；有些采用宣传手册的形式，如德国的"我的 21 世纪议程"节能手册；有些则采用课程的方式，如瑞士的环保驾驶课程。另外，英国在驾照考试中增加了节油小窍门的学习环节，日本将交通节能教育放入小学基础教育中等

4.9 智能交通

4.9.1 政策概要

智慧城市是城市信息化当前发展阶段上的核心与焦点，是全球城市化、经济全球化与社会信息化在特定历史时期相互交汇结合的产物，是以往城市发展理念的延续、整合与升华。2011 年以来，上海已经制定了两轮智慧城市建设 3 年行动计划，力求将基于网络的智能化公共服务基本涵盖全体市民，智能交通作为智慧城市建设的重要组成部分，是对交通信息化发展的更高要求。

20 世纪 90 年代以来，上海把信息化作为覆盖现代化建设全局的战略举措，经过 3 个五年规划的持续推进，整体水平保持国内领先，部分指标达到发达国家先进水平，一批新兴技术创新成果在上海世博会上得到充分展示和示范应用。上海智能交通已从 2002 年的交通各行业信息化管理设施和系统功能建设，逐步在向以综合信息平台大数据挖掘和移动互联的公共信息服务等转型。

"2002 版白皮书"编制时，上海的交通信息化建设刚刚起步，虽然当时道路监控与监视系统、公交查询系统和站牌信息显示系统等相继投入使用，交通信息化建设取得了一定的成绩，但部门管理分割，各系统间的信息不能共享，难以发挥整体效益。“2002 版白皮书”认为智能交通系统的核心与基础是交通信息化，提出“十五”期末构筑智能交通系统基本框架，到 2020 年形成以智能化为标志的一体化交通管理系统，并制定了提高道路、公交、货运、内河等行业管理信息化水平，以及构筑全市统一的综合交通信息平台的总体发展要求。

经过 10 余年的发展，特别是经历了世博的跨越式发展，上海的交通信息化水平显著提高。随着信息技术的快速发展以及交通信息服务要求的不断提高，除去延续提升行业信息化水平外，基于信息化平台大数据分析的交通辅助决策支撑，基于移动互联技术的交通综合信息服务建设成为“2013 版白皮书”的政策重点。

4.9.2 加强行业信息化基础建设

交通各业态信息基础设施的建设是提升行业信息化水平的基础。“2002 版白皮书”提出了“在高架道路、地面道路和公交系统中选择若干典型区域实施交通信息化应用的试点，以此为基础，建立有效的公共信息基础设施，形成多层次、多模式的信息服务产品，实施发布重要区域的交通信息，构建智能交通信息基本框架”的目标。在这一战略目标指导下，道路交通、交通运输两大核心业态的信息化建设积极推进，而世博会、创建公交都市等契机，更是让交通信息化建设发展进入快车道。

1. 道路交通设施与组织管理方面

道路交通信息化设施主要包括面向交通组织管理的信号控制系统和智能诱导系统，以及道路交通监控和路况信息采集系统。自 20 世纪 80 年代开始，结合高速公路和内环线等城市快速路的建设，初步开展了以道路交通监控和自适应信号控制为主要功能的交通信息化基础建设。从 2003 年开始，上海持续加强相关道路交通信息系统建设，在全国率先实现中心城区快速路、地面道路交通信息采集、处理和通过可变信息标志发布实时路况，迈开了上海交通信息化建设坚实的第一步，标志着上海交通信息化建设的起步发展。具体政策措施如下：

(1) 加强交通信号控制系统建设。澳大利亚的 SCAT 系统是世界先进的城市智能交通控制系统之一，可以采取灵活的控制方案，调整信号周期长度、绿信比及相位差，以适应交通动态变化。上海在 20 世纪 80 年代引入 SCAT 系统，从最初几十个路口的规模，发展到 2000 年 800 个路口的规模，对提升交通组织效率起到了积极的促进作用。两轮白皮书都将进一步扩大交通信号自适应系统的规模作为重要的政策导向。目前浦西外环以内 SCAT 信号控制路口有约 2 045 个，占信号控制路口总数的 80.7%，单点非系统控制信号路口主要集中在内外环间的区域。随着市域面积的扩大以及交通总量的增长，不断提高 SCAT 系统覆盖率并向市中心区连接区域拓展的需求也越来越高。同时，外环以外区域以及郊区的城镇化区域，对信号控制更新换代的需求也日益增强。“2013 版白皮书”要求拓展自适应信号系统应用范围，要求中心城基本实现全覆盖，逐步向郊区拓展，在郊区干线道路以及新城、新市镇内部道路推广应用。

（2）加强道路交通监控和信息采集系统。全面掌握道路交通信息是科学开展交通组织管理和决策的重要依据。根据不同采集技术的特点，集成了多项技术手段，初步完成了覆盖全市干线公路、快速路、地面道路的交通信息采集和发布基础设施的建设。快速路系统主要采用感应线圈检测；地面道路使用GPS浮动车采集交通状态；高速公路采用手机采集技术；视频图像监控辅助快速路、地面道路、高速公路日常运营管理。微波检测在上海市外环高速公路部分路段进行试点试验，受低速交通状态检测精度影响，未大规模部署实施；桥隧开展了部分视频检测应用，受制于运营维护机制，应用效果不理想。不同信息化采集技术的比较如表4-42所列。

表4-42　　不同信息化采集技术的比较

采集技术	采集信息	覆盖范围	建设成本	运营维护成本	满足的应用需求
感应线圈检测	断面流量、断面车速、部分车型、交叉口饱和率	受制于线圈埋设的交叉口数量或断面数量	包括检测线圈、数据采集光端机、光缆、配电箱、供电设备等外场硬件设备，每个断面建设成本较高	高	掌握交通需求信号控制；交叉口或快速路运行状况
微波检测	断面流量、断面车速、车型	受制于微波检测器架设的交叉口数量或断面数量	涉及检测器、传输、供电等外场硬件设备，每个断面建设成本较高	较高	掌握交通需求道路运行状况
视频检测	交通流量、断面速度、车头时距、车型分类、占有率	受制于视频检测器架设的交叉口数量或断面数量	涉及主机、摄像机、传输、供电等外场硬件设备，每个断面建设成本较高	高	交通安全道路运行状况
RFID检测	平均行程时间和平均行程速度	受制于路边信标设备安装的交叉口数量或断面数量	涉及车辆电子标签、路边信标、传送、供电等外场硬件设备，每个断面建设成本较高	较高	公共安全道路运行状况
GPS浮动车采集	平均行程时间和平均行程速度	受采集浮动车行驶范围影响，一般覆盖中心城区主次干道	使用出租车运营公司已采集的GPS数据，无外场硬件设备投入。主要为内场软件系统建设与交通模型调整	无外场设备维护成本。主要为软件系统运维与交通模型参数运维	掌握大范围城市道路运行状况

（续表）

采集技术	采集信息	覆盖范围	建设成本	运营维护成本	满足的应用需求
手机采集	平均行程时间和平均行程速度动态出行 OD	覆盖城区道路、郊区高速公路、国省干道	使用移动网络运营商已采集收敛的手机信令数据，无外场硬件设备投入。主要为内场软件系统建设与交通模型调整	无外场设备维护成本。主要为软件系统运维与交通模型参数运维	掌握大范围城市道路运行状况大范围动态人员出行需求

注：不同技术手段获取数据的质量不一致。

（3）加强道路交通诱导发布系统建设。在道路交通监控和信息采集系统的基础上，上海加大了道路交通诱导发布系统的建设。如快速路交通诱导系统、停车诱导系统就是非常成功的案例。2015 年全市可供正常使用的可变信息标示设施（包括大型图形、图形文字和文字信息标志）891 块，其中高速公路 348 块，城市快速路 249 块，地面道路 294 块，为道路交通出行引导提供了便利。

上海从“十五”期间开始建成高架路交通诱导系统，进入上海市的驾驶员可以从道路大型情报板和文字交通信息板上获取信息，方便选择最优路径。高架道路交通诱导系统，由监控中心、外场设备和通信系统 3 部分组成，通过设置在道路上的传感器、闭路电视等外场设备，进行实时信息采集，监控中心对采集收到的信息进行加工处理，并通过显示设备发布高架道路的实时交通状态、交通事件及行程时间等信息，实现对交通的诱导，引导驾驶员选择最优的行驶路径，减少车辆在路网中的滞留时间，在最短的时间内到达目的地，从而减少因驾驶员不知情而产生的拥堵加剧的情况，缓解交通压力，促使路网交通达到动态均衡、动态优化的目的。

上海还建立了国内城市中规模最大的区域停车诱导系统和停车换乘诱导系统。建成中心城公共配建停车场库的数字化以及动态停车泊位采集发布系统，为广大驾车者寻找停车场和实时掌握泊位情况提供了极大的方便。

2. 道路交通运输行业管理方面

道路交通运输行业也是交通信息化建设的重点领域，涉及客运、货运等业态的管理，具体包括以下几个方面：

（1）加强行业监管信息基础设施建设。基本实现全市公交车辆、出租汽车、省际客运、道路危险品运输车辆车载智能终端的全覆盖，实现上海重点航道的 AIS 全覆盖。通过自建、共享等方式实现轨道站点、公交枢纽、两场两站、危险品作业码头、内河航道等重点区域一万余路视频接入。建成城市交通各行业管理部门以及重要信息监控点互联互通的交通城域专网。

（2）提升运输行业综合管理和业务协同能力。以行业安全监管和业务审批为核心，建成行业综合数据库和业务管理信息系统。在业务受理和管理方面建设电子政务门户网，逐步扩大业务在线受理和政务信息服务。行业监管方面，建成公交、水陆危运、省际客运、汽车维修等重点行业实时动态监管系统；建立公交、出租、危险品车辆电子营运证试点工程。业务协同方面，建成应急指挥管理系统；建成上海电子口岸平台，形成了贯穿交易、监管、物流和支付 4 大作业环节的口岸通关物流信息服务功能体系。

(3) 提升运营管理信息化程度。地面公交以智能集群调度为核心，确立了集调中心、分控中心、枢纽站集群调度点的三级集群调度网络，实现 200 条线路、2 100 多辆公交车的集群调度常态化管理。轨道交通运营管理层面，逐步适应“由建到管”的工作重心的转变，建立了覆盖基层(生产执行)、中层(生产管理和企业管理)以及高层(集团业务综合管控)功能需求的企业信息化立体发展架构，建成多个面向基层业务处理的管理信息系统。出租汽车行业建成出租汽车动态监控和电话调度系统。驾驶员培训行业建成以计时收费为核心的管理服务系统。对外交通行业建成全市主要长途汽车站客运联网售票系统，提高了长途客运运输效率。停车行业在主要停车场站建成电子收费系统。汽车修理行业建成汽车综合性能检测管理系统。

4.9.3 加强交通综合信息共享

“2002 版白皮书”指出要构筑全市统一的信息平台，在现有公安、市政、交通等部门管理信息系统和监控系统的基础上，建立交通信息交互中心。跨行业交通信息的共享整合需要综合交通管理体制的支撑，2005 年上海交通综合管理体制机制的改革为交通综合信息平台的构建奠定了基础。2006 年年初，随着上海市交通信息中心的成立，上海启动建设“上海交通综合信息平台”，从而拉开了全面推进交通信息资源整合的序幕。

2008 年 3 月，上海市交通综合信息平台正式建成，该平台基于 Esri 公司的 ArcGIS 平台，是目前全国首个全面、实时整合、处理全市道路交通、公共交通、对外交通领域车流、客流、交通设施等多源异构基础信息数据资源，实现跨行业交通信息资源整合、共享和交换，为交通管理相关部门进行交通组织管理和社会公众进行交通综合信息服务提供基础信息支持的信息集成系统。

上海交通综合信息平台系统是一个分级、跨行业汇聚、处理、共享和交换交通综合信息的集成系统。一级平台即上海市交通综合信息平台，是全市交通综合信息集成、共享、交换和发布的核心主体。二级平台是行业交通信息汇聚、交换的信息系统，并承担着连接一级平台和三级应用系统的重任。三级应用系统是上海交通综合信息平台数据采集基础层和平台综合信息的具体应用层。

从该平台的功能定位来看，以交通行业信息汇聚整合和交换共享为主，以道路交通管理服务为重点，逐步向公共交通和对外交通拓展。

1. 平台实现了交通行业信息汇聚整合和交换共享

上海交通综合信息平台汇聚了市政行业、交警总队、城市公共交通管理部门、机场、铁路、码头等交通管理行业的道路交通、公共交通、对外交通各类交通信息数据共 237

项，其中道路交通数据173项，公共交通数据30项，对外交通数据34项。这些数据来自2.2万组感应线圈、2.5万辆GPS浮动车、334组车牌识别断面、1 800余个SCAT信号控制路口等动态交通数据采集装置，以及对公交线路、轨道交通线路、社会停车场库、国际机场、铁路客运站的线路分布、实时泊位、航班等动静态数据的采集，数据覆盖的范围、种类、规模目前在全国处于领先地位。

2. 平台实现了道路交通状态等实时展示

通过对上海交通综合信息平台汇聚整合数据的综合处理，基于GIS城市地理信息技术，上海交通综合信息平台以"一机三屏"形式，展示道路交通状态等实时信息和交通视频，为交通管理部门提供直观、实时的信息支撑。包括道路交通实时状态信息、道路交通视频信息、道路交通可变信息标志信息、道路交通事件实时信息、道路交通掘路养护信息、牌照识别和SCAT路口机信息、公共交通信息和对外交通信息等8大领域的内容。

以道路交通实时状态信息为例，上海交通综合信息平台可展示全市干线公路、快速路、地面道路3张路网的实时交通状态信息（图4-43）。这些信息分别应用线圈、出租车GPS、手机等不同技术、方式采集，并经上海交通综合信息平台综合处理，以红、黄、绿3种颜色展示3张路网堵塞、拥挤、畅通等运行状态，使交通管理部门与社会公众能实时掌握全市道路交通运行状态信息。

图4-43 道路交通实时状态信息

3. 逐步向公共交通和对外交通拓展

除去各类道路交通信息外，公共交通和对外交通信息的整合是一个重要突破。公共交通信息方面，上海交通综合信息平台可以展示轨道交通、地面公交线路分布及走向、站点设置、实时运行状态等信息，部分公共停车场库泊位动态信息，实时掌握公共交通运行状况。对外交通信息方面，上海交通综合信息平台可以展示机场、铁路、码头、长途客运等对外交通枢纽地理位置、动态班次、客流量、票务发售等信息，以及通过进入市域道口的入沪客流量等信息，帮助交通管理部门及时掌握对外交通运行和客流情况。但目前公共交通信息和对外交通信息主要是一些表征性的客流信息，在数据颗粒度方面也比较大，尚未充分整合交通运输行业管理的相关行业信息。

世博期间，交通综合信息平台机制和作用得到了充分的展示，实现了对特大型活动的交通信息服务保障。在 2010 年中国上海世博会中，为实现对全市交通及世博交通数据(表 4-43)的全覆盖，形成以 3 大平台为核心的动态数据采集汇总机制(表 4-44)，通过交通信息在各部门间实现共享和交互，支撑了跨部门、跨专业的世博交通协同管理与综合服务，为保障世博交通畅达发挥了极其重要的作用。

表 4-43　世博交通数据类型及数据源

序号	数据类型	数据源
1	全市性交通运行数据	市综合交通信息平台
2	世博专属交通运营数据	世博交通组调度中心数据
3	世博园区客流数据	世博局园区运营指挥中心数据

表 4-44　动态数据采集

类别	数据名称	采集内容	采集频度	采集时段	报送时间
对外交通	市域客流信息	航空(虹桥、浦东)，铁路(上海站、南站、虹桥)，客运(总站、南站、白莲泾、虹桥)，港口(国际客运中心、吴淞码头、芦潮港、洋山港)，道口游客到发量	1 次/日	0:00—24:00、 18:00—18:00 (铁路)	次日 9:00
		手机采集的外地游客入沪客流总量及江浙方向分量	1 次/日	0:00—24:00	次日 9:00
	道口交通信息	道口进出沪车流总量各高速道口进出沪车流量分量	1 次/日	0:00—24:00	次日 9:00
在途世博客流		轨道交通、世博专线、专属出租、常规公交、旅游巴士	1 次/15 min	6:45—11:00	当日 12:00
道路交通	园区周边道路交通	主要入场通道、流量信息 (GPS 和交叉口 SCSRS 数据)	1 次/30 min	7:00—24:00	当日 12:00 次日 9:00
	快速路(外环及新通车无数据)	驶入车辆总规模、运行状态信息	1 次/30 min	7:00—11:00	当日 12:00
		线圈数据信息(流量、车速、占有率)	1 次/5 min	0:00—24:00	T+4
		牌照识别数据(断面代码、车道编号、号牌号码、号牌颜色、车型结构、车辆属地、更新时间、经过时间、车速)	—	0:00—24:00	1 月 1 次 每次 1 周
	专用道	车速及流量信息	1 次/30 min	7:00—10:00 16:00—19:00	当日 12:00 次日 9:00
	高速公路收费站流量数据	每个收费站分车型流量 进出收费站 OD	1 次/h	全天	1 月 1 次 每次 1 周

（续表）

类别	数据名称	采集内容	采集频度	采集时段	报送时间
轨道交通	5线9站出站量	园区周边5线9站出站量	1次/15 min	6:45—11:00	当日12:00
	全网站点进出站量	全网站点进出站量	1次/h	运营时间	1月1次 每次1周
	全网站间OD	全网站间OD	1次/h	运营时间	1月1次 每次1周
园区闸机	9个陆上出入口，4个水门闸机进出客流信息	9个陆上出入口，4个水门闸机进出客流信息	1次/30 min	7:00—24:00	当日12:00 次日9:00

4.9.4 强化交通信息增值服务功能

优质的交通信息服务是智能交通的重要目标，就不同受众而言，包括面向政策决策的交通信息服务以及面向运输企业和公众出行的交通信息服务。“2002版白皮书”为上海交通信息化的发展奠定了坚实的基础，初步形成了交通信息服务功能，并在世博期间得到了实践检验。从未来的发展来看，基于大数据和移动智能终端的信息服务是大势所趋，而多年积累的海量交通数据和信息服务经验，也为后续的发展提供了基础。因此“2013版白皮书”更加重视交通信息服务能力的提升，提出要实现交通辅助决策的智能化和交通信息服务的人性化。

1. 加强交通辅助决策支持

交通辅助决策是利用交通信息大数据，分析研判交通潜在问题，制定交通政策和管理对策的重要方式。目前交通综合信息平台已经具备了初步的综合交通应用分析功能（图4-44），可为交通管理部门进行决策、管理提供可靠的辅助手段，充分发挥信息化在交通管理中的重要作用。主要政策导向包括：

（1）深化交通模型体系建设。在交通数据挖掘分析的基础上，综合应用社会经济、城市规划、人口岗位、环境气象等信息，建设完善综合交通模型体系，为重大交通政策制定、交通规划编制、重大工程建设、大型活动交通组织等提供有效的技术支撑。

（2）加强交通运行预测预警。在进一步整合汇聚交通信息资源的基础上，通过对交通数据的深化处理，研判交通运行的特征、规律，研究建立、发布交通运行指数；加强对客货运输的动态监测，把握交通运行的发展态势，实现城市交通运行的预测预警。

2. 完善公众出行综合信息服务

公众出行综合信息服务面向出行全过程的服务、主动推送的服务、交通综合信息服务方向发展，已经成为生活资讯信息的重要组成部分。目前，上海公众出行综合信息服务的发展呈现3个方面的转变，从发布媒介的性质看，从传统媒体发布，逐步向互联网、移动智能终端转移；从信息服务的内容看，从道路交通拥堵信息，到公交出行、停车诱

图 4-44　基于交通指数的道路交通运行分析

导、出行路径诱导等全方位拓展；从运作模式看，从政府主导向市场导向转型。

2011 年上海市建设智慧城市三年行动计划推进以来，围绕智能交通出行，陆续出现了许多智能出行信息服务 APP(图 4-45 和图 4-46)。一方面交通主管部门相继推出了上海公交、乐行上海、地铁指南、交通指数、智行者、上海停车等手机 APP。另一方面，百度、高德等市场主体的互联网企业积极开发推广了大量交通信息查询系统服务。公众出行综合信息服务水平得到了显著的提高。

图 4-45　手机公交 APP 截图

图 4-46　手机停车 APP 截图

从后续发展看，实现基于个体位置的主动推送式交通信息服务将是发展方向，包括在紧急情况下，实现指定范围内的主动推送式的交通信息服务，以及个性出行路径交通状态、多方式交通换乘、公交车辆位置、公交舒适度等信息服务，将使交通信息服务更主动、更便捷。

同时要注重政府引导和市场培育，以需求为导向，充分发挥市场机制和企业主体作用，加快政府信息资源向社会开放，促进交通信息服务产业发展。

世界智能交通发展案例

1994年世界智能交通大会在巴黎召开，会上，主要发达国家达成一致意见：将欧洲、美国、日本在交通领域正在开展的，应用通信、控制和计算机技术改善道路交通系统运行效率、提高安全性，进而实现人车路一体化的智能型运输系统的各种项目和开发领域称为智能交通系统。这次会议成为发达国家正式开展智能交通开发和应用的标志。

美国从1976年到1997年，每年的车辆公里数以77%的速度上升，而同期道路建设里程仅增长2%，在高峰时期，54%的车辆处于拥堵状态。美国政府从80年代开始开展智能交通系统的研究和规划。1991年美国国会通过了"综合地面运输效率方案"，旨在利用高新技术和合理的交通分配提高整个路网的效率。1995年美国交通正式出版"国家智能交通系统项目规划"，明确规定了智能交通系统的7大领域和相应的用户服务功能，7大领域包括出行和运输管理、出行需求管理、公共运输运营、电子付费服务、商用车运营、紧急事件管理、先进车辆控制和安全系统等。美国政府要求将ITS的发展与建设纳入各级政府的基本投资计划之中，大部分资金由联邦、州和各级地方政府提供，也注重调动私营企业的投资积极性。

20世纪70年代，日本的大城市交通拥堵形势非常严峻，交通事故频发，传统交通治理手段始终无法形成一个有效的人、车和谐共存的交通管理系统。1995年，日本的通产省、运输省、邮政省、建设省和警察厅5部门制定道路、交通和车辆的信息化实施方针，拉开了ITS系统研究开发和实施的序幕。日本ITS框架体系由一个核心的综合交通控制中心和10个子系统组成，包括公交优先系统、行人信息通信系统、紧急车辆优先系统、不停车收费系统、动态车载导航系统、车辆行驶管理系统等。在这些系统中，发展和应用最为突出的是不停车收费系统ETC和动态车载导航系统VICS。目前日本的ETC使用率已经超过85%，VICS车载机保有量达到3 000万台。在投资上，日本走政府与民间企业相互合作的道路，极大调动了企业的积极性，加速了日本ITS的开发与应用。

4.10 安全交通

4.10.1 政策概要

交通安全是市民出行和货物运输的首要条件。安全便捷的交通出行是现代文明的重要体现,是和谐社会的具体要求。两轮白皮书面临的安全形势不同,其政策重点也有所差异。

“2002 版白皮书”编制时,上海机动化进程刚刚起步,部分交通参与者安全意识和法治观念较差。交通行为不规范,人车混行、机非混行现象严重。交通法律、法规不完善不配套,跟不上交通安全管理的需要。虽然道路交通事故发生总数和事故死亡人数有所下降,但万车死亡率仍大大高于国外发达城市,道路交通事故造成的死亡已经成为非正常死亡的首要因素,影响了社会的稳定和安宁。因此,“2002 版白皮书”的安全管理主要是社会层面的道路交通安全秩序管理,通过一定的制度设计,规范道路上人、车的通行,降低道路交通事故。

“2013 版白皮书”编制时,道路交通安全依然是政策关注的重点内容,但总体的安全形势也发生了较大的变化。影响经济安全和社会稳定的因素不断增多,人为破坏、公共安全等突发事件时有发生,而目前安全和应急保障的基础比较薄弱,防范和抵御非传统安全的能力比较脆弱,交通运输安全生产和应急工作责任也越来越大。“2013 版白皮书”则加大了对交通行业安全管理的关注。

交通安全管理主要包括法律法规、技术手段、保险制度、宣传教育、应急管理等方面。

4.10.2 道路交通安全管理

1. 健全和完善道路交通安全责任制

2005 年起上海市将道路交通事故死亡人数控制目标分解到区(县)政府,并作为区(县)政府履职考评依据,各级政府积极履职。市、区(县)两级政府先后投入大量经费用于道路改造,有效消除事故隐患。

2. 完善交通法规,加强执法管理

上海在 1997 年就出台了地方性的《上海市道路交通管理条例》,并在此后进行了多次修订。2004 年 5 月《中华人民共和国道路交通安全法》正式发布实施。2011 年《中华人民共和国道路交通安全法》进行了修编。在此基础上,根据国家统一部署,自 2011 年 5 月 1 日起,全面实行“酒驾”入刑等措施。法律法规的完善为“严格控制驾驶员的连续驾驶时间,严格禁止酒后驾驶”的行为提供了依据,酒后驾驶违法行为进一步得到有效遏制。

97 版条例于 2016 年进行了全面修订,于 2017 年 3 月正式实施。新版条例明确了本市道路交通管理工作坚持适应超大型城市特点、坚持绿色交通理念、坚持动态交通和静态交通协调发展、坚持依法管理、坚持以人为本的基本原则,体现了全面管理与重点管理相结合、从严管理与科学管理相结合、便民服务与自觉守法相结合、从严执法与规范执法相结合的特点。2016年全市综合交通补短板所形成的综合交通治理相关机制也被写入新版条例，即以政府部门为主导，加强基层治理，落实单位交通安全责任，引导社会公众积极参与，通过推广使用先进技术、信用信息归集和使用、广泛开展宣传教育等多种手段，推进道路交通协调发展。

3. 建立机动车保险制度

在国家《道路交通安全法》出台一个月之前，上海市就开始实施强制性的第三者责任险。从2004年4月1日起，上海市机动车辆开始实行新的第三者责任保险条款和费率，并且遵照国际惯例，将第三者责任险的费率与行车安全状况、保险事故及交通违章违法行为记录挂钩浮动。2004年4月1日，上海市保险监管局、上海市交巡警总队与各保险公司建立的上海市“机动车辆联合信息平台”也正式启用。2006年，上海根据《道路交通安全法》正式推出机动车交通事故责任强制保险，将车辆保险同驾驶员违章和事故挂钩，实现保险费率上下浮动。车辆保险制度的推行在交通安全管理中起着抑制交通灾害、促进民事责任制度发展的重要作用。截至2011年年底，机动车第三者责任强制险保险参保率已达86.78%，本市因安全记录良好而享受保险费率下浮优惠的投保机动车占投保总量47.73%。

4. 充分运用现代科技信息手段

信息化手段也是提高交通安全管理的重要手段。2015年，全市交通摄像监控设施2 595台，车辆检测设备57 816个，查处各类机动车违法853.6万起，大大提高交通监管效率。

5. 加强交通分流组织管理

除去机动车引发的交通事故外，非机动车也是造成交通事故的主要因素，“2002版白皮书”编制时，自行车与机动车的混行是交通事故的主要原因。目前，电动自行车的无序发展和安全意识不强，也是交通事故的主要诱因。机非分流，不仅仅是一项交通组织措施，更是加强道路交通安全的重要抓手。

从2003年开始，上海市逐渐在主次干道进行机动车专用路改造，在中心区范围内，利用较高的路网密度，形成了部分非机动车专用通道和机动车专用路。同时在交叉路口的管理上，一般通过物理性隔离设施将机非分离，这些措施都为减少机非冲突创造了条件。

6. 加强交通文明教育

“2013版白皮书”专门设置了交通文明章节，体现了对交通文明教育的高度重视。近年来，交通文明建设的工作载体不断丰富，如2010年以来的“文明交通3年行动计划”，以及2012年《国务院关于加强道路交通安全工作的意见》设立的“全国交通安全日”等，交通文明教育有效提升了交通参与者的文明意识。但必须看到的是，交通文明的提升不是一蹴而就的，是一个伴随着物质丰富和社会成熟逐步完善的长期过程，中国虽然在物质层面爆发式进入汽车社会的门槛，但在交通文明提升方面，还需要各界长期不懈的努力。

4.10.3 交通运输行业安全管理

交通行业安全管理以"平安交通"建设为载体，以构建"安全责任体系、法规制度体系、教育培训体系、事故追责体系、标准化监督体系、联动协作体系"为路径，以"不断提高行业监管效能，提升行业本质安全"为目标，以路政、邮政、轨道、危运等行业为重点。

1. 落实安全责任

根据国家、市相关文件，交通主管部门出台了《关于在本市交通行业贯彻落实国务院关于进一步加强企业安全生产工作的通知的实施意见》，建立健全安全工作责任体系，明确"一岗双责"考核制度，实行安全生产目标责任制考核；并落实行业监管责任，把好源头关，严格企业、从业人员准入，严厉打击非法运输生产经营建设行为，加强重点时段、重点场所、重点企业、重点部位的安全监管，进一步推动企业安全生产主体责任和政府安全监管责任主体的落实。

2. 加强科技投入

积极推广使用车载卫星定位系统，目前已经实现道路客运、危险品道路货物运输、城市公共汽电车等行业营运车辆全覆盖，并通过定位系统监督企业落实安全生产制度。按照要求，建立相关行业营运车辆卫星定位系统监管平台，与企业监控平台实时对接，强化车辆运行过程的动态监管。大力推广客运车辆动态视频监控系统(DVR)，填补车辆运行过程中车厢安全管理的空白，切实提升行业安全技术水平。

3. 加强应急管理体系建设

(1) 完善预案体系。重点完善各领域内专业化预案的可行性，细化操作规程，明确量化标准，全面建立高水平、专业化的应急预案体系。行业管理部门积极指导设区(县)行业管理部门、管辖行业企业制订预案。在此基础上，实行应急预案电子化管理，实现各类安全生产事故及突发事件信息即时报告。

(2) 加大应急建设投入。开展各级应急指挥场所建设，全面部署移动应急通信指挥车等装备，实现应急现场与指挥中心实时通信，灾害、路况、重点区域监控视频等资源整合和展示，提供监测预警、综合研判、辅助决策、协同调度等功能，为交通基础设施运营安全监管、突发事件的分级处置和全过程管理提供技术支撑，提高交通应急反应能力。

4. 完善法规制度体系

(1) 加强法规建设。梳理对城市交通、内河水上交通、港口货物装卸作业和港口报监水运工程等领域的安全生产法规，废止不适宜的文件，制订工作计划，加快相关法规的制修订工作，进一步建立健全交通运输安全生产法规体系。

(2) 加强制度建设。全面清理所有安全生产和监管过程中的技术规程、管理制度、安全要求、岗位职责等制度建设；结合实际，废止不适用的制度，加快建立健全符合实际、操作性强、科学规范的制度体系。

(3) 加强标准规范建设。根据安全生产方面的相关要求，完善标准规范，细化操作规程，规范安全生产行为。特别是要强化源头管理，严格准入标准，建立健全市场退出机制。重点加快制定与完善公路、桥梁、轨道交通站点、省际客运站、公交枢纽、港口码头、通航等风险评估、安全维护和检测技术规程以及安全应急信息系统建设、共享等方面的技术标准、规范。

（4）强化责任追究。建立安全隐患治理和事故查处的督办制度，加强事故调查和问责力度，严肃查处安全生产事故，严肃追究责任领导和相关责任人。

美国道路交通安全规划管理政策

美国联邦自20世纪60年代以来，在交通安全管理方面出台了一系列法律法规。始于1966年的美国联邦政府《道路安全法案》（*Highway Safety Act*），要求各个州制订道路安全改善计划，旨在降低交通事故、死亡率和受伤人数以及财产损失，具体要求包括：开发和更新交通数据记录系统，收集事故数据，开展交通工程研究，为州和地方道路机构开展技术指导，开展工作区域安全工程，鼓励安全带和儿童安全座位的使用，开展道路安全公众听审会，开展执行项目降低伤害型驾驶等，该法案开创了道路交通安全改善的里程碑。1973年，修改的道路安全法案进一步要求各个州对所有的道路进行调查，查找事故危险路段，应用“成本-效益法”对不同的路段危险治理项目进行排序，生成交通安全改善项目日程表。1982年的道路安全法案得到了进一步完善，将安全改善对象扩展到了州所有的公共道路，交通安全改善的范围

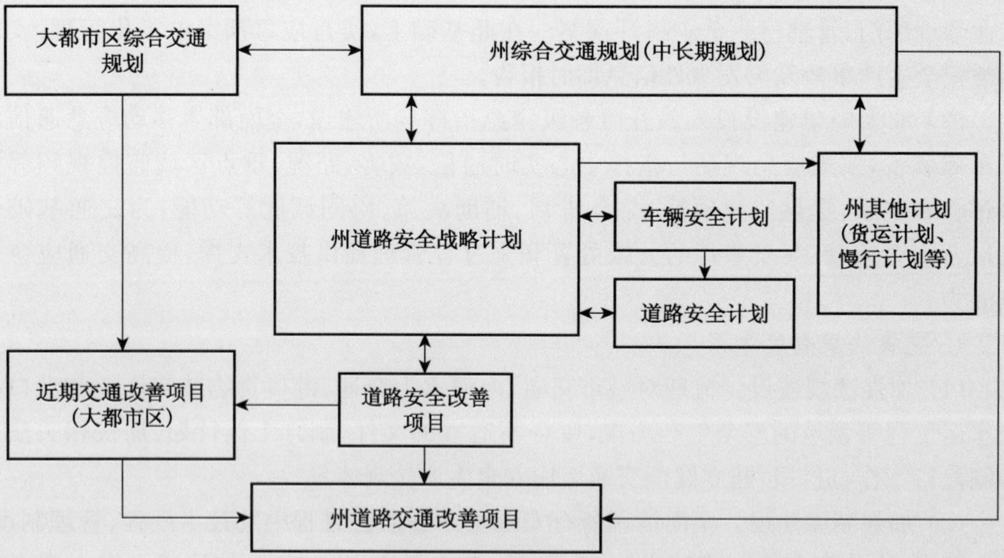

美国交通安全规划流程

逐步扩大。

1991年的《地面综合交通运输公平法案》(*The Intermodal Surface Transportation Equity Act*, ISTEA)规定了各个州至少拿出10%的联邦交通发展基金用于交通安全改善,各个州也可以额外分配资金来改善整个交通运输系统的安全。1998年,《21世纪运输公平法案》(*Transportation Equity Act for the 21st Century*, TEA-21)第一次规定各大都市区在进行交通规划的过程中必须将"安全和安全保障"作为一项规划因素。2005年,美国通过的《安全、可承担、灵活、高效、公平运输法案》把安全列为地方组织进行交通规划考虑的八大因素之首,交通安全规划的内容由改善道路交通安全扩展到提高交通参与人员、车辆、道路和交通环境的整体安全水平,交通安全规划成为综合交通规划的重要组成部分。2010年,美国交通运输部发布了"面向零死亡:全国道路交通安全战略"的交通安全白皮书,作为协调各安全利益方开展实施联邦、州和地方安全规划和实施策略的指导性框架。

基于联邦政府制定的交通安全法律法规和道路安全战略计划,美国州、大都市区和地方机构进一步制定了适应自身特点的交通安全改进策略。

5 白皮书编制技术方法

结合两轮白皮书的编制经验，从编制体系架构、工作流程、战略方案设计、交通意愿调查、公众参与、动态跟踪评估等方面系统介绍白皮书编制的主要技术方法。

5.1 编制架构与流程

5.1.1 编制架构

交通白皮书的编制涉及全市众多职能部门和相关单位，必须加强组织领导，共同推进。从上海两轮白皮书编制历程来看，要形成一个包括白皮书编制领导小组、领导小组办公室暨白皮书推进办、编委会及专家委员会等组成的工作架构。

1. 交通白皮书编制领导小组

白皮书编制领导小组是白皮书编制决策的最高机构，一般由常务副市长，以及分管交通和安全的副市长牵头，就白皮书提出的重大政策进行决策。

2. 领导小组办公室暨白皮书推进办

领导小组办公室暨白皮书推进办是负责白皮书编制推进的具体职能机构。领导小组办公室一般设在主管全市交通的行政职能部门，从上海的编制经历看，“2002 版白皮书”编制时，上海交通职能分散在规划、建设、运营和管理等多个部门，缺乏综合性的交通主管部门，因此“2002 版白皮书”的编制领导小组办公室放在当时的上海市发展计划委员会，并由其主要负责人任办公室主任。2005 年上海建交委的综合管理平台正式成立后，建交委成为全市交通综合管理的主管部门，因此，第二轮交通白皮书的编制领导小组办公室设置在市建交委，并由其主要负责人任办公室主任。相关成员单位由交通相关的单位组成，主要涉及规划、建设、运营、组织管理、环境保护等核心政府职能部门。伴随交通体制和管理权限的变化，“2013 版白皮书”还增加了铁路局、民航华东局等对外交通部门，同时将一些具体的运营企业纳入其中。

3. 编委会

编委会是负责白皮书文本具体编制的工作机构。一般由白皮书编制领导小组办公室暨推进办公室牵头，抽调专人、集中办公，主要承担白皮书的具体编制以及研究成果质量把关等职能。

4. 专家委员会

专家委员会由本市及国内外交通相关部门、大专院校以及科研单位专家组成。通过顾问咨询、专家评审会和咨询会等形式，负责审核研究成果及政策方案。

为保障白皮书工作机构的有效运作，还需要必要的工作机制保障，如“2013 版白皮书”编制即形成不同层面的工作会议制度，以确保白皮书工作的推进。领导小组工作会议，由领导小组领导主持召开，领导小组全体组成人员参加，主要工作内容是审议工作方案、听取工作情况汇报、研究重大问题和事项。领导小组办公室工作例会，由办公室主任或副主任主持召开，主要是检查各项工作的推进落实情况，听取工作组的工作情况汇报，研究处理推进过程中遇到的问题，部署下阶段的重点工作。根据工作需要，可由领导小组领导主持召开领导小组专题会议，由领导小组办公室负责同志主持召开办公室专题会议，研究协调专项工作。

5.1.2 工作流程

1. 重大专题研究阶段

“2002 版白皮书”采取打包的方式开展研究，就白皮书编制涉及的重大问题，邀请两家国际研究机构编制，研究成果除形成专项研究报告外，还需要提供白皮书文本的初稿，为后续文本的正式编制提供参考。

“2013 版白皮书”则采取专题研究和统筹整合的方式开展研究，并设定了 2 个层次的专题。一是总体层面的专题。形成白皮书后评估和战略研究两个核心专题研究成果，基于总体思路对具体专项课题研究成果进行综合提炼，支撑白皮书文本的编制。二是具体专项政策的专题研究，“2013 版白皮书”就未来交通发展的政策重点，共设置了 20 个课题(表 5-1)，并开展 5 项专项调查。

两种方式各有优点，打包方式成果系统性强，大大减少了编委会的工作协调力度，但可能在专项研究方面面临不够深入的问题。先分散再集中的方式，有利于广泛吸纳社会各方的研究机构参与白皮书的研究，提高专项研究的针对性，但大大增加编委会特别是主编单位的协调工作。两种方式的选择没有绝对的优劣，可根据不同城市、不同发展阶段及相关的宏观形势要求来开展。对于城市交通整合初期阶段，更需要从整体层面进行系统化研究，而对于交通发展的提升阶段，可能更需要针对具体政策的精细化研究支撑。

无论采取哪种方式，专题研究阶段的成果要求，均要求形成一套系统性的关于现状交通发展评估、未来交通发展目标和战略，及具体行动计划的初步建议成果，以支撑下阶段白皮书文本的具体编制工作。

表 5-1　“2013 版白皮书”配套专题研究清单

编号	课 题 名 称
1	上海社会经济发展趋势及对交通的影响研究
2	新一轮交通基础设施建设导向
3	中心城建筑量控制规模分析及配套交通政策研究
4	城市重点发展地区交通发展政策
5	郊区新城交通发展政策研究
6	郊区大型居住社区交通发展政策研究
7	城际交通与城市交通整合发展政策研究

（续表）

编号	课 题 名 称
8	航运中心货运交通保障政策
9	城市物流系统交通保障政策
10	上海小客车发展政策研究
11	推进轨网和公交功能整合的政策措施研究
12	中运量公交体系发展战略
13	公共交通票价政策研究
14	助(电)动车发展政策
15	慢行系统发展政策研究
16	停车需求控制政策及保障机制
17	上海交通信息决策和服务需求研究
18	交通节能减排管理和技术手段研究
19	交通运营安全管理配套政策研究
20	交通管理法制及决策参与机制研究

2. 白皮书文本编制阶段

在前期专题研究，特别是后评估和战略研究的基础上，通过市政府领导和相关部门共同讨论，多次听取专家咨询意见以及公众参与，在主要意见和观点达成共识的基础上，编制形成白皮书文本草案。

期间主要的工作包括部门工作讨论、专家意见咨询以及市政府领导意见的征求。部门工作讨论主要从实施操作层面，就白皮书中涉及具体部门的政策目的、内容、作用和效果，以及可能存在的问题进行沟通，并就不同部门间对于专项政策的认同差异进行系统性的平衡。专家意见咨询主要是技术层面，就白皮书具体政策的目的、理念、效果等要素开展讨论。在充分的部门论证、专家论证后，将最终成果向编制领导小组汇报，听取市领导对交通发展政策的建议。

3. 白皮书社会参与及公示颁布阶段

在白皮书主要观点意见初步达成一致后，就白皮书的主要成果向市人大、市政协进行专题汇报。此后，就白皮书成果进行社会公示，进一步征求社会意见。为扩大影响，一般由市政府新闻办召开白皮书新闻通气会，正式启动社会意见的征求工作。公示期间配合媒体、网络等各个方面的宣传，并就公示期间的舆论反馈意见进行梳理和采纳，形成送审稿。送审稿报市政府常务会议、市委常委会议审批通过后，即可正式颁布出版。

上述三个阶段的研究定位各不相同：

第一阶段的专题研究更加强调技术论证工作，需要研究机构充分发挥技术特点，从系统性、科学性方面就未来交通发展的情景进行预判，并就交通政策的可能效果进行科学研判。

第二阶段更加强调沟通协调和文字组织，一方面需要主编单位充分考虑交通白皮书政策所涉及的各个受众方，充分利用技术优势就具体的政策利益问题说明理由，统一共识，推进政策认同。另一方面要强化文字组织表达，由于白皮书文本类似于政府公文，受到篇幅的限制，内容和文字表述都要求浓缩和简练，要用非常精炼的文字体现政策的背景和深刻内涵，同时在具体表述上要避免误读等可能引发的政策风险。以上海“2013 版白皮书”为例，通过市政府领导和相关部门共同讨论，多次听取专家咨询意见以及公众参与，历经 16 次修改和调整，主要意见和观点达成共识，最终编制形成白皮书文本草案。

第三阶段更加注重社会的沟通协调，如果前两个阶段还是集中在专业领域的研究讨论，第三阶段的社会公示直接面对非专业的社会群体，社会群体的各类诉求相对零散，且基本都涉及民生问题，但可能与总体的发展导向不一致，需要进一步提升沟通和协调能力。

5.2 战略方案设计与测试

交通白皮书需要对未来相关的建设计划、管理措施和政策机制的综合效果进行预判，回答相关政策措施的实施是否可以支撑发展愿景的实现。而战略方案设计与测试正是基于发展情景组合、交通模型构建及测算，最终在合理指标体系下进行方案优选的技术手段。

通常而言，战略方案是指对交通发展可能产生重大影响的交通建设项目、需求管理措施及相关保障政策等战略措施的组合。战略方案实质是交通发展策略的具体反映，主要反映在交通建设的力度和侧重点，反映在交通需求管理措施的具体组成，反映在近期实施政策的导向。战略方案是对两个方面战略抉择在近期的具体量化：与城市发展方向对应的是土地使用结构，往往作为战略方案设计的假定前提；与交通发展方向相对应的是交通方式结构，往往是战略方案的测试结果。

战略方案的设计与测试主要分为三个阶段，包括战略方案设计阶段、战略方案评价指标体系设计和模型测试阶段以及战略方案优选阶段。其中战略方案设计阶段是重要的研究主体，通过不同要素分析，提出若干可能的战略方案情景组合。在评价指标体系设计和模型测试阶段，对第一阶段提出的交通战略模式进行指标设计和模型测试。最后战略方案优选阶段，根据模型测试的结果进行综合分析评价，最终提出未来发展的战略推荐方案。

5.2.1 战略方案设计方法

影响战略方案的因素主要包括交通需求、交通设施及管理政策三大类，根据战略目标和战略途径选择，通过对不同战略影响要素情景的组合，形成组合方案。不同影响要素的组合可能形成上千套组合，因而最后需要从中选出代表性方案进行综合评价与比选，最终遴选出最佳的战略方案。具体包括以下内容：

1. 交通需求

人口与就业岗位的规模决定了交通需求量规模，人口越多，出行需求量越大，所需要的交通设施供应水平越高。人口与就业岗位的密度决定了所需要的交通体系的能级，人口和就业岗位越集中，交通需求越集中，需要提供大容量的交通方式。人口与就业岗位的空间分布决定了出行分布，就业岗位在中心区的高度集中会导致大量的潮汐交通流。

2. 交通设施

交通设施供应水平将对交通体系产生影响，交通设施主要包括对外交通设施、城市道路设施、轨道交通设施、地面公交设施等。

道路与公路设施的规模将影响城市交通的战略模式，大规模的、超前的道路建设将会刺激小客车交通的增长；相反短缺性道路设施供给策略，可以有效约束小客车交通的发展。

轨道交通对城市交通的模式将产生深刻的影响。大规模的轨道交通建设将提高公共交通的吸引力，促使出租车、小客车等的使用者放弃原有的交通方式而选择轨道交通，小客车交通发展速度将会降低。反之，规模很小的轨道交通可达性差，不足以对小客车、出租车等的使用者产生吸引力，缺乏竞争力。

公交专用道设施的规模将影响公共汽车的服务水平，进而对其竞争力产生影响。公共汽车的服务水平越高，吸引力越强。

3. 交通管理

交通需求管理是影响城市交通模式选择的关键，不同的需求管理引导不同的交通模式。交通需求管理主要是针对小客车和公共交通的政策引导。

对小客车交通的需求管理主要是对小客车的拥有和使用进行调控，不同的调控力度会有不同的小客车交通需求。机动车使用控制的最终结果反映在不同区域不同时段出行方式结构上，是交通需求管理的综合反映。

对机动车拥有量规模的控制是交通战略的核心与关键，机动车拥有量控制的重点是私人小客车交通问题。随着我国经济快速发展，小客车进入家庭是中国大城市交通机动化的必然趋势。与此同时，交通拥堵、能源短缺、交通污染等一系列机动化带来的相关问题也困扰了大城市的发展。如何引导小客车合理发展，是交通白皮书必须回答的问题。

机动使用控制主要包括以下几方面：

(1) 通过交通组织管理从时间或空间上对不同车种车辆的使用进行控制。如禁止大型货运车辆进入中心区、禁止摩托车进入快速路或中心区等。

(2) 通过道路收费对小客车使用进行控制。如对桥梁、隧道等主要通道的收费、对中心区一定范围的道路使用收费等。

(3) 停车需求管理控制。通过对不同区域的停车供应水平进行控制来限制小客车交通的使用,如中心区通过减少停车场的泊位数来抑制小客车进入,从而减少进入中心区的交通量。

对公共交通的交通需求引导主要反映在对公共交通的政策扶持力度上,主要从3个方面来进行反映。票价对客流的高度敏感性决定了其对城市交通政策的重要性,换乘的便捷性也是影响公交客流吸引力的一个重要因素。此外,良好的服务水平将提高公共交通的客流吸引力,反之将影响公交客流的吸引力。

5.2.2 战略模型构建方法

战略模型的构建是对战略方案进行量化测试的必要手段。白皮书战略模型基于上海综合交通模型构建,通过调整、修改与白皮书战略方案相关的参数,实现个性化的分析预判功能。上海综合交通模型的框架如下:

上海综合交通模型由交通出行需求类模型、公共交通系统类模型和道路交通系统类模型3个核心模型组成,以反映所研究范畴的一般性交通规律为主(图5-1)。交通出行需求模型用于客货运交通需求总量预测和各交通方式之间的综合平衡研究,是综合交通模型体系最核心的模型,它主要分析预测人员和车辆出行需求特征,包括出行产生吸引、空间分布、方式结构等,主要输入各类人口岗位表,输出客流、车流OD表。公共交通系统类模型和道路交通系统类模型用于各系统内部交通设施运行状况研究,主要将客流、车流OD表分配至轨道及公交线网、路网上,生成线路客流量和道路车流量,以及出行时耗、费用等OD。各模型之间相互关联,交通出行需求类模型的输出是公共交通系统类模型和道路交通系统类模型的重要输入条件,公共交通系统类模型和道路交通系统类模型输出的各方式阻抗矩阵是交通出行需求类模型的重要输入。

交通出行需求模型包括9个子模型,按照模型运算的先后顺序,分别是人口岗位分布模型、小客车拥有分布模型、出行生成模型、步行方式划分模型、出行分布模型、方式选择模型、时段划分模型、轨道出行方式链模型和货车出行需求模型。

(1) 人口岗位分布模型。是用于在确定全市人口总量和结构的基础上,研究交通小区土地利用性质、建筑量等用地开发与人口和岗位分布关系的模型。该模型以土地利用资料为重要输入条件,输出交通小区分年龄结构人口和分类型岗位表,作为出行生成模型的重要输入。

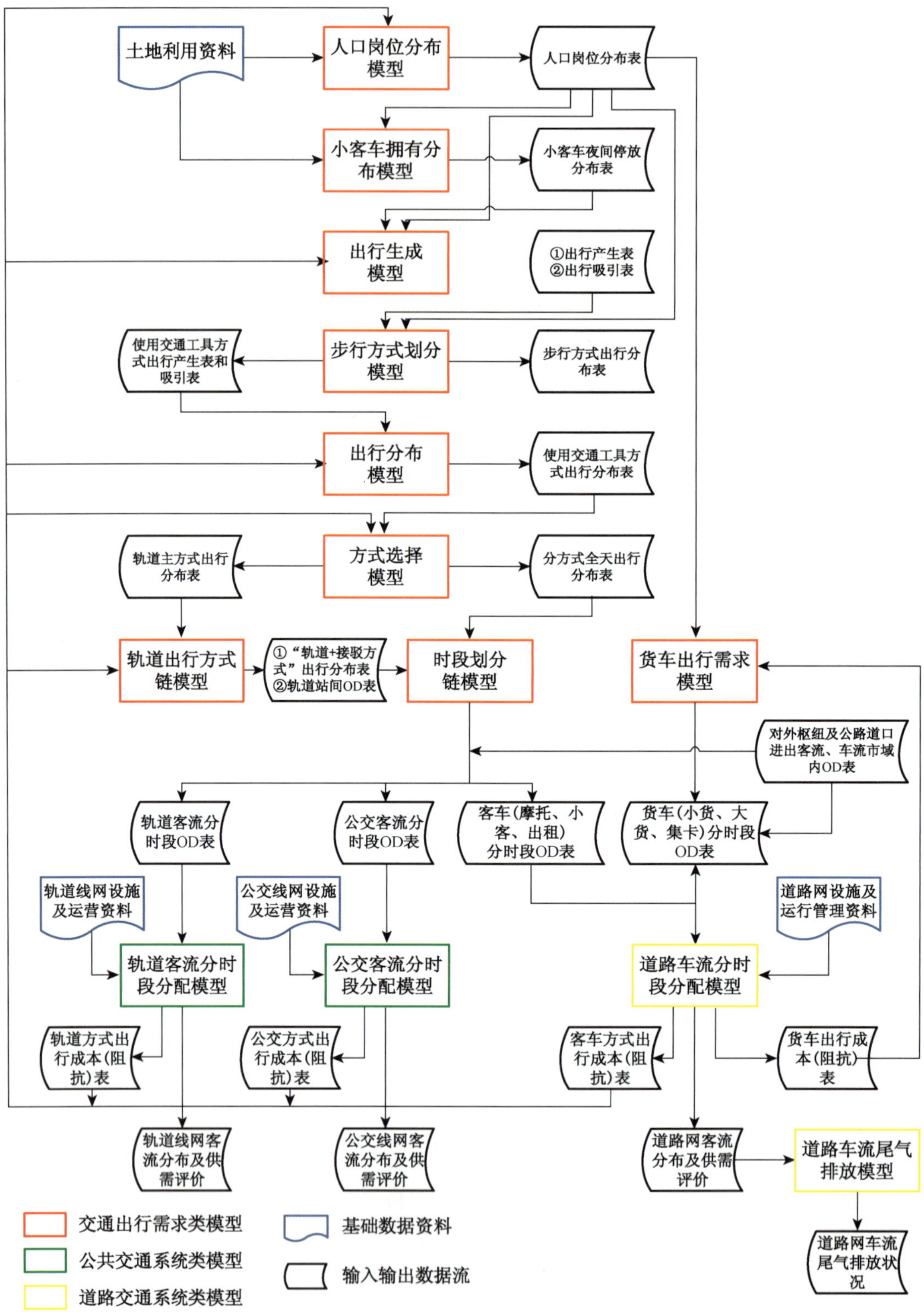

图 5-1　综合交通模型流程结构

(2) 小客车拥有及分布模型。是用于研究全市私人小客车发展规模以及夜间停放空间分布的模型。以人口岗位表为重要输入条件,结合居住用地类型、在职人口比例以及公交设施条件等影响因子,运算输出交通小区小客车夜间停放分布表,作为划分有车人口和无车人口的重要指标,是出行生成模型的重要输入。

(3)出行生成模型。是用于研究人员出行产生、吸引的总量及空间分布的交通模型。以人口岗位分布模型、小客车总量及分布模型的输出结果作为重要输入条件,结合公交设施条件等影响因子,输出全市交通小区分有无车、分年龄、分出行目的的出行产生量表和吸引量表。

(4) 步行方式划分模型。是用于研究人员出行选择步行方式概率的交通模型。之所以在出行端点就将步行方式与其他方式首先剥离出来,主要是考虑步行方式与其他方式的差异性十分显著,它们之间基本不存在相互竞争关系。以人口岗位分布模型的输出结果作为重要输入条件,通过不同出行距离范围的用地混合度,计算输出分有无车、分出行目的、分步行和非步行出行产生量表和吸引量表。

(5) 出行分布模型。是用于研究人员出行产生与吸引空间联系的交通模型。以步行方式划分模型的输出结果作为重要输入条件,基于公共交通系统类模型和道路交通系统类模型输出的各方式出行成本表作为综合阻抗,计算输出分有无车、分出行目的使用交通工具方式的 PA 表。

(6) 方式选择模型。是用于研究人员出行选择各种交通工具概率的交通模型。以出行分布模型的输出结果作为重要输入条件,基于公共交通系统类模型和道路交通系统类模型输出的各方式出行成本表,计算输出分有无车、分目的、分方式全日 PA 表。

(7) 时段划分模型。是用于研究高峰时段客货出行需求特征的交通模型。以方式选择模型、货车出行需求模型作为重要输入条件,基于不同区域、方向高峰时段与全天、白天高峰系数的研究,输出高峰时段轨道、公交客流 OD 和各车种车辆 OD。

(8) 轨道出行方式链模型。是用于研究以轨道交通为主方式,并采用其他方式接驳的多方式组合出行的交通模型。用于输出轨道+接驳方式 OD 表和轨道站间 OD。

(9) 货车出行需求模型。是用于研究货运车辆出行需求特征的交通模型。以人口岗位表为重要输入条件,基于道路交通系统类模型输出的货车出行成本表,计算输出小货、大货、集卡三类货车的全天和分时段 OD 表。

5.2.3 方案测试指标选取方法

战略方案测试以反映宏观需求特征为主,主要利用交通出行需求模型进行相关方案的测试,并从出行方式结构、道路运行状况、公交运行状况三个方面来对测试结果作比选分析。

1. 出行量及方式结构

出行量反映了不同战略方案的交通产生量,由于战略方案要素组合不同,不同交通模式对应的出行强度亦不同，因此，居民出行总量也有所不同。

出行方式结构是指各种交通方式在出行人次和人公里上的比例分配，反映不同战略方案下交通方式的具体构成，以及不同交通方式扮演的角色。随着机动化进程和城市化进程的加快，小客车的快速发展及轨道交通建成后公共交通的升级换代，居民的出行特征将发生变化。

2. 道路运行特征

道路系统运行特征主要包括道路交通量（车次及车公里）、高峰小时服务水平等。交通量反映了不同战略方案道路系统所能承担的交通负荷，交通量越高，反映道路系统的运输量越大。高峰小时道路系统服务水平指标包括行程车速、饱和度和道路负荷度，饱和度反映了交通拥挤状况，车速则反映了道路交通的运行效率。高峰小时道路负荷度则一定程度上反映了道路系统的承载能力。

3. 公交运行特征

公交运行状况指标主要包括客运量、客运周转量、平均出行时耗、平均出行距离、旅行速度等。客运周转量是指公交乘客乘车里程的总和，是衡量公共交通实际负荷情况的重要指标，综合反映了公交乘次和平均乘车里程。其余的指标是反映公交运行的单一指标，主要反映规模、时耗、平均速度等。

5.2.4 战略方案设计案例

1. 战略方案设计过程

结合“2013 版白皮书”编制，就战略方案的设计与测试进行介绍。

1）用地与人口岗位方案

人口规模、城市用地、岗位布局等是城市交通发展规划、政策制定的重要考虑因素。在战略方案设计中的第一部分即是用地和人口岗位方案设计，可以通过城市总规、人口普查等工作，对城市未来发展的用地和人口岗位等要素提出方案设计。

（1）城市用地。

对于未来上海城市发展考虑可能存在两种方案：

• 延续现状。城市呈单中心蔓延，中心城进一步向外拓展，中心城区面积达到 1 600～1 800 km^2，并且与嘉定、青浦、松江、南桥等规划新城范围连成一片。该种模式下，中心城区将集聚更高密度的人口和岗位。

• 多层多核。按照规划的城市形态发展，区域内同时存在多个在规模、功能等方面相当的新城、新市镇，同时区域内交通、信息、能源等基础设施网络化发达，吸引周边地区人口到此就业、就学、就医等，疏散中心城交通压力。

（2）人口规模与分布。

未来上海市人口分布将会具有如下可能预测结果，如图 5-2 和图 5-3 所示。

• 中心城外围地区和近郊成为人口增幅重点地区。单中心蔓延增长态势下，中心城和近郊地区强势发展，以其就业岗位机会多、居住环境优良，交通医疗等基础设施完备吸引更多的外来人口在此居住，继续成为人口增长的重点地区；郊区新城由于其产业配套相对低端、交通医疗等基础设施相对欠缺难以形成强势的核心吸引人口导入，人口增长相对缓慢。

· 远郊新城成为人口增幅重点地区。多核多中心增长态势下，郊区新城的产业高端强势发展，提供更多就业岗位，同时居住环境优良、交通医疗设施边界完备，吸引更多的人口导入。逐渐形成了中心城、郊区新城共同发展的多核结构。郊区新城成为人口增长的重要地区，中心城、近郊区人口低幅增长或向远郊新城疏解。

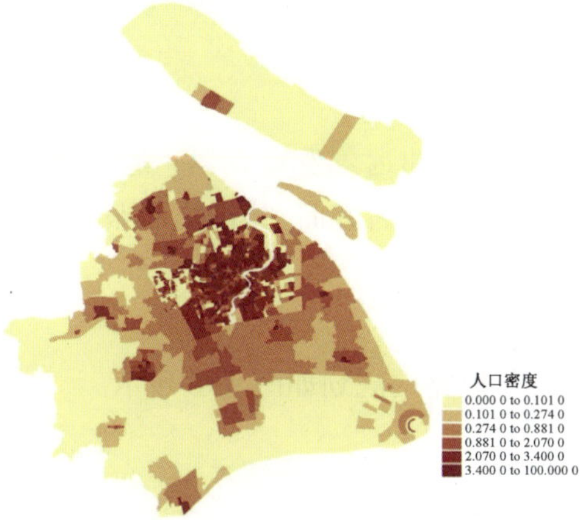

图 5-2　2020 年单中心(方案 1)市域常住人口密度分布图

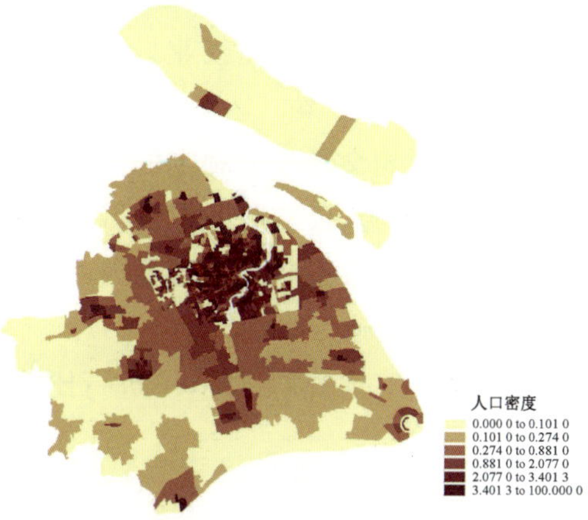

图 5-3　2020 年多中心(方案 2)市域常住人口密度分布图

(3) 岗位规模和分布。

未来上海市岗位分布将会具有如下可能预测结果，如图 5-4 和图 5-5 所示。

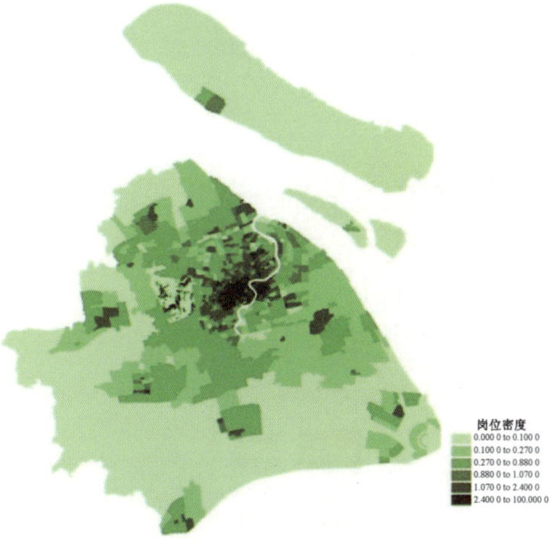

图 5-4　2020 年单中心(方案 1)市域就业岗位密度分布图

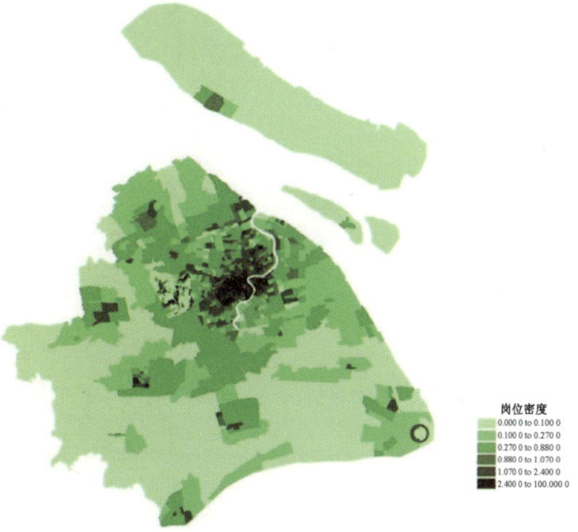

图 5-5　2020 年多中心(方案 2)市域就业岗位密度分布图

· 单中心模式。继续延续核心积聚的单中心向外蔓延增长的态势，中心城和近郊地区强势发展，高端制造业、服务业集聚，就业岗位增幅较大，继续强力吸引中心城及郊区的人口来此就业。郊区新城仍然保持现状，是低端制造业及服务业的集聚地，岗位总量继续增加，但是增幅没有更大的突破，主要吸引远郊区的人口来此就业。

· 多中心模式。未来形成多核发展的多中心增长态势。郊区新城的产业高端强势发展，提供更多就业岗位，就业岗位增幅较大，吸引新城内部、远郊其他甚至中心城近郊人口来此就业；中心城、近郊区继续以第三产业和高端制造业为主，增幅不大，吸引中心城及近郊地区人口来此就业。

2）交通设施方案

供给侧影响交通政策制定的因素主要是交通设施的远景发展方案。通常而言，道路设施、轨道设施、公交服务等是城市交通政策重要关注的方面，其设施和服务供给水平也是影响交通政策制定的重要因素。

（1）道路设施方案。

基本考虑实现规划目标，不进行比选。2020年道路网规划如图5-6所示。

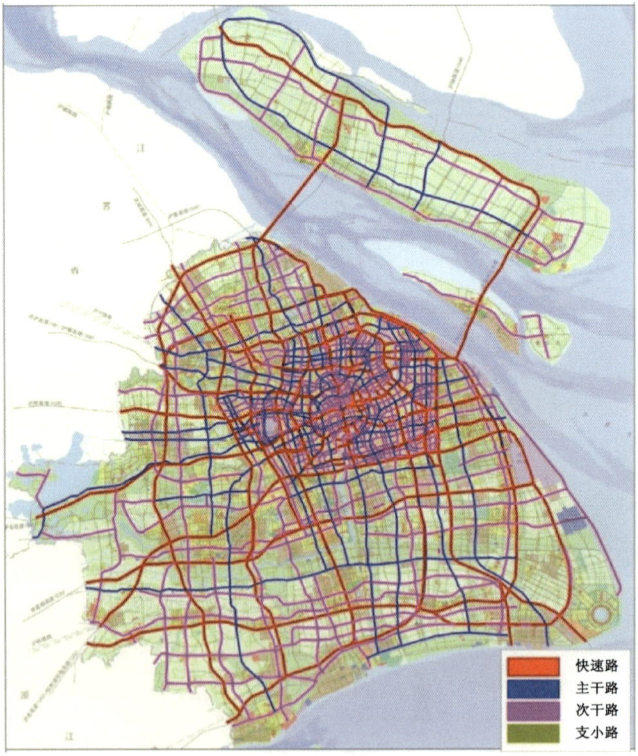

图5-6 2020年道路网

(2) 轨道交通设施。

· 单轨道交通。完成既有规划 18 条路线 811 km 轨道网络规模(不含磁浮)。

· 市郊铁部分建成。在轨道基本网完成以及金山支线的基础上,完成沪宁、沪杭、南湖支线等既有铁路线的改造,市郊铁里程达 200 km。

· 市郊铁基本完善。在轨道基本网完成以及金山支线的基础上,新增完成市郊铁 400 km的规划网络。

2020 年轨道交通基本网规划如图 5-7 所示。

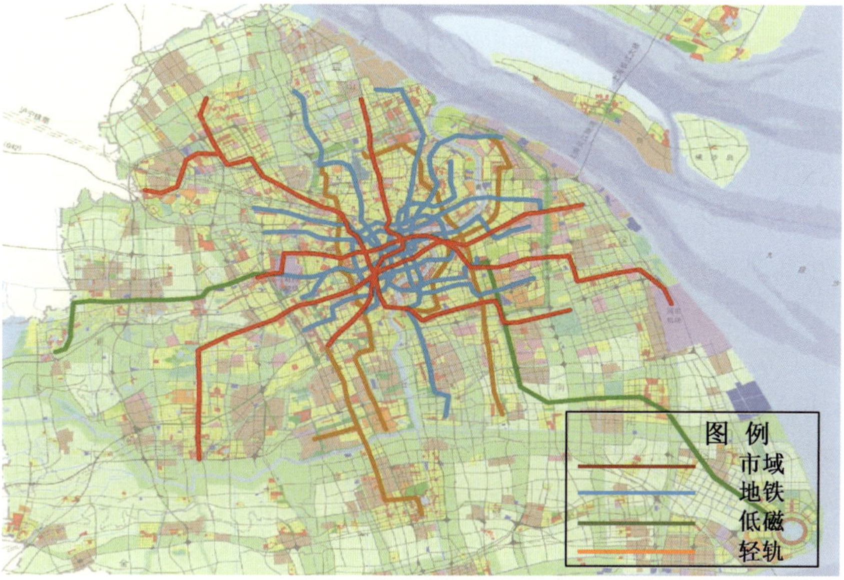

图 5-7　2020 年轨道交通基本网

(3) 中运量设施方案。

未来上海中运量交通存在两种方案。

· 郊区网络方案。建设完成近郊及嘉定、青浦、松江、奉贤四个新城的中运量网络规模。

· 郊区网络+中心城方案。在郊区中运量的基础上,在中心城新增 200 km 中运量网络。

3) 交通需求引导方案

交通需求引导的目的是使出行方式结构按预定的目标实现,重点是公共交通和小客车交通问题。从交通需求引导方面主要考虑三种方案。

(1) 低限制。对小客车交通的使用不进行任何限制,在局部区域甚至鼓励小客车的使用,全市机动车保有量大幅上升。

(2) 中度限制。对小客车交通的使用不进行过多限制,适当允许小客车交通的增长，在中心区交通拥挤区域通过停车收费等对小客车交通的使用进行调控，在部分通道，通过拥挤收费等来限制小客车的使用。

(3) 严限制。通过道路使用收费、停车收费等各种措施来降低对小客车的使用。

4) 方案组合

在对用地和人口、交通设施供给、交通需求引导三个方面形成了具体的战略方案的基础上，结合城市发展的实际情况，可根据方案实施的可行性，对各种战略要素进行筛选组合，最终形成三个方案比选组合。

(1) 组合一：维持既有空间形态和交通政策。

城市空间布局持续现状延续的"单中心"空间模式，中心城范围将呈现圈层式向近郊地区蔓延，中心城功能持续强化。交通设施网络按照规划进行，道路网络完成既有建设目标，达到 1.7 万 km。轨道交通基本网络完成既有建设目标，共 18 条线路 811 km 网络规模(不含磁浮)。延续非营业性客车额度拍卖政策。

(2) 组合二：维持既有空间形态，但强化小客车管理政策。

城市空间布局持续目前的"单中心"空间模式，中心城范围将呈现圈层式往外蔓延，中心城功能持续强化。道路网络完成既有建设目标，达到 1.7 万 km。轨道交通基本网完成既有建设目标。在此基础上，本方案将测试在有所加大公交设施建设力度，新增约 150 km 市郊铁和 300 km 中运量网络，并进一步加强小客车管理政策的背景下，全市交通出行需求的变化情况与交通系统的运行水平。

(3) 组合三：空间政策转型、强公交导向和强小客车调控政策。

城市空间布局将呈现规划的多中心布局，郊区新城按照规划发展目标，中心城功能相对削弱。交通设施网络按照规划进行，道路网络完成既有建设目标，达到 1.7 万 km。轨道交通基本网络完成既有建设目标。在基本网络的基础上，本方案进一步加大公交设施建设力度，新增 550 km 市郊铁和 500 km 中运量。同时，实施更严格的小客车管理政策，控制中心城小客车发展。

2. 战略方案优选过程

比选交通出行需求、道路系统运行和公交系统运行三个方面的指标差异，为组合方案的最后优选提供量化依据。

1) 人员出行交通方式结构

从中心城交通方式结构看，组合一的公共交通方式与个体交通方式的比值为 1.5∶1，组合二公共交通方式与个体交通方式的比值为 2.1∶1，组合三公共交通方式与个体交通方式的比值为 3.1∶1。按亚洲公共交通主导模式典型城市东京区部方式结构作为标准，即公共交通方式比例是小客车方式的 2 倍，组合二、组合三均已实现了中心城以公共交通为主导的交通方式发展模式。

2）公共交通客运量及客流强度

组合三公共交通客运量最大，但轨道交通基本网的网络规模也最大，因此，从中心城轨道交通基本网的客流强度指标看，低于组合二。组合二与组合一的轨道交通基本网的网络规模相同，但轨道交通基本网客流强度达到 2.99 万乘次/千米，明显高于组合一。从设施供应规模与需求规模相匹配的角度出发，组合二中心城轨道交通设施利用率最高，在相同网络规模下运送的客流规模也最多。如表 5-2 所列。

表 5-2　2020 年 3 套组合方案公共交通客运量及客流强度对比

区域	战略方案	组合一	组合二	组合三
全市	轨道交通基本网(不含磁浮)规模/km	814	814	530
	轨道交通基本网客运量/(万人次・日$^{-1}$)	1 407	1 622	1 900
	公共交通客运量/(万人次・日$^{-1}$)	2 797	3 299	3 400
中心城	轨道基本网络规模/km	488	488	530
	轨道交通基本网客运量/(万人次・日$^{-1}$)	1 270	1 459	1 524
	轨道交通基本网客流强度/(万乘次・千米$^{-1}$)	2.60	2.99	2.87

3. 机动车出行里程与道路网服务水平

组合一、组合二、组合三道路网的饱和度分别为 0.65，0.60，0.49，对应的机动车行驶里程为 9 620 万、8 833 万、8 000 万当量小客车公里。按尽可能满足机动车出行需求又保证道路网合理运行水平的角度出发，组合二的综合效益最优。

4. 综合分析评价

由于各项指标的权重不同，将会有不同的必选结果(表 5-3 和图 5-8)。从追求供需相对平衡，综合效益最佳的角度出发，组合二作为推荐方案。

表 5-3　2020 年 3 套方案综合评价结果

评价项目	主要指标	评价标准	组合一	组合二	组合三
建设成本	交通网络规模	最小	低	中	高
实施难度	交通政策与管理措施	最小	低	中	高
交通发展模式	交通方式结构	最佳	低	高	中
公共交通客流满足度与服务水平	轨道线网客流强度	最佳	低	高	中
道路交通车流满足度与服务水平	道路网饱和度	最佳	低	高	中

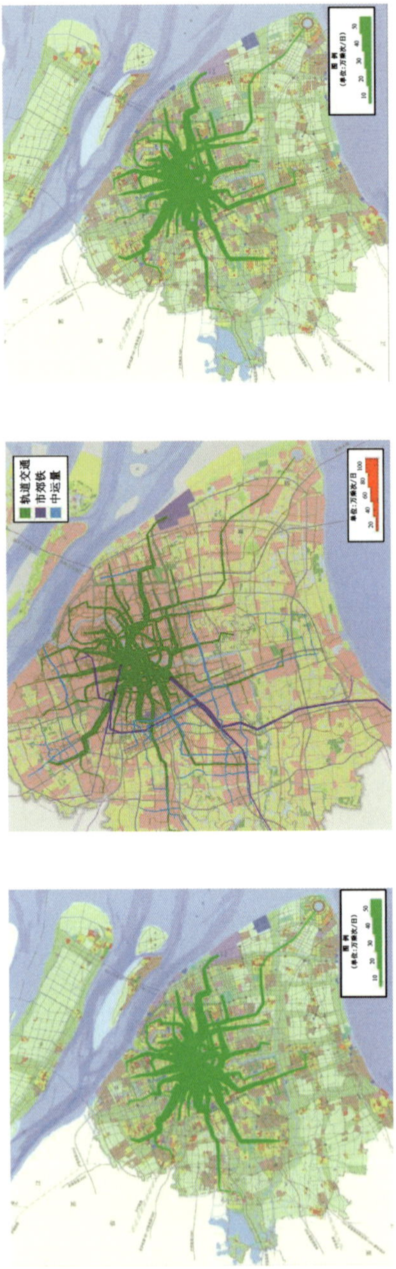

组合一 组合二 组合三

（a）轨道交通运营水平——轨交客运量分布

组合一 组合二 组合三

（b）道路网络运营水平 1——干道车流分布

组合一

组合二

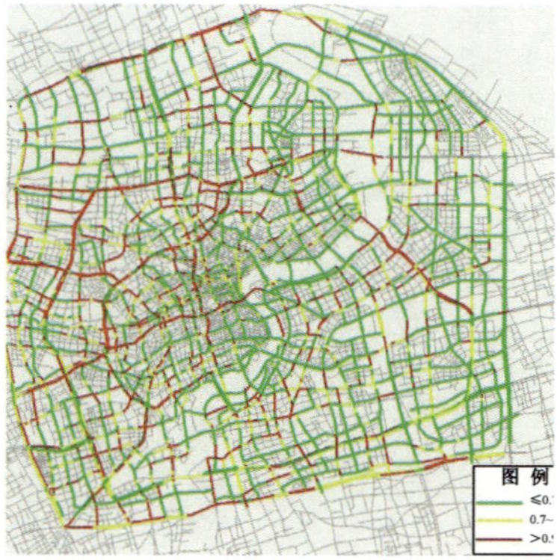

组合三

(c) 道路网络运营水平 2——中心城干道以上饱和度

组合一

组合二

组合三

(d) 道路网络运营水平 3——市域干道以上饱和度

图 5-8 各组合方案分配效果

评价

组合一:道路交通的运行水平有所恶化,轨道交通网络压力有所增加。

组合二:道路交通的运行水平有所改善,轨道交通网络压力有所增加。全市人员出行花费的平均时间有所减少。

组合三:道路交通的运行水平有所改善,轨道交通网络压力有所减少。全市人员出行花费的平均时间有所减少。

5.3 交通意愿调查

5.3.1 交通意愿调查的作用

SP 调查(Stated Preference Survey)起源于经济学领域，作为一个市场研究工具来了解消费者对不同产品或服务的接受程度。在 20 世纪 70 年代末，英国开始尝试将 SP 调查引入到交通问题研究之后，美国、澳大利亚等也进行了类似的调查研究。直到 1983 年，卢维埃(Louviere)和亨舍尔(Hensher)将 SP 调查运用到城市居民的交通方式选择研究后，SP 调查才开始在交通领域广泛应用。几十年的实践证明，SP 调查方法已越来越成为交通行为研究的一种重要工具。目前已应用于出行方式选择研究、泊车选择以及路线选择等诸多方面。

SP 调查可以获得"人们对假定条件下的多个选择方案所表现出来的主观偏好"，白皮书涉及新交通政策的设定，结合特征调查，增加了部分政策接受度的意愿调查，为政策的制定提供参考。

5.3.2 交通意愿调查案例

"2013 版白皮书"针对小客车发展、大型居住区、公交接驳、交通信息需求、居民出行成本和意愿等热点和重点问题设计了相关交通调查，如表 5-4 所列。

表 5-4　调查项目及内容

调查项目	调 查 内 容
小客车使用情况调查	· 夜间对 560 个小区的停车状况进行调查 · 对 3.7 万小区小客车使用者进行问询调查
公交接驳站点乘客出行特征抽样调查	· 对 80 个车站周边的配套的交通设施和非法营运车辆进行调查 · 早晚高峰期间对 1.6 万名进站乘客进行问询调查
全市居民出行成本抽样调查	· 对 9 000 户居民户进行问询调查
郊区大型居住社区居民出行特征及意愿调查	· 在 5 个大型居住区对 7 000 户居民进行问询调查 · 对 5 个大型居民区建设情况和设施配套进行资料收集
公众出行信息服务需求意愿抽样调查	· 在城市不同人流密集区域开展交通问询调查

1. 小客车使用情况调查

(1) 小客车号牌构成情况。截至 2012 年 6 月，本市市区号牌车辆 124.1 万，郊区号牌车辆 42.5 万，外省市号牌车辆 60.2 万。不同地带小客车的登记号牌结构存在差异，中心城以市区号牌为主，外省市号牌比例也较大，拓展区以市区号牌车辆和外省市牌车辆为主，而远郊区以郊区号牌车辆为主。

(2) 家庭第二辆车购置情况。根据使用者问询调查，近 10%小客车车主已经购置了家庭第二辆车，另有5%的车主正在考虑购置，17%的车主可能会在3年内购置。第二辆车正在开始进入市民家庭。

2. 公交接驳站点乘客出行特征抽样调查

(1) 进站接驳方式结构。早高峰时段(调查了67个车站，周边以居住用地为主)49%的乘客全程步行到达轨道车站，37%的乘客采用公交接驳，自行车占6%，小客车占6%，摩托车占2%。晚高峰时段(调查了13个车站，周边以商办用地为主)全程步行到达轨道车站的乘客占81%，公交接驳占17%，另有2%由自行车、小客车、摩托车方式接驳。

(2) 非法营运车辆载客情况。在外环线周边城乡接合部地区的轨道车站非法载客现象比较突出。根据对50个相关轨道车站的观测调查，早晚高峰时段(4 h)使用非法营运车辆接驳的客流约占同期轨道进出站客流总量的2%，平均每个车站接近500人。其中，三轮车占49%，摩托车占37%，小客车占12%，中巴等其他车辆占2%。

3. 全市居民出行成本抽样调查

(1) 人均通勤费用。被调查有工作常住人口平均每个人的月均通勤费用为209元，单程交通费用为5元。其中，乘坐轨道交通上班的人月均通勤费用为222元，乘坐公共汽(电)车上班的人月均通勤费用为117元。此外，驾驶小客车上班的人月均通勤费用相对较高，上班出行平均每月油费642元，工作地停车费42元(84%驾驶小客车上班的人单位有自己的停车位，大部分是免费车位)。

(2) 对待交通政策措施的态度。①对待小客车额度拍卖的态度。26%的人表示需要进一步加强控制力度，21%的人表示赞成，21%的人建议适度放松，16%的人持中立态度，另有16%的人建议取消拍卖制度。②对待外省市号牌小客车高峰时间高架道路限行的态度。有沪牌家庭更趋向于延长外省市号牌小客车高架道路限行时间，66%表示赞同，反对占16%，中立占18%。无沪牌家庭(含无车家庭)表示赞同占52%，反对占20%，中立占28%。③对待小客车拥挤收费的态度。40%的人表示不赞成实施拥挤收费，25.5%的人建议在内环内部分CBD地区收费，18.6%的人建议在内环内所有地区收费，16%的人建议在中、外环内地区收费。④关于选择缓解上海市的交通拥堵措施的态度。41%的人认为采取限行政策较为有效；20%的人认为需要加强交通设施建设；19%的人认为需要提高公交服务水平；20%的人认为可通过提高停车费、收拥堵费、外地号牌高峰限行等措施实现。

4. 郊区大型居住社区居民出行特征及意愿调查

(1) 出行率。被调查居民平均每人每日出行次数，江桥、顾村居民约1.6次，泗泾、浦江、周康居民约1.5次，其中25%的居民在调查当日没有出行。此外，保障安置房居民平均每人每日出行次数较低，仅为1.2次，合租房居民相对较高，为1.7次。

(2) 车辆拥有情况。18%的被调查家庭拥有私人小客车，其中外地牌照占52%。约35%的家庭拥有电动自行车，约30%的家庭拥有人力自行车。拥有燃气燃油助动车和摩托车的家庭较少，均不足5%。

(3) 交通方式结构。被调查居民通勤出行(上班和上学)，泗泾公共交通方式比例最高，达76%；其次是浦江，占61%；顾村、江桥、周康公共交通方式比例略低，在38%～48%。其中，顾村、浦江、泗泾均有轨道线路直达，公共交通方式中超过5成使用轨道交通。非通勤出行公共交通方式比例低于通勤出行，慢行交通方式比例相应提高。

(4) 出行空间分布。对外联系以中心城浦西为主，其次为近郊拓展区，与中心城浦东和远郊区联系较少，区内出行比例约占1/3。出行空间分布与大居居民的搬迁地和所在地理位置有一定关系，泗泾处于郊区新城，与远郊区联系相比其他大居紧密，与近郊拓展区联系较少；其他位于近郊拓展区的大居则与近郊拓展区联系较为紧密，与远郊区联系较少。其中，周康与近郊拓展区联系较为紧密，出行比例高达50%。

5. 公众出行信息服务需求意愿抽样调查

(1) 自驾车对信息服务内容的偏好情况。自驾车出行者最为关注的交通信息是道路拥堵信息，其中有超过60%的出行者会根据提前获得的拥堵信息或事故信息改变出行路径。行车路径信息的关注度仅次于道路拥堵信息，突发交通事故、气象信息、施工封路信息也是出行者比较关注的重要信息。

(2) 公共交通出行者对信息服务方式的偏好情况。地面公交出行者使用最多的信息服务途径是公交站台信息板，其次是网站和手机交通软件，手机交通软件在信息服务方式的比例逐渐增大。轨道交通出行者使用最多的交通信息服务方式是站台指示标志、站台电视播报，其次是手机交通软件和站台自助查询机。

(3) 公众对各种信息服务方式的满意度。枢纽交通信息服务最令公众满意，其次是停车场信息和轨道交通信息，地面公交信息服务的满意度最低。

5.4 公众参与

5.4.1 公众参与的理论和内涵

1. 公众参与的功能定位

公众参与，简而言之，即“公民、法人和其他组织有目的地参与和政府管理相关的一系列活动”。就其本质而言，它强调的是程序的改变而非问题的解决，以及对民主发展的推动和对权力的再分配。一般来说，公众参与有着两个层面的含义：①表面性、功能性、制度性层面的，也就是公众参与作为一项具体制度对行政决策、行政管理的作用；②本质性、价值性和宪政层面的，也就是对行政权力的约束、控制及对整个宪政权力的再分配。

公众参与制度的功能主要体现在以下几个方面：①集汇民智，通过公众参与，可以提供更多的优质信息，为行政机关的行政决策提供理性的选择，从而帮助行政机关做出科学正确的决策；②寻求认同，人民群众参与行政决策的过程，其实也是决策为群众理解和接受的过程，对广大人民群众而言，实现了自己意愿的真实表达，将有助于进一步了解决策内容，更增加了对决策事项的认同感；③协调利益，重大事项的决策常常涉及各种利益关系的分配、协调甚至博弈，广泛的公众参与能够使决策在充分审查及广泛讨论的情况下，逐步协调各种不同的主体的利益关系，使决策的内容为大多数人所接受，从而实现社会正义；④监督行政，民众的参与可以防止行政权的过度集中和滥用，培养行政管理领域内的适度自治，进而体现程序正义价值；⑤民主教育，公众参与可以成为一种自我表达和进行辩论的制度，公民在辩论和参与中能够增强政治责任感和"公民美德"，培育公民在政治领域的"公民精神"。

2. 公众参与的形式

不同形式的公众参与在交通决策中的适用范围有一定差异，具体来看，在交通决策领域，公众参与的形式有以下几种：

1）征询意见

通过在相关媒体上公布行政决策方案草案的方式，征求社会公众的意见，是目前实践中使用频率最高的重大行政决策征求意见方式。最近国家和地方层面多次在重大行政决策中采用此方式。

作为公众参与形式的意见征询有以下外部特点：①受众面广，通过媒体的宣传可以让尽可能多的公民组织了解决策事项；②关注度高，实践中对某些决策事项常常会收到数以万计的反馈意见；③适用的决策事项范围广，所有的重点决策都可以采用这种公开征求意见的方式；④形式多样化，征询意见既可以通过书面，也可以通过网络，还可以通过电视等其他多种媒体形式作为宣传平台和意见接收平台。基于以上特点，征询意见可以成为一种重大行政决策过程常规性的必经程序。

交通决策领域，在何种情形下采取征询意见形式实现公众参与，主要根据以下几个标准来判断，这也是听取意见不同于其他形式的公众参与的特殊性：①决策内容相对比较宏观，属于交通政策调整（如车牌拍卖、道路拥堵费收取等）、交通规划设置（如 P＋R 停车场设置等）、交通制度设计合理性等问题；②决策内容覆盖面大，受决策影响范围广，属于交通重大决策；③决策内容与全市有交通出行需求的群众利益密切相关，切实关乎民生，群众的意见反馈对决策的实施效果有重大影响；④决策内容属于普通公众能够理解的范围（如果涉及专业性问题，需要在征求意见的公告中予以解释、说明）。

2）社区、基层座谈会

深入基层、了解民意是决策中必须坚持的重要方面。决策承办部门深入乡镇、街道、社区或者基层组织，召开由利益相关人、居民代表等参加的社区、基层座谈会，正是贯彻以上要求的征求意见方式。采取此类决策方式需要把握以下标准：①社区基层座谈会应当适用于与普通民众有直接利益关系的事项，对于技术性太强或者宏观层面的事务，可以不使用此类方式；②承办部门应当发挥主动性，根据决策事项与基层、社区的关联度，主动到一线了解情况，收集基层的意见和建议；③座谈会举行过程中应当坚持形式的随意性、实效性，承办部门的主要职责是倾听，创造相对轻松的环境，使基层群众和组织畅所欲言。

社区、基层座谈会形式的公共交通公众参与机制，主要适用于与社区居民利益密切相关的公共交通决策，如社区巴士线路选定及调整，由于这类交通决策主要在一定社区、一定区域内实施，影响范围有限，决策影响对象主要是社区内的居民，他们长期在该社区/区域内居住，对周边环境熟悉，对交通决策的调整和实施反应最为敏感，从而也具有强烈的交通决策参与意愿。通过社区、基层座谈会形式使居民充分表达意见和想法，通过充分了解民意，一方面可以提高交通公共决策的科学性，另一方面也避免公共服务设施建成后利用率不高，公共财政资金浪费的可能性。

3）民主协商会

民主协商会是一种近年来开始实践的公众参与政府决策的新方式，其理论依据为协商民主理论，兴起于20世纪后期，核心是强调基于理性的公共协商，从而赋予立法和决策以合法性。在中国，地方城市和乡村社会也已经发展了许多新的协商制度形式。

4）听证会

行政决策听证是现代民主政治的产物，近几十年来，受到世界各国的特别重视。上海市交通管理法规中已有这方面的要求，比如，《上海市停车场(库)管理办法》第十七条规定："在本市外环线以内的公共停车场(库)300米服务半径内设立道路停车场的，市公安交通管理部门应当会同市交通行政主管部门举行听证"。《上海市公共汽车和电车客运管理条例》(2010年修正)增加了公交线路调整公众参与的内容，"市和区、县交通行政管理部门应当会同公安、建设等行政管理部门，根据线网规划、客流调查和线路普查情况，制定开辟、调整、终止线路的计划，并通过公开征求意见、召开听证会等方式征询涉及范围内单位、居民的意见，作为线路开辟、调整、终止的依据之一。"(第9条第二款)

现阶段加强重大行政决策听证工作，应当从能体现程序正义的规则入手，着力使听证会成为决策过程中常规化的规范程序。值得注意的是，随着听证会作为一种公众参与形式的逐步推广，以及相关立法的完善，在交通决策公众参与领域，听证会应上升为法定的公众参与形式，且要合理设计程序规则，体现公平正义，规则制定后应严格遵循程序进行，如听证会代表的遴选和确定、听证会公告、听证会主持人推选、听证会意见记录等均需严格按照程序进行。以程序正义实现实体正义，从而避免随意性强、流于形式而为公众所诟病。

3. 城市交通重大行政决策公众参与的范围

以下事项的决策均属于城市交通重大行政决策范围，应引入公众参与程序，以保证决策的科学透明及民意基础：

（1）中长期交通发展规划、年度工作计划的编制及调整；

（2）城市交通总体规划、区域规划以及实施城市交通总体规划；

（3）区域规划的控制性详细规划和专项规划的编制；

(4) 财政年度预算方案的编制，大额度财政资金的使用；

(5) 重大交通项目的安排；

(6) 市级交通行政规范性文件的制定；

(7) 全市交通管理重要的改革方案及重大政策制定；

(8) 其他与群众切身利益密切相关的行政决策事项。

以上行政决策均可以采取征询意见形式实现公众参与。此外，其中第(3)项还可通过两会提交人大代表，与政协委员协商恳谈，实现公众参与决策。第(4)、(6)、(7)项可以根据情况，以听证会形式实现不同意见的交锋、辩论和参与决策。第(7)项若牵涉到一定区域内居民的利益，可采取社区、基层座谈会形式，给社区居民畅所欲言、发表意见的机会。具体如表 5-5 所列。

表 5-5　　各事项参与形式表

事　　项		征询意见	社区、基层座谈	民主协商会	听证会
1	中长期交通发展规划、年度工作计划的编制及调整	√			
2	城市交通总体规划、区域规划以及实施总体规划和区域规划的控制性详细规划和专项规划的编制	√			
3	财政年度预算方案的编制，大额财政资金使用	√		√	
4	重大交通项目安排	√			√
5	市级交通行政规范性文件制定	√			
6	全市交通管理重要的改革方案及重大政策制定	√			√
7	其他行政决策事项	√	√		√

5.4.2 白皮书的公众参与

“2013 版白皮书”研究的社会参与机制比较健全，主要社会参与行动包括：公众意愿调查、网络宣传、市人大市政协专题汇报调研、白皮书社会公示等。下面以白皮书公示期间的公众参与为例进行阐述。

1. 反馈意见的情况

从反馈意见的质量来看，电子邮件和单位来函相对较好，部分信件经过深思熟虑，既有观点也有完善建议，篇幅有 5 000 余字。而微博虽然有传播快和受众覆盖面广的特征，但由于是即时评论，绝大部分意见只是表明态度，没有完善建议，呈现碎片化、简单化特征。因此，下面以电子邮件收集的反馈意见为重点进行特征分析：

(1) 从关注对象看，与市民日常交通出行密切相关的本市小客车车牌额度政策、外省市号牌车辆政策、小客车使用管理政策、公交服务完善政策、摩托车发展政策等关注度较多，其他方面关注较少。具体如表 5-6 所列。

表 5-6　电子邮件和单位来函主要意见分类情况

意见反馈对象	数量	比例
关于三类车牌管理政策	89	41%
关于公交发展	27	12%
关于摩托车	25	12%
关于小客车使用管理	21	10%
关于设施建设与管理	12	6%
关于步行和自行车	11	5%
关于停车	10	5%
关于交通文明与决策管理	9	4%
关于环境和安全	5	2%
关于燃气助动车	4	2%
关于交通白皮书完善	3	1%
关于货车	1	0%
合　计	217	100%

(2) 从梳理出的 34 条主要观点看，对车牌额度是否要设置期限、关于外地牌号车牌管理政策、应鼓励而不应该禁摩、对额度拍卖政策的态度等关注度最高，争论也存在较大的分歧。其余观点的关注度比较分散。关注点汇总如表 5-7 所列。

表 5-7　主要观点梳理

关注对象	主 要 观 点
关于三类车牌管理政策	• 车牌额度是否要设置期限(50 人次) • 关于外地牌号车牌管理政策(24 人次) • 对额度拍卖政策的态度(11 人次) • 关于沪 C 牌照政策通行管理(4 人次)
关于公交发展	• 提高公交服务标准(6 人次) • 进一步提高公交公益性(5 人次) • 加强公交行业管理(4 人次) • 优化公交线网(4 人次)
关于摩托车	• 应鼓励而不应该禁摩(16 人) • 加强摩托车执法管理(6 人次) • 关于摩托车路权(3 人次) • 关于摩托车牌照管理(2 人次) • 发展摩托车取代超标电动车自行车(2 人次)

（续表）

关注对象	主要观点
关于小客车使用管理	· 加强车辆限行和执法管理（5人次） · 鼓励HOV、拼车、汽车租赁（5人次） · 关于拥堵收费政策（4人次）
关于设施建设与管理	· 完善道路设施建设（6人） · 改善道路交通组织（2人） · 取消上海市内的高速路段收费（1人）
关于步行和自行车	· 保障步行和自行车路权（5人） · 加强步行和自行车执法（5人） · 严格电动自行车使用管理（3人次） · 大力支持发展租赁自行车（1人）
关于停车	· 大力发展P+R（4人） · 完善停车收费管理（3人） · 增加停车供给（2人） · 应在法规的框架内实行“车有其位”（1人）
关于交通文明与决策管理	· 加强交通文明管理（4人） · 关于交通决策机制（4人） · 加强人口管理（1人）
关于环境和安全	· 改善交通环境（3人） · 改善交通安全（2人）
关于燃气助动车	· 请问市政府如何处理燃气助动车？（4人）
关于货车	· 减少货运车辆（1人）

(3) 从反馈意见的人群看，拥有小客车、摩托车的人群比例高达60%左右，相对而言使用公交、自行车、步行等交通方式的人群较少。反映了不同交通工具使用人群在社会地位、社交方式、诉求表达等方面的差异。

2. 反馈意见的采纳

由于反馈意见并不能完全代表所有交通出行者的意愿，对于反馈意见的具体论点应在总体层面权衡后酌情采纳。按照与交通白皮书政策导向是否一致、行动条目中是否涉及等要素，意见可划分为三大类（表5-8），根据意见不同的特征，在修改时区别对待（表5-9）。

表5-8 反馈意见修改方法

反馈意见特征		操作方法
与白皮书政策导向一致	对方案提出了更加细化的政策行动	可酌情增加到行动中，并可考虑在后续实施细则中采纳
	部分在白皮书编制过程中被删减掉，但市民又比较关注的问题	需要讨论研究，酌情采纳

（续表）

反馈意见特征	操 作 方 法
与白皮书政策导向不一致的政策行动	需要讨论研究，原则上不予采纳
在白皮书编制过程中尚未涉及，但有市民较关注的问题	需要讨论研究，酌情采纳

表 5-9　　反馈论点分类

反馈意见特征		具体论点条目
与白皮书政策导向一致	对方案提出了更加细化的政策行动	· 车牌额度是否要设置期限（50 人） · 关于外地牌号车牌管理政策（24 人） · 对额度拍卖政策的态度（11 人） · 加强摩托车管理（6 人次） · 完善道路设施建设（6 人） · 加强车辆限行和执法管理（5 人次） · 保障步行和自行车路权（5 人） · 加强步行和自行车执法（5 人） · 关于沪 C 牌照政策通行管理（4 人） · 关于拥堵收费政策（4 人次） · 优化公交线网（4 人次） · 加强公交行业管理（4 人次） · 大力发展 P+R（4 人） · 加强交通文明管理（4 人） · 关于交通决策机制（4 人） · 严格电动自行车使用管理（3 人次） · 完善停车收费管理（3 人） · 改善交通环境（3 人） · 改善道路交通组织（2 人） · 改善交通安全（2 人） · 增加停车供给（2 人） · 减少货运车辆（1 人） · 大力支持发展租赁自行车（1 人） · 取消上海市内的高速路段收费（1 人） · 加强人口管理（1 人）
	部分在白皮书编制过程中被删减掉，但市民又比较关注的问题	· 鼓励 HOV、拼车、汽车租赁（6 人） · 进一步提高公交公益性（5 人） · 应在法规的框架内实行“车有其位”（1 人） · 提高公交服务标准（6 人次）
与白皮书政策导向不一致的政策行动		· 应鼓励而不应该禁摩（16 人） · 发展摩托车取代超标电动车自行车（2 人次） · 关于摩托车牌照管理（2 人次） · 关于摩托车路权（3 人次）
在白皮书编制过程中尚未涉及，但有市民较关注的问题		· 请问市政府如何处理燃气助动车？

(1) 大部分市民反馈意见与白皮书政策导向一致,且主要是对白皮书行动的细化建议,特别是对涉及个人利益的政策条目(如额度拍卖政策),由于对部分政策条目意图和实施路线的不同揣测,引发了较多关注和不同的论点。建议可根据白皮书的导向性定位,酌情吸纳。

(2) 部分政策在白皮书编制过程中被删减掉,如鼓励 HOV、拼车、汽车租赁,提高公交服务标准,进一步提高公交公益性,应在法规的框架内实行"车有其位"。但市民还是比较关注,需要再次征求部门意见。

(3) 部分政策与白皮书政策导向不一致,主要有关摩托车的管理政策,白皮书中对于摩托车主要延续既有的管理政策,即逐步减少摩托车,但本次意见征求中,出现较多鼓励摩托车发展,发展摩托车取代超标电动车自行车的观点。

(4) 还有一些政策,在白皮书编制过程中尚未涉及,但有市民较关注,如燃气助动车的发展政策。因为政府在本轮白皮书编制前已经出台 2013 年 LPG 助动车统一强制报废的政策,目前尚未到实施期限,除非新政策对既有政策有重大调整,不建议做进一步解释。

5.5 跟踪评估

5.5.1 跟踪评估的内涵和意义

从公共政策学角度来看,政策跟踪评估是公共政策过程中的一个阶段,是政策制定的延续,其结果是判断公共政策方案的科学性、合理性的标准,是公共政策进行修正的重要依据。政策跟踪评估与政策制定、政策执行、政策调整或终结是一个完整的政策运行体系,它们之间相互促进、相互影响,共同推动了公共政策系统运行。

从国际经验来看,开展重大政策文件跟踪评估遵循国际惯例,是国内外城市重大交通政策编制实施的重要环节,如《纽约 2030 规划》和《伦敦市长交通战略》均开展了年度动态跟踪评估工作。

1.《纽约 2030 规划》跟踪评估案例

2007 年在市长迈克尔布隆伯格的带领下,政府编制发布了《纽约 2030 规划》,为了更好地促进城市经济发展、改善市民生活质量,同时也为了应对人口增长以及环境压力,提出了超过 400 项 2013 年需要完成的具体实施项目。规范分为土地、水、交通运输、能源、空气、气候变化 6 个部分,提出的愿景是创造一个更绿色、更美好的纽约,成为 21 世纪城市发展的模板。其中与交通发展相关的内容包括交通运输和空气。交通运输部分主要是三大发展目标及战略任务,一是设施扩容,二是减少交通堵塞,三是保持交通基础设施良好的维修状态。空气质量部分中交通工具的减排是重要组成部分。为推进《纽约 2030 规划》的实施,纽约定期发布规划执行进展报告,2014 年的进展评估报告,以可持续和弹性为价值取向,重点评估各类规划板块在实现价值取向上的进展和问题。

2.《伦敦市长交通战略》跟踪评估案例

2011年伦敦交通局(TFL)发布《伦敦市长交通战略》,为推进市长交通战略的实施,TFL以年报为平台(Annual report and statement of accounts),设置专栏,对市长交通战略的年度工作进展情况进行分析评价。总体技术路线是围绕市长交通战略提出的6大战略,从政府工作进展和聚焦社会热点两条主线展开评估工作,政府工作进展主要是概述政府为实现既有战略而采取的行动和指标进展情况,社会热点则是就具体的政府专项行动进行展开,如图5-9和图5-10所示。

图5-9　2010—2011年伦敦市长战略进展年报结构图

5.5.2　跟踪评估的技术方法

1. 技术路线和总体思路

联合国可持续发展委员会(UNCSD)于1996年提出了“驱动力(压力)-状态-响应”指标体系概念模型(简称P-S-R模型),被广泛应用于不同领域的可持续发展问题研究。

图 5-10　2012—2013 年伦敦市长战略进展年报结构图

白皮书政策跟踪评估即以此为理论开展。第一，对评估时间段内白皮书政策措施的执行情况进行系统的调研和梳理，考察政府对白皮书行动任务的响应(R)情况。第二，以白皮书设定的总体层面的控制性指标(S)为抓手，通过交通调查、信息化手段或交通模型测算等多种手段，分析具体控制性指标的推进进展。第三，分析评估阶段内，社会经济等要素对交通发展的影响(P)，客观分析控制性指标变动的原因，为动态修正响应措施和政策提供决策依据。

2. 跟踪评估的分类和重点

根据跟踪评估的时间跨度的长短，一般可以划分为年度跟踪、中期评估、实施最终评估等不同阶段。受政策效果显现时间的影响，往往短期的跟踪评估尚无法充分展现政策的最终效果，因此不同阶段的跟踪评估其重点不尽相同。

年度评估更强调对政府承诺行动措施执行情况的了解和掌握，也包括对相关指标的发展趋势的动态把握，以便及时发出预警或修正调整的信号。而中期评估和最终评估更加侧重对既有目标和总体效果的评价，并由此总结经验和问题。

以“2013 版白皮书”编制为例，在编制前，首先对“2002 版白皮书”的编制执行情况进行了系统的评估。在“2013 版白皮书”出台后，随即开展了年度跟踪评估，动态掌握白皮书的执行进展。

附录 “2013 版白皮书”编制大事记

1. 启动及后评估研究阶段

(1) 2012 年 3 月 9 日，白皮书编制领导小组第一次会议召开，常务副市长杨雄，副市长张学兵、沈骏出席会议，会议对白皮书工作启动进行了动员。

(2) 2012 年 7 月 16 日，“2002 版白皮书”后评估通过专家评审。

(3) 2012 年 7 月 19 日，白皮书编制领导小组办公室第一次会议召开，对“2002 版白皮书”后评估的最终成果进行审议。

(4) 2012 年 8 月 22 日上午，白皮书编制领导小组第二次会议召开，常务副市长杨雄，副市长张学兵、沈骏出席会议，会议听取并通过白皮书后评估研究成果。

2. 战略研究阶段

(1) 2012 年 8 月 22 日、9 月 25 日和 2013 年 1 月 6 日，白皮书编制领导小组专家委员会召开会议，分别就白皮书战略框架、战略研究中期成果、最终成果进行交流讨论和评审。

(2) 2012 年 11 月 26 日—2013 年 2 月 5 日，白皮书编制领导小组办公室就白皮书战略成果与市公安局、市交通港口局、市发展改革委、市建设交通委、市规土资源局、申通集团等单位开展集中调研和意见征求。

(3) 2013 年 3 月 6 日，副市长姜平、副秘书长黄融听取关于白皮书战略及上海交通发展若干重大问题的汇报。

(4) 2013 年 3 月 25 日，市长杨雄、副市长姜平、秘书长蒋卓庆、副秘书长黄融听取白皮书战略及上海交通发展若干重大问题的汇报。

(5) 2013 年 4 月 3 日，白皮书战略主要成果专报韩正书记审阅批示。

3. 文本编写阶段

(1) 2013 年 4 月 16 日，白皮书编制领导小组办公室组织召开白皮书政策区县交流会。

(2) 2013 年 4 月 19 日、5 月 22 日，白皮书编制领导小组专家委员会召开会议，就白皮书文本阶段成果进行讨论。

(3) 2013 年 6 月 5 日，市建交委汤志平主任主持召开白皮书编制领导小组主任办公会议，讨论修改白皮书文本。

(4) 2013 年 7 月 10 日，市长杨雄、副市长姜平、副秘书长黄融专题听取白皮书文本汇报。

4. 意见征询及公示颁布阶段

(1) 2013 年 7 月 9 日—24 日，白皮书编制领导小组办公室就白皮书文本内容，专程前往北京，征求交通运输部副部长翁孟勇、住建部副部长仇保兴、原住建部副部长周干峙、国务院参事王静霞、发改委基础产业司司长黄民等白皮书顾问的意见。

(2) 2013 年 7 月 16 日，白皮书编制领导小组办公室向市人大汇报白皮书成果。

(3) 2013 年 7 月 19 日，白皮书编制领导小组办公室向市政协汇报白皮书成果。

(4) 2013 年 8 月 23 日，市政府新闻办主持召开白皮书公示新闻通气会。

(5) 2013 年 8 月 23 日—9 月 2 日，交通白皮书进行为期 11 天的社会公示。

(6) 2013 年 9 月 13 日，交通白皮书编制领导小组专家委员会召开会议，讨论白皮书公示意见采纳事宜，并对白皮书最终成果进行了结题评审。

(7) 2013 年 10 月，经上海市政府常务会议和上海市委常委会审议通过。

参考文献

[1] 上海市人民政府. 上海市交通发展白皮书(2013年)[S]. 上海:上海人民出版社,2014.

[2] 上海市人民政府. 上海市城市交通白皮书(2002年)[S]. 上海:上海人民出版社,2002.

[3] 上海市城市综合交通规划研究所. 上海市第二次全市性综合交通调查[R]. 1997.

[4] 上海市城市综合交通规划研究所. 上海市第三次综合交通调查报告[R]. 2004.

[5] 上海市城市综合交通规划研究所. 上海市第四次综合交通调查报告[R]. 2010.

[6] 上海市城乡建设和交通发展研究院. 上海市第五次综合交通调查报告[R]. 2016.

[7] 上海市城乡建设和交通发展研究院. 上海市城市综合交通年度报告[R]. 1999-2015.

[8] 上海市城市综合交通规划研究所. 上海市综合交通规划(1991—2000)[R]. 1992.

[9] 上海市城市综合交通规划研究所. 上海市综合交通规划(2000—2020)[R]. 2000.

[10] 上海市城乡建设和交通发展研究院. 上海市综合交通体系规划(2010—2020)[R]. 2012.

[11] Colin Buchanan and Partners. 上海市城市交通白皮书技术报告[R]. 2001.

[12] SYSTRA/MVA. 上海市城市交通白皮书研究报告[R]. 2001.

[13] 上海市城乡建设和交通发展研究院.《上海市交通发展白皮书(2013版)》技术支撑研究[R]. 2012.

[14] 上海市城乡建设和交通发展研究院.《上海市交通发展白皮书(2013版)》配套专题研究报告[R]. 2012.

[15] 上海市城市综合交通规划研究所. 大伦敦交通、东京交通圈、纽约大都会交通等《上海综合交通》专业丛书[R]. 2007.

[16] 陆锡明. 亚洲城市交通模式[M]. 上海:同济大学出版社,2009.

[17] 陆锡明,陈必壮,朱洪. 世博集约交通[M]. 北京:中国建筑工业出版社,2010.

[18] 薛美根,朱洪,邵丹. 上海世博交通研判技术与实践[M]. 上海:上海社会科学院出版社,2012.

[19] 刘龙胜,杜建华,张道海. 轨道上的世界——东京都市圈城市和交通研究[M]. 北京:人民交通出版社,2014.

[20] 黄良会. 香港公交都市剖析[M]. 北京:中国建筑工业出版社,2014.

[21] 陈才君,柳展,钱小鸿,等. 智慧交通[M]. 北京:清华大学出版社,2015.

[22] 周振华. 伦敦、纽约、东京经济转型的经验及其借鉴[J]. 科学发展,2011(10):3-11.

[23] 陈晨. 1965年以来香港公共交通发展与运输政策演进[J]. 国际城市规划,2011,26(2):67-73.

[24] 宿凤鸣. 浅析英国城市公共交通发展沿革[J]. 综合运输,2010(11):71-74.

[25] 卓健. 法国城市低碳交通策略与措施——交通出行规划(PDU)经验及启示[J]. 建设科技,2010(17):33-37.

[26] 黎晴. 大巴黎 2050 战略规划中的交通理念[C]//中国城市交通规划 2011 年年会论文集. 2011.
[27] 申金升，徐一飞. 城市交通可持续发展若干问题的思考[J]. 中国软科学，1997(7)：113-119.
[28] 薛美根，顾煜. 上海城市交通供需策略实践[J]. 城市交通，2012，10(5)：18-23.
[29] 王艳玲，郎茂祥，王刚. 城市交通战略、交通政策的表现形式——交通白皮书的编制研究[J]. 物流技术，2008，27(8)：33-38.
[30] 李焕，陈泓旭. 基于交通供需平衡的城市交通供需动态关系分析[J]. 物流工程与管理，2010，32(6)：121-122.
[31] 李晓江. 当前城市交通政策若干思考[J]. 城市交通，2011(1)：13-17.
[32] 黄融. 公共交通优先——上海解决城市交通问题的探索与实践[M]. 上海：上海人民出版社，2012.
[33] 钱喆，吴翱翔，张海霞. 世界级城市交通发展战略演变综述及启示[J]. 城市交通，2015(1)：52-59.
[34] 陈小鸿. 小汽车拥有与使用管理政策与效果[R]. 2015.
[35] Boris Johnson Mayor of London. Mayor's Transport Strategy[EB/OL]. [2010]. http//www. london. gov. uk/priorities/transport/publications/mayors-transport-strategy.
[36] Boris Johnson Mayor of London. London Infrastructure Plan 2050[EB/OL]. [2011]. https//www. london. gov. uk/priorities/business-economy/vision-and-strategy/infrastructure-plan-2050.
[37] Transport for London. Travel in London(2009-2013)[EB/OL]. https://tfl. gov. uk/corporate/publications-and-reports/travel-in-london-reports.
[38] Transport for London. Annual-report(2010-2015)[EB/OL]. https://tfl. gov. uk/corporate/publications-and-reports/annual-reports-past-years.
[39] The City of New York. 2030—A Greener Greater New York[EB/OL]. [2012-7-30]. http://www. adaptationclearinghouse. org/resources/planyc-2030-a-greener-greater-new-york. html.
[40] C40 News Team. A Stronger, More Resilient New York[EB/OL]. [2013-7-26]. http://voices. nationalgeographic. com/2013/07/26/a-stronger-more-resilient-new-york/.
[41] The City of New York. One New York the Plan for a Strong and Justcity[EB/OL]. [2015]. http://www1. nyc. gov/html/onenyc/index. html.
[42] Government of Tokyo. Creating the Future: The Long-Term Vision for Tokyo[EB/OL]. [2014-12]. http://www. metro. tokyo. jp/ENGLISH/ABOUT/VISION/.
[43] European Commission. White Paper 2011: Roadmap to a Single European Transport Area—Towards a Competitive and Resource Efficient Transport System[EB/OL]. [2011]. http://ec. europa. eu/transport/themes/strategies/2011_white_paper_en.
[44] Chicago Metropolitan Agency for Planning. GO TO 2040 Comprehensive Regional Plan for Metropolitan Chicago[EB/OL]. [2010]. http://icma. org/en/icma/knowledge_network/documents/kn/Document/302745/GO_TO_2040_comprehensive_regional_plan_for_metropolitan_Chicago.
[45] Boeing. Current Marker Outlook 2013-2032. Airbus Global Market Forecast 2013 Slides[EB/OL]. http://www. boeing. con/commercial/market/#/cargo-market-detail.
[46] Eurostat. Eurostat Regional Yearbook 2014[EB/OL]. [2014]. http://www. rederural. pt/index. php/en/noticias/78-noticias/1168-eurostatregionalyearbook.

[47] Lasswell H D, Kaplan A. Power and Society[M]. N. Y.: McGraw-Hill Book Company, 1963.

[48] Dye T R. Understanding Public Policy, Englewwood Cliffs [M]. N. Y.: Prentice-Hall, Inc., 1975.

[49] Easton D. The Political System: An Inquiry into the State of Political Science[M]. N. Y.: Knopf, 1953.